紫妹

Girl in Purple

張芷義 著

推薦序

故事人生
——讀張芷美紀實文集《紫妹》

鄭南川

2022年11月於蒙特利爾

作家張芷美的紀實文集《紫妹》要出版了。

她請我寫幾句話，談談對她和新書的印象。

我們是很熟悉的朋友，喜歡叫她張老師，多少年都這樣叫過來。這次她很客氣，只是給了一份書評的參考提要，怕給我增加寫作的負擔。不過，我最終還是讀到了她文集的幾乎大部分內容。倒不是我認真，只是我覺得她是有故事的人，過去瞭解的很多故事，這兩年可能已經「過時」了，對她的新書出版，有著一種期待。

正如給這篇文章提名「故事人生」那樣，張老師人生走得曲折，但她是我看到的很少這樣超越的人。

第一次見到她，是在唐人街的紅寶石餐廳，記不清是哪年的事了。那時她已經小有名氣，她的自傳體英文小說《狐精》在加拿大魁北克出版，獲得了「英語文學促進獎」，也是華人第一人。我們在餐館裡相約喝茶，討論這本書譯成中文出版的可能性。記得那天她決定把帶去的「書」送給我，一本很大硬殼「書夾」式的書，書

封面留著紅色的彩圖。

那本書一直保留在身邊，讓我瞭解了這位「不平凡」的女性。

張老師出生在舊社會一個富裕的「大戶人家」。從開始的小學教育就是在用英語授課的教會學校，英語幾乎成了自己的母語。她的青少年是在中國一個「封閉但不封建的大宅門裡度過」，受到西方思想教育，自然影響了她以後乃至整個人生的成長。

在中國的那個年代，她的命運必然是不幸的。從她個人成長的思維方式到中國社會的一次又一次「革命」；從被批鬥進「牛棚」，到個人離婚被上綱上線地歪曲，渾濁的社會人間，皮肉的苦難和精神的打擊，張芷美的早期生活充滿著艱難、掙扎和奮爭，也形成了她獨特的「人生故事」。

在艱難的人生道路上，她勇敢地走過兩次婚姻，後來獨身，但生活得很幸福；靠自己拚出國外，找到工作；養育了兩個孩子，後來都帶出國，讓她們成才；她個人的生命哲學如此宏大，能理解和包攬所有的世界，把自己活成一個真正的自己……

這些年，我印象中她不僅出版了英文版紀實小說，還被翻譯成德文和法文在歐洲和蒙特利爾出版。更讓我吃驚的是，幾年前她竟然自學法語，在老年公寓裡寫出了法文版小說《蝶變》，在魁北克正式出版發行，那年，她已經 84 歲。

寫下《紫妹》這本書，是她出版《蝶變》之後的又一想法。

記得我在發表〈海外華人文學在外國文學研究中的定位與誤區〉一文中，曾專門提到對張芷美作家研究的範例，她出版的著作幾乎都是外文版的，具有典型的當代「華裔作家」的特徵，這樣的代表例子幾乎沒有。我把這一信息通報給她時，她告訴我正計畫寫一部以自己人生經歷為藍本的紀實文集，而且是中文版的。這是一件非常驚喜的事，這樣，她的文學創作再次跨越了，成為名副其實

的多語作家，讓我敬佩不已。我立刻表示願意在她寫作、出版方面給予力所能及的幫助。

正如我所猜測，《紫妹》這本書確實囊括了她人生經歷的幾乎所有重大「事件」。在書稿基本完成時，她曾經幾次和我商討關於書名的問題。說實話，我覺得有些困難：一是她的書沒有讀透，二是不明確怎麼樣的書名能概括整個內容的內涵。最終《紫妹》這書名是她自己確定的。讀完書稿以後，我終於明白了，她選擇這個書名非常得體，很是喜歡。《紫妹》其實就是她的名字「芷美」的諧音，這本書講的就是張芷美的人生和故事；《紫妹》有她孩提與家人的故事，有地方文化與那個時代的印記；《紫妹》很像一個「妹子」人生的色彩，燦爛奪目，怎麼想像都行，多麼豐富。

最值得一提的是，《紫妹》這本書的大量筆墨落在了出國以後的生活，記錄了一個 50 歲才跨出國門的人和她的勇氣。在之後的30 年間，當她今天 88 歲時完成的這本書中，留下了一份特別人生的生命思考和哲學。這是讓人熱淚盈眶而感動的故事。

這些年因為寫作和讀書的關係，接觸到的作家作品不少，甚至還寫過一些不大不小的「序」文。我很喜歡《紫妹》，它不像一些書的「噱頭」，要讀進去才發現它，而是牽著你的手，邊走邊談，告訴你生活就是這樣，每一步都可以是精彩的。這是一本非常真實、接地氣、誠實、富於感染力的書。敢於揭示自己，又給生活點燃勇氣。

從書的結構上看，文章條理十分清晰，幾乎每一個故事都有小亮點，有的讀來出乎意外，有的讀完難以忘卻。可貴的是，它提供了我們對「老人世界」的猜想、真實生活的認識。

張芷美老師是我的榜樣，也是我們所有年輕人的榜樣。我的母親90歲了，和她年紀差距並不很大，但整個精神狀態相差甚遠。

幾乎每次視頻，我都會提到張老師，她同樣是母親的榜樣。母親有事沒事就找藥吃，我說，張老師一輩子幾乎沒吃過藥，「拒絕」藥物。這就是人生的心態，就是一位老人的超越。

　　《紫妹》是張芷美對自己人生畫了一張圖，對自己是一份紀念。對讀者來說，是一本很有啟示的書，如同閱讀一個精彩的生命成長的故事。

　　我想說：《紫妹》留下的印象是故事人生裡精神世界的「格言」。

　　祝福我們的老師——張芷美。

推薦序
紫妹的故事

陸蔚青
2022年12月於蒙特利爾

　　張芷美老師說她要出一本書，書名很費了一番周折，朋友們集思廣益，想出很多名字，都很好，張老師再三推敲，最後定名《紫妹》，還特地寫了一篇文章，說明原因。

　　我與張芷美老師相識於 2011 年晚秋，那次是因為胡曉明教授來蒙特利爾，魁北克華人作協主辦的一場古典詩詞的講座，題目是講鄉愁。會議開始時，我看見一個老者，穿水藍色套裙，胸前有一個配件，一頭白髮，氣質端莊典雅。我之前曾在《七天週刊》上讀過一篇散文〈一束紅中一點藍〉，寫她在魁北克郊區學習法語的故事。我當時就將這位老師和那篇散文聯繫起來，認定她即是那個作者，不知為什麼，應該就是一種直覺。果然是。

　　會後，我們在唐人街散步至停車的教堂廣場。一路交談，得知她居然還在我讀書的大學當過老師，這真是千里的緣分。

　　後來張老師將她的自傳體著作《狐精──毛時代的中國女人》中文稿給我看。也就是在閱讀中，我瞭解了張老師的不凡人生。她早年出生在北京，16 歲參加工作，被派往德國。後來回國，在北京

和哈爾濱工作。改革開放伊始回到北京，後出國定居加拿大。

　　她到加拿大時已經 50 歲。從那時起，她開始了換一個活法的生活。她開始寫作，出版了英文版《狐精──毛時代的中國女人》，並獲得了魁北克英語文學促進獎，後來這本書又被翻譯成法語和德語。在張老師 85 歲時，她的第二本書，法文版《蝶變》出版。如果說《狐精──毛時代的中國女人》是她前 50 年在中國的生活紀錄，那麼《蝶變》就是她 50 歲之後在加拿大的生活紀錄。但是她還有一個心願，那就是希望能出一本中文書。

　　我是華人，怎麼能沒有中文書呢？張老師這樣認為。

　　如今，張老師的第三本書終於面世了。如她所願，這是一本中文書，書名叫《紫妹》。紫妹，是已故母親對她的暱稱。在某種意義上，這也是她獻給母親的書。

　　在這本書中，作者從四個部分記錄了她難忘的往事，時間跨度很大。〈雪茄盒中的別針〉寫了她童年時代對收藏最早的興趣。她喜歡買一些小玩意兒，將它們保留在父親用過的雪茄盒中。〈聖心時代成了絕唱〉回憶少年時代在北京聖心教會學校的往事。歲月流逝，轉眼暮年，她也寫著最近的故事。〈老年公寓疫情生活雜記〉寫著老年公寓生活，而〈我「中招」了〉則描寫了她得新冠病毒的切實體驗。

　　張老師不僅寫作，還喜歡演戲。退休之後，她參加了演員工會，時常出演。這些演出經歷也出現在她筆下，如〈被虐待的婆婆〉，寫她在電影《寒冷的夜》中的故事，而〈愛情是餃子〉則是她出演話劇《愛情是餃子》的故事。當然，她也沒有忘記寫那些生動有趣的生活，比如她的旅遊，從臺灣到墨西哥。寫她的愛好、快樂和情感。她對生活秉持開放的態度，在〈「性交流」俱樂部〉、〈性走向，不怕當「另類」〉等文章中可以看到這一點。

　　就像所有人生一樣，張老師的人生並不一帆風順。她曾經歷過文革浩劫，蹲過牛棚，在忠字舞時代，受到身心摧殘。兩次去德國，她經歷了柏林牆從無到無的過程。第一次去德國，柏林牆還沒有建立，而第二次去德國，柏林牆已被拆除，好像從未發生過。只有歷史銘記那些曾經的過往，那是我們永遠不能忘記的。

　　我與張芷美老師是忘年交。儘管我與她女兒同齡，但在我們的交談中，我從未感到她是一個老人；相反，她的樂觀，她的豁達，她的幽默，以及她與時俱進的生活態度，常讓我感到她的心態比我還年輕，還充滿活力。面對她，我常感到人生有無限的機會和餘地，人生永遠不晚，我們永遠在路上，而一路風景不斷，風光旖旎。

　　我是晚輩，本沒資格評論張老師的寫作。但張老師囑我寫，我便寫，恭敬不如從命。張老師豐富多彩的人生和她對人生開朗樂觀的態度，讓我深深受益。而她走在我前面，我願緊隨其後。

推薦序

汀蘭岸芷
——賀張芷美老師紀實文集
《紫妹》付梓

董岩

　　蒙特利爾淅瀝的一場春雨，我輾轉尋到一個有歷史的小劇場：Théâtre La Licorne（獨角獸劇場），這裡正上演著一齣法文獨幕劇《L'Amour est un dumpling》（《愛情是餃子》）。

　　正是在這裡，第一次邂逅張芷美老師。

　　張老師一頭白髮，一襲綠衫，帶民族風花紋的上衣，足踏雲錦繡花鞋，自自然然地講著英文，娓娓道來她與話劇的緣分，談自己與加拿大本地年輕人在同一個舞臺演出的特別體驗。她說，這齣劇演員只有 3 位，自己出演一位中國飯店老闆娘。

　　張芷美老師曾在大學教授英文，我喜歡稱「張老師」。

　　張老師是蒙特利爾華人圈裡的知名女性，加拿大廣播公司專門為張老師製作過一個系列節目《一個中國女人在魁北克》。

　　張老師的人生故事很讓人著迷。少時受教於老北京教會學校，因而一口堪比母語的英文，做翻譯、從事外事工作、大學教書。50歲始移民加拿大，就職於國際工程諮詢公司。退休之後，本該頤養

天年之齡，於張老師則是翻開了生命新的篇章：七十多歲開始學法語，為流利掌握法語，75 歲住到魁北克人家裡同吃同住；76 歲開始「觸電」接演英法文電影電視劇，82 歲登上話劇舞臺，二十幾年間，不斷地寫書、出書……

張老師是我們魁北克華人作家協會備受尊敬的老作家，是我們所有人的「老師」。幾個月前，作協 25 週年慶典，張老師還不顧炎夏撥冗出席，舉座之中，衣著最典雅靚麗者當屬張老師。

早在 1992 年，張老師的紀實性英文作品《Foxspirit》就在加拿大出版，次年獲得「魁北克英語文學獎」。這本書後被譯為德文、法文，在德國、加拿大、比利時和瑞士出版發行，被列入暢銷書。2019 年張老師在魁北克出版了法文書《Les Traces d'un Papillon》，中文譯為《蝶變》。

張老師心裡仍有一個遺憾，就是還沒有用母語寫作一部作品，這也是後來《紫妹》成書的一個因素。

即將付梓的這本張老師新書《紫妹》，是張芷美老師第一本用母語寫作的書。張老師創作過程中，我們不時會就一些篇章交換看法。有時張老師在電話裡難掩興奮：「岩，你瞧，我又有了一個新的 idea!」開心得如孩童。

書中，「朝花夕拾」這部分回憶了大甜水井胡同的童年往事，這也是我很喜歡的一部分文字。一邊讀著，常常讓我想起少時讀林海音，林海音筆下的英子不就是用稚嫩的眼睛去打量這個世界的歡欣與悲苦？張老師透過這位被母親帶著南方口音呼為「紫妹」的女孩的視角，牽帶出形形色色的老北京胡同老少，既有法國名醫貝熙業，也有曾找母親做衣服的溥儀夫婦，更有被迫拋下自己孩子到京城做奶媽的張媽……

許多細節描寫躍然紙上，讀後難忘，比如紫妹溜進廚房，問笑

呵呵的大師傅要一塊給傭人蒸的棒子麵窩頭；比如大雨裡拚命奔跑接送兩姐妹的瘦骨嶙峋的車夫……

「蝶變新生」這部分篇章則是側重移民後的新生活，讀書時光、失業的煩惱、租房小插曲……，值得一提的是貫穿一生的收藏愛好，至今，魁北克服裝與紡織博物館還館藏七百多件張老師捐贈的珍貴服飾與繡品。一位陽光自信的魁北克移民女性的生活在書頁裡徐徐展開。

「桑榆非晚」部分圍繞張老師豐富多彩的老年生活，記錄生活點滴：搬入法裔為主的老年公寓、擁有自己的演出經紀人、拍攝人物攝影、演出英法文影視、涉足法文話劇，穿插著寫詩記錄情感、疫情中招等等有趣情節……

「東西記行」是張老師多年來「行萬里路」的旅行感悟，從莫斯科紅場到墨西哥海灣，從東方到西方，一路走一路行，步履裡抒發了一位熱愛生活的女性對歷史文化的點滴感悟。

她愛珍藏的繡品裡的故事，常常遙想花窗下的繡女懷著怎樣的心境一針一線織進憧憬。同樣，這些真誠的文字也融匯了張老師帶有傳奇色彩的「故事人生」。

說實話，張老師囑我為新書寫這篇序，我費了些周章，總覺得用怎樣的筆墨描述這位擁有精彩人生的張老師，都嫌遜色。

張老師的生活本身，最閃光！

張老師是我在蒙特利爾生活的一個驚喜，亦師亦友，受益良多。我喜歡在夜裡安靜的時候燈下慢慢去讀張老師的文稿，禁不住去設想彼時情境下如果是自己會如何選擇。

張老師名字裡有一「美」字，人也一生愛美，乾淨雅致，喜愛色彩明亮、有藝術格調的鞋子、衣裝，這使得合影裡，你最先看到的、最難忘的往往是張老師。

　　與張老師攀談，你會覺得很有趣，最近的新聞、時尚話題都能一一聊起來。白髮下是藏著一顆透明純粹、熱愛生活的年輕的心吶。

　　我喜歡看張老師的老照片，發現無論青絲年少，還是鬢髮蒼蒼，張老師常常是開懷笑著的！

　　你很難相信，這位時常仰頭開顏的張老師，已是耄耋之年的 87 歲！張老師說：80 歲，不過就是走過了 4 次 20 個春。

　　張老師不怕老，認為老年就是人生中的一個自然階段，年齡不能限制我們的人生目標，白髮蒼蒼依然可以自足、快樂，不斷挑戰，不斷前行。坦言：年長從來都不等於「老」，人生最後一站，選對了，不後悔。

　　張老師名字裡還有一個「芷」字，「芷」是《楚辭》裡的香草，屈子以此喻高潔的君子。

　　張老師正直寬和，幾十年風雲變幻，經歷比我們這一代豐富得多，也坎坷得多。

　　張老師在過去的特殊年代裡遭遇過逆境，被下放、批鬥，傷心地看著自己的學生在時代裏挾下露出人性的另一面，但她沒有消沉，沒有屈服於不公的命運，一直在尋找烏雲背後的陽光。有兩個畫面令我難忘：一是下放勞動的地窖，幫年輕學生翻新棉褲，繁重勞動的間隙，還不忘哼個小調、吃上一口蘿蔔、咬上幾口白菜葉解解渴。二是八十多歲回國又見到當年傷過自己的學生，張老師以一個寬容的擁抱化解了半個世紀的冰凍。張老師說，Let bygones be bygones（往事不究），學生們是那個時代的受害者。

　　辛棄疾說：「事無兩樣，心有別。」人面對困難最難跨越的是自己。脆弱的心，一根羽毛都難以承受；堅強樂觀的心，泰山壓頂也能積極面對。張老師的豁達心態，支持她走過艱難歲月。

　　一次我與張老師說到一句詩：「如煙往事俱忘卻，心底無私天地寬。」斑駁時光裡人事已非昨，寬宥平和、從容坦蕩，方能輕鬆地度過餘生。

　　經過歲月之河的洗禮，汀蘭岸芷，自鬱鬱青青。

　　生年有限，我們一直走在路途上，往者不可諫，來者猶可追。

　　張老師的故事告訴我：心底無塵，天地自寬。

　　張老師的豁達告訴我：面對歲月不憂亦不懼，只管伸出手，擁抱當下的光明。

　　《紫妹》這本書是張老師回憶母親、回首歲月的一個總結，是一份珍貴的紀念。是張老師打撈起時光裡那些閃光的珍珠，結成的美麗珠串。

　　這個美麗的珠串給我許多啟迪，感謝與這些文字共同度過的時光，在我不曾經過的人生故事裡時感歎、時懷想。

　　感謝與張老師的相遇，這些潤澤的珍珠也會在我的生命裡閃光。

　　　　　　　　　　　　　　　　雲中君壬寅冬於蒙城辛夷塢

致謝友人

張芷美

放慢腳步回首往事，88 載光陰，如煙還是不如煙？

我不是在寫回憶錄，我是在重踏尋找自我路上的足印。

50 歲遠離家鄉，白手起家，為下半生打開了另一扇門。不圖名，不為利，只願為自己和孩子創造一片安穩的自由天地。

寫作給了我釋放情懷、總結過去、重新評價人生的機會。先後用英語和法語出版了兩本書，《紫妹》是第三本，完成了我用母語寫作的意願。

在 3 年的寫作過程中，我得到了許多作家朋友的熱心鼓勵和支持。沒有他們，這本書的問世恐怕會拖延很久。我感到十分幸運。

在此，我願向他們表示衷心的感謝。

特別要提到的是我的編輯董岩，以及多年好友鄭南川、陸蔚青、劉榮黔。他們在文字把關、文章潤色、內容充實、封面設計諸方面，都付出了不少心血。在他們的鼓勵和認可下，我大膽創作，發出自己的聲音，建立獨立的寫作風格，不受框框和套路的約束。

我的家人是我堅強的後盾。我沒有萬貫家產，只留下一份薄禮《紫妹》，希望能讓他們懂得今日的幸福來之不易，要珍惜。

在這樣的氛圍下，《紫妹》誕生了。

四十多歲的母親

「紫妹」五歲與三姐

十七歲，攝於東柏林

母親六十多歲，靠家庭手工業養家

1985年，母女三人於北京的家，折疊小桌用餐

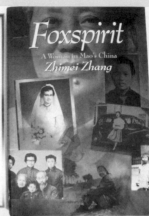

上圖：1992年，英文書
Foxspirit 出版，
獲獎

下圖：*Foxspirit* 法文版
書展

上圖：2008年，刺繡展開幕式
下圖：2017年，法語話劇《愛
　　　情是餃子》海報前

2019年，法文書《蝶變》出版

目次

蝶變新生

桑榆非晚

東西記行

朝花夕拾

「紫妹」舊事

一

　　我出生於 1935 年，母親的第十胎，那年是豬年，我嘴唇上方有顆豆大的黑痣，人們說：這孩子有「吃福」，這輩子餓不死。

　　臨近產期，母親挺著大肚子打麻將，伸手摸牌，肚子就在桌邊蹭一下。母親邊揉肚子邊嘟囔：「這個小討債鬼，打牌都不讓我消停。」午夜剛過，陣痛開始，母親想挺到最後，不斷用熱湯緩解加劇的疼痛。多年後，母親對我說：「我手氣正旺、淨和大牌，怎麼捨得離開牌桌！」

　　「再來點兒湯！」母親囑咐站在一旁的傭人張媽。主人打牌，傭人也不得合眼。幾個四圈打下來，十來個小時不知不覺過去了。張媽不斷周旋在牌手之間，端茶送點心。煤爐上燉著一鍋湯，噴噴香，今晚是紅棗核桃蓮子羹。母親說棗補血，因為顏色是紅的；核桃補腦，形狀像腦子；而蓮藕從花到根渾身是寶。

　　桌子周圍有 4 個小茶几，張媽在上面各放一碗蓮子羹。主人邊上的茶几放著一個放抽頭的小盤子，是給傭人的。每把牌抽頭不多，積少成多，一宿下來厚厚一疊鈔票夠張媽往家寄一回了。

　　牌友中有抽大煙的，自帶煙槍、煙燈。張媽不時到隔壁房間為他們挑煙燈。癮上來時，他們倒在床上，頭靠高枕，抽上幾口，之後回到牌桌，精神抖擻，或許能多和幾把。母親是搓麻將高手，

摸牌不用看，一摸就知道是幾條、幾萬、幾餅。父親對麻將一竅不通，有時替母親打幾把，沒有不輸的。

那晚，父親暗暗祈求老天爺賜給一個兒子。結婚 20 年，兒子倒是有過，都在幼年夭折，只留下了 3 個女兒，再來個女兒就多餘了。當護士告訴父親又是個「千金」，他萬分失望，給我起名「止妹」。這個名字起對了，「妹」真的「止」住了。母親 42 歲那年生了最後一胎，是個兒子，健壯地活下來了。

我的名字變了好幾回，始終是字變音不變。到了上學年齡，父親覺得「妹」字像丫鬟的名字，把「妹」字改成「美」。

我稍懂事後，覺得這個名字不妥，我又不美，「止」什麼呀？女大十八變，長大後若是真變「美」了，又何必要「止」呢？

未經父親同意，我在「止」字上加了個草字頭「芷」。不過，父親始終沒有接受我的選擇，認為這個「止」字不能動，寫信仍用「止美」。「芷美」沒被承認。

或許是因為懷我時的麻將桌「胎教」，我打小就喜歡站在牌桌旁看牌，而且還真看會了。有時會拿本書坐在母親背後，邊看牌邊做作業。沒想到這可犯了牌桌忌諱。那天母親手氣不好，幾圈沒開和，回頭一看我捧著書坐在後面，她滿臉不快：「怪不得我不開和，原來你在念『輸』呀！」

母親離開老家溫州幾十年，口音總是改不過來，講的是南腔北調的普通話。不過她講起日語還算地道，畢竟在日本生活了十幾年，帶大了幾個孩子。母親發不準「止」這個音，誤發成「紫」。她叫我「紫妹」，大家也隨著叫，家裡人這麼叫，朋友、鄰居這麼叫，同學也學著叫「紫妹」。誰也不記得父親當初給我起名「止妹」的用意。

叫我「紫妹」的人一個個離我而去，只剩下上海的姐姐，不時

從遠道叫我一聲「紫妹」。再過幾年,叫「紫妹」的人全走了,只留下這本無聲的回憶,記錄著「紫妹」的足跡……

二

父親早年去日本留學,在早稻田大學就讀經濟,畢業後在東京三菱銀行工作數年。1931年日本開始侵華,父親不願留在日本,攜全家回到中國,先居東北,後遷往北平。

我兩歲時,家搬到北平(現在的北京),住在南池子箭廠胡同,一個有前後院的獨門獨戶四合院。我記得前院的客廳好大好大,裡面除了沙發、鋼琴、餐桌,酒櫃,還有幾個紅木條案,上面放著形狀不同、大小不一的青花瓷瓶。我喜歡那個大肚高頸的敞口瓶,裡面插著個長把兒雞毛撢子。因為空曠,冬天生上兩個大火爐也不顯暖和。前院種了各種花草:石榴樹、無花果樹、葡萄藤,還有棵大柳樹。夏天為了遮陽,院內搭了個大席棚。

父母親住在後院正房,臥室朝陽,冬暖夏涼,是全院最暖和的屋子。孩子們住的是廂房,冬天夜裡冷,被窩裡放個銅腳壺(南方人叫「湯婆子」)取暖,時常因為不小心把包壺布踢散,腳上燙出大泡。半夜想小便,又不願鑽出暖和的被窩,挺不到天明,尿床成了常事。為這個,常被姐姐們取笑,我感到抬不起頭,不招人待見。

小時候,姐姐們叫我「哭不精」,因為我動不動就哭。玩遊戲輸了哭,玩具拆了裝不上哭,功課做不出也要哭。哭得最多的是因為吃多了我最愛的炒花生,嘴裡上火,舌頭起泡。母親採用土辦法在舌頭上放點兒冰片(中草藥,很苦),然後耷拉著舌頭,讓苦水順著舌頭往下淌。母親認為這是「瀉」火的絕招兒。我一邊哭,一

邊喊疼，弄得別人見我就躲！

　　母親不相信西藥，認為一定條件下和一定時間內，病會自癒，抵抗力會增強。所以我們全家從小就養成了不吃藥的習慣，有個頭疼腦熱用點兒小土方，挺靈。這個不吃藥的習慣我一直延續到今天，小病挺挺就過去了。

　　那個年代，父母陪伴孩子們的時間很少，父親白天上班，晚上多有飯局，母親愛打麻將，應酬多半是晚上。我們有自己的屋子，各自有做功課的書桌，打小養成了自娛自樂的習慣。

　　偶爾和父親一起吃晚飯，聽他講故事是我最高興的時刻。父親愛講蒲松齡《聊齋志異》，我百聽不厭，尤其是那些狐仙故事，搖身一變成了美女，幫助窮書生渡過難關，入京趕考中狀元。父親講得栩栩如生，我聽得全神貫注，隨著故事的情節進入另一個世界。

　　《聊齋》中的鬼故事，有的很嚇人。聽後我不敢一人回臥室，因為去臥室要穿過漆黑的大客廳。客廳窗外那棵大垂柳，風一吹像個女人披著長髮在搖晃，影子透過月光反射在客廳地板上，好恐怖。我總是閉上眼睛，屏住氣，飛跑著衝過大客廳，連自己腳步的回音也讓人心驚肉跳，彷彿有人在身後追逐。

　　除了父親，二姐華也時常給我們講故事，但是另一種故事。二姐在日本讀完小學，滿口流利的日語，漢語倒帶口音。二姐好靜，喜歡看外國電影、讀翻譯小說、聽外國古典音樂。在這些方面，她對我影響很大，給我留下印象最深的是雨果《悲慘世界》中的女主人公芳汀，為了給女兒治病，賣掉了一頭美麗金髮和兩顆潔白的門牙，血水順著嘴角溢出。

　　我家有個收音機，那時候叫「話匣子」，放在角落用處不多。我喜歡聽流行歌曲，雖然不認樂譜，不懂歌詞，字也認不全，我就是跟著唱，像鸚鵡學舌，一遍遍地唱，學會了不少周璇、白光、李

香蘭的歌曲。最喜歡唱的是周璇的〈天涯歌女〉、〈五月的風〉、〈四季歌〉，歌詞和曲調都容易記。學會了成天掛在嘴上，走到哪兒哼到哪兒。張媽嫌我煩：「我說小姑奶奶，你成天唱什麼郎呀郎的，磕磣不磕磣？」確實，〈天涯歌女〉中，「郎呀咱們倆是一條心」這句在歌中不斷重複，我覺著怪好聽的。

　　陰天下雨的日子最難熬。院子裡的下水道已老化，連續下上幾小時雨，就積滿了水，有時會泡到腳腕甚至沒過膝蓋。我坐在屋簷下，望著雨點打在水面的泡泡，情不自禁地唱起我心愛的童謠：「下雨了！冒泡了！王八戴草帽了！」記不起是誰教我的，沒什麼意義，唱起來倒很有節奏，我彷彿瞅見一個戴草帽的動物在水中緩緩游動。這是我的娛樂園。

三

　　從小就愛和傭人玩，聽他們唸叨些老家軼事和農村故事，對我這個從未見過莊稼的城裡姑娘，這些村口老槐樹底下的故事好新鮮啊！

　　張媽，小弟的奶媽，五官端正，聰明能幹，乾淨利索，特別好學，似乎沒有她學不會的東西。一般人家找奶媽，很注意這些長處，人們相信奶媽奶的孩子會隨奶媽。張媽給我娃娃做的小繡花鞋，簡直就是母親繡花鞋的微版！我非常崇拜她。

　　張媽有個兒子，和小弟一樣大。孩子奶奶在家照看他，通常是餵米糊糊，隔三差五讓他喝幾口他嬸嬸的奶。我不明白為什麼奶媽捨得丟下自己的孩子，到城裡餵別人的孩子。她說：「我得賺錢呀，小姑奶奶！我男人是莊稼人，趕上收成好的時候，全家勉強糊口。收成賴時，我們就得另想辦法了。這兒給的錢多，再說少爺也

需要我。」從此，當張媽解懷餵小弟吃奶時，我會想到她的兒子，想到另一個孩子缺失的母愛。

我也愛去廚房東看看西摸摸。我家大師傅是山東人，長得圓圓胖胖，平時話不多，一年到頭臉上總掛著笑，做的飯菜好吃極了。我時常溜進廚房，問他要一塊給傭人蒸的棒子麵窩頭，裡面摻著幾顆小棗，我覺得這東西香極了。「別讓太太看見。」他笑著說，「這玩意兒不是給小姐吃的，不好消化。」說來也怪，20年後，當我懷上第一個孩子時，我特別饞棒子麵窩頭。

李媽是旗人。旗人講究禮節，愛乾淨，在我眼裡，李媽是世界上最乾淨利索的人，衣著上挑不出一點兒毛病，襪子像漂過一樣白，黑布鞋不帶一絲灰塵，一白一黑那個透亮。李媽有一頭烏黑烏黑的長髮，我特別喜歡看她梳頭，一雙手靈巧地把頭髮盤成纂兒別在後面。我納悶，為什麼她的頭髮總是油亮油亮的呢？後來發現她梳頭時蘸刨花水，邊梳邊蘸。她說刨花水可以讓頭髮油亮，還能固定髮型。用現在的語言，那真算是最早的天然髮膠了吧！

我想讓自己的長髮和她的一樣烏黑發亮，最好不用常洗，我最怕洗頭。張媽說，給我洗頭像宰豬似地費勁。我想用李媽的刨花水，她不敢給，怕母親嫌棄不樂意。我不明白，主人和僕人幹麼要分那麼清，我們不是住同院，是一家人嗎？

我的童年，就在這個封閉但不封建的大宅門裡度過，與外界接觸極少，養成一種看似清高、與世無爭的天性。家裡不談政治，我也不懂政治，這也使得之後在時代的大潮中往往認不清主流。

四

母親不喜歡我們到鄰居家串門，可是作為孩子，怎麼能沒有朋

友呢！三姐文和我經常背著母親到對面鄰居田家去，那裡有很多新鮮事。

田家是所私人婦產科醫院——田鳳鸞醫院，田鳳鸞是位留美婦產科醫生。田家也有兩個院子，是東西院，家人住東院，產房在西院，她家三個孩子們一般不准去西院。

有時，我們會趁人不備和田家大女兒溜到「禁區」，滿院是即將臨產的大腹便便的女人，護士穿梭其中，不時聽到產房傳出痛楚尖叫聲。

我們那個年齡，喜歡模仿，常常把娃娃的肚子塞得鼓鼓的，看起來像個孕婦。

一次，我們正在產院東張西望，產房傳出一陣撕心裂肺的尖叫聲，一位年輕護士匆匆走出產房。「她是難產！已經第二天了，要是再生不下來，我們就要做剖腹產了！」她慌慌張張地奔向大夫辦公室。

我們站在院中央嚇呆了。什麼是剖腹產？我們不敢去問母親。第二天，我偷偷問了護士，她說：「這不是小孩子該知道的事，告訴你吧，就是拉開肚子，把孩子取出來，懂了嗎？」

我當時不知道孩子是怎麼生出來的；三姐比我大兩歲，也不知道。第一次見到護士提著一桶血水往陰溝裡倒時，我們嚇得兩眼發直。「長大了，我可不要生孩子！」我一本正經地對三姐說。「我也不要孩子！」三姐說，「太可怕了！」

成年結婚後，我倒是生過兩個孩子，都是順產，沒太受罪；三姐卻真的沒生過孩子，不過她最喜歡孩子。

想想我母親懷過 12 胎，生了 10 個孩子，遭了多少罪！

我們另一個鄰居是地主，姓王，鄉下有地，城裡有房產。王家生活很節儉，對妻子和孩子在花錢方面控制很嚴。在我家，母親是

個大手大腳的人。她的理論是：「會花錢的人才會賺錢！」

我不懂攢錢，恐怕根兒就在這。

我喜歡王家的「院中院」，那片種蔬菜瓜果的「自留地」。我們在那裡邊吃邊玩：煮幾棒兒新掰的玉米，又嫩又香。吃完了連玉米棒兒也捨不得扔，使勁嘬能嘬出甜汁。有時候，我會把玉米粒剝下放在碗裡，數著粒兒吃。新摘的頭頂黃花的黃瓜，那份清脆、好吃，就別提了。水蜜桃，咬一口滿嘴淌汁……

長大後，童年往事漸行漸遠，無論如何回眸，都很難找回那個滋味和樂趣了。

五

一眨眼，到了適學年齡，父親把我和大我兩歲的三姐送進一所私立小學──明明小學，那裡教學品質好、紀律嚴格。我們自家有一輛洋車，有的地方叫黃包車或人力車，母親專用，接送她去購物或打麻將。家裡另雇外面一輛拉散戶的車，接送我們上下學，由張媽護送。

拉車的是個骨瘦如柴的老人，在那瘦弱的骨架下，長著一雙結實的腿腳，這可是他養家糊口的資本。坐上他的車，總感到心裡不對勁，像是做錯了什麼，怎麼能讓老人拉年輕人呢？他拉著我們仨（張媽和我們姐兒倆）不停地奔跑。夏天，太陽酷熱沒有一絲風，他跑得汗流浹背；冬天，寒風凜冽，他迎著呼叫的西北風拚命奔跑，還要盡力保持車子的平穩，汗水不斷從臉上往下淌。此時，我們暖暖和和地坐在帶有棉罩的車裡，腿上壓著他的棉襖。

下雨天，我們坐在車子裡有雨布罩著，而淋得像落湯雞的車夫，雙腳蹚著水，拉著那分量比往常重許多的車。看到這些，我心

裡很難受。我天真地認為,如果我坐直,雙手按在座子上,身子抬起一點,或許會減輕一點分量。下車時,我總想對他看一眼,或朝他笑一下。可是,他已累得面無表情,耷拉著雙肩,恨不得趕快找個歇腳的地方。這一幕像是刻印在腦海中,至今記憶猶新。

在明明小學讀書沒多久,一次由於上課遲到而挨了罰,母親不滿意學校的做法,就轉學了。對小小年紀的我,離開明明是人生第一個重大轉折。短短幾個月,是我正規學習中文時間的總和。之後,父親請過家庭教師教中文,再往後的漫長歲月只能全靠自學。

父母把我和三姐轉到外國傳教士辦的聖心女子學院(Sacred Heart Academy),開始用英語聽說讀寫,一晃就是 10 年,英語如同母語。在這樣的環境下,我的思維方式、生活習慣、興趣喜好自然也在朝著不同方向發展。

這到底是好是壞?是對是錯?答案,留到幾十年後揭曉!

雪茄盒裡的「別針」

一

北京人沒誰不知道王府井大街，不過，沒有多少人知道這條街曾掛過英文街牌──Morrison Street。

1897 年，喬治・莫理循（George E. Morrison），一位澳大利亞探險家來到北京，在這條街上住了二十多年，舊時門牌是 100 號。他擔任過英國《泰晤士報》（The Times）的駐京記者，曾為袁世凱當過幾年政治顧問。袁世凱命名此街為「莫理循大街」（Morrison Street）。1919 年，莫理循以中國政府代表團顧問身分出席巴黎會談。他在當時的政界和西方媒體頗有名望，是位重要的「中國通」，人們喜歡叫他「中國老莫」或「北京老莫」

幾十年後，北京出現了另一個「老莫」。50 年代，北京展覽館側面開了家全市最大的西餐館「莫斯科餐廳」，許多沒吃過西餐的人算是開了葷。北京人管它叫「老莫」，「羅宋湯」是它的招牌菜，做得特別地道。

我在東城王府井大街大甜水井胡同住了幾十年。這條胡同裡確實有口井，水甜不甜，咱不敢說，但咱敢保證絕對清淨無污染。1948 年底，北京圍城期間，全市斷水斷電。為解決鄰近幾條胡同百姓的吃水難題，這口井可是立下了汗馬功勞！

隨著王府井的大變遷，在迎接北京奧運會的 2008 年，大甜水井

以及周圍僅剩的幾條胡同，一起被拆遷了。我在北京的根，能落腳的家，就此消失了。母親在我離家當年去世，留下我未婚的外甥看守這個年久失修、充滿四合院鄰里互動精神的老住處。年輕人一撥一撥搬走了，院裡只剩下一些年邁的老鄰居。

我最後一次踏進這個院是 2002 年。老鄰居們，駝著背拄著拐，拉著我的手，摸著我的頭，依舊稱我「四姑娘」。

這條胡同已經變得面貌全非，原先住著外國名醫使團、書香門第、知名官吏、多房家室的深宅大院，已變成諸多「大雜院」。門前往往擺攤賣貨，七扭八歪的臨建小棚，無處不是。吃的用的，無所不有，滿胡同都瀰漫著麻辣燙、羊肉串、燒烤那濃厚的市井味。只有胡同兩端的公共廁所，保留了原樣——還是沒有沖水裝置。

帶著沉重的心情，我走出大甜水井胡同。巷子裡埋葬了我童年的足跡和回憶，一去不復返。胡同口矗著一塊巨大的 Nike 運動鞋廣告，上面寫著：Impossible is Nothing。我納悶，為什麼把 Nothing is Impossible 倒過來說？文字可以倒轉，流逝的光陰能倒轉嗎？

那條熟悉的王府井大街已經不存在了。以前，不管有錢沒錢，人人愛逛王府井。在這條街上，富人有富人的待遇，窮人有窮人的樂呵，互不干涉。從五分錢的小豆冰棒、一毛錢的冰糖葫蘆、綠豆糕、驢打滾，到高檔瑞士錶、法國香水、美國尼龍絲襪、德國拜爾藥，應有盡有。壓馬路的人，穿著各式各樣的鞋，有捷克巴佳（Bata）的皮鞋、同陞合的千層底布鞋、內聯陞的繡花鞋，大腳的、小腳的，邁著不同步伐，踩著不同點兒，同行在一條路上。

要講吃飯，便宜的有北京人喜愛的豆汁、爆肚、焦圈、糖火燒、五香蠶豆。貴的有法式西餐、日式料理、韓國燒烤、北京烤鴨。我最喜歡吃的，是西餐館的奶油栗子粉和北京烤鴨，味道那個香，那個純正。路不熟，不用打聽方向，順著味兒就能找到。

東安市場北門的吉祥劇院是楊小樓、梅蘭芳、馬連良等名角登臺獻藝的佳地。就是這樣一個萬花筒般的古老大街，吸引了北京各個階層的百姓。

二

我的學校，聖心學院（Sacred Heart Academy）在王府井大街的一條胡同裡，從家走 10 分鐘就到。學校的修女，披著嚴實的斗篷，夏季白色，冬季黑色，掩蓋著身體的曲線和頭頂的金髮，成雙結隊走在街上，目不斜視，對迎面的過路人，微微點頭示敬。買東西，一向是自帶提籃。她們遠避人群，不湊熱鬧。見到殘疾乞丐，一定施捨。她們，是王府井的另一道風景。

離學校幾百步遠，就是協和醫學院，原來是豫王府所在地。民國後，豫王府賣給了美國石油大王洛克菲勒（Rockefeller）。洛克菲勒基金會拆除了王府，選擇中國的傳統建築風格，修建了協和醫學院及其附屬醫院。事隔一個世紀，協和仍是全國一流醫院，培養了無數頂尖醫生和醫學人員。我的小女兒璐就出生在這所建於 1921 年、最初耗資 750 萬美元的醫院。

根據 1956 年美國《時代週刊》的報導，洛克菲勒基金會在建設北京協和醫院和協和醫學院的過程中，總共投入 4,800 萬美元，相當於今天的十多億美元。這是洛克菲勒基金會向海外單項撥款數目最大、時間延續最長的慈善援助項目。1951 年協和被收為國有，最後四名美籍教員全部撤離。

可惜那時正趕上文革，醫院一時被改名為「反帝醫院」。

王府井大街中心的東安市場，原先是清朝的八旗練兵場，衰落後開闢成了當今的市場。1903 年初建時，只是一個擺地攤、搭布

棚，早晨出攤、過午收攤的簡易市場。以後生意興隆，攤點日增，甚至有些商戶吸引了官場人物的投資，長街兩側建起了格局大體一致，前有廊簷、後有暗樓的鋪面房。

這是一所最活躍、最有本土風味、最招引人的市場，我在美洲、歐洲和亞洲逛過許多市場，沒有一個趕得上東安市場。我感興趣的不是市場裡的店鋪，而是那些魚鱗般一個挨一個的小攤兒，我可以自由自在地看、摸、聞、感覺。

這裡有捏泥人兒、麵人兒的，手藝人的一雙手可真神奇，三下兩下子就捏出來個京戲裡的「生旦丑」，再一轉手，扛耙子的豬八戒就蹦出來了。吹糖人的，幾口氣吹出一個「猴子上樹」，要麼就是「老鼠偷油吃」。我買了之後，捧在手裡左看右看，總是捨不得咬碎吃進肚裡。

剪紙的，幾分鐘功夫，一個人面側影就活脫脫出現在眼前，連大齙牙都看得清清楚楚。真是啥手藝都有，設計新穎，做工精細，各個都有自己的「絕活」，花不了幾個錢就能買到一個活靈活現的玩意兒。可惜，那個年代，這些街頭賣藝人根本進不了「藝術」的行列。

三

1985 年離開中國之前，在北京天安門見到一位學生模樣的剪紙藝人，為我剪了個側影，比照片還逼真，至今我還保留著。

我的收藏愛好，就是從這裡開始的。我的零花錢，捨不得幹別的，只捨得買胸針，我的最愛。那時候叫「別針」，因為是別在身上的。最傷腦筋的，是在「喜歡」和「買得起」之間做選擇。攤主老劉見我年紀小錢不多，又是常客，時常會給點優惠，允許分期付

款。當時叫先「賒著」，有錢時多給，沒錢則少給。再不然，就是先給我留著。久而久之，我們就成朋友了。

有了這份優待，我買了許多，但並沒有都戴過。我喜歡看它們、摸它們、欣賞它們的花色和形狀：一隻飛蝶、一朵玫瑰、一頂插花草帽、一雙紅舞鞋……，實在是太美了！我把這些寶貝放在父親用剩的木製雪茄煙盒子裡，鋪上棉花，一層又一層，整整齊齊碼放好，以免晃動。這樣的寶物，我有好幾盒。

後來，時代變了，佩戴首飾算是資產階級，別針也不例外。老劉的攤子愈來愈冷清，我路過，只打聲招呼，不敢停留。不久，這些攤販統統不見了，想必是改行了。我收藏的別針，隨著家境下滑，一點點都賣給收舊貨的了。我留下了雪茄煙盒，先是攢郵票，後是毛主席像章，大大小小無數個，佩戴胸前，以示對領袖的熱愛。

我把收藏的幾盒毛主席像章帶到了加拿大，當地人看了好驚訝：「怎麼有這麼多種類，像飾品一樣！」沒有經歷過那場革命的人，無法理解這些鋁片片在當時的作用及重要性。

四

隨著時代變遷，東安市場幾經改名：由「東安」變成「東風」，又由「東風」回到「東安」。王府井升級改造，乾脆在前面加了個「新」字，定格為「新東安」；後遭老北京人反對，不得不把「新」字抹掉。

當今的王府井已開發得讓人不敢認了，奢侈品琳琅滿目，「高大上」鋪蓋了整條街。那些熟悉的餛飩攤兒、燒餅鋪、拉麵館不見了，「麥當勞」那刺目的大招牌倒是老遠就見到。

每天晚飯後我都要和二姐逛一趟王府井北京百貨大樓，一樓最引人注目的糖果櫃檯張秉貴的售貨「一抓準」，算帳「一口清」的過硬本事，時常被圍得左一層右一層。

這位被評為北京市勞模的普通售貨員，也未能免遭文革的批判和衝擊，說他是「黑標兵」，舊市委培養的「假勞模」。

建於 1949 年的王府井新華書店，45 年後，於 1994 年，在拆遷改造王府井大街的「狂熱」中，被拆遷。拆遷前的最後一個營業日，書店被擠得水洩不通，讀者趕來，同其告別，書店全體店員列隊店中，向來往顧客行禮致敬。

這所有歷史意義的書店，於 2000 年重建，擴大了面積、充實了業務範圍、納入了另 50 家新華書店，創建了中國圖書業最大的連鎖經營實體，這一龐然大物。

昔日的溫馨，那些翻著頁看著圖、嗅著「書」香味、接地氣的百姓群體已成為過去式。

我的王府井，變味了，一些跨越年代的雋永情愫，消失了。

五

第一次到紐約，好友 G 帶我到林肯廣場，見到一個胸前戴滿像章的藝人，大聲吆喝招攬遊客。他是做像章的，收費不多。紐約淨是新鮮玩意兒，我自然想試試。他的攤上擺滿了新奇古怪的像章，有總統的、明星的、球星的，還有各式卡通人物。見我是中國人，他忙說：「我這裡沒有毛像章，不過我可以給你本人做一個。」說罷，用掛在脖子上的 Polaroid（寶麗來）一次性成像照相機給我們拍了照，請我們 15 分鐘後來取。

像章做好了，戴上它有點飄飄然，自我膨脹。我對 G 說：「誰

會料到，我今天戴的，既不是當年收藏的別針，也不是毛主席像章，而是我自己頭像的像章！」

　　曾在北京國際廣播電臺任過職，對中國國情不陌生的 G，笑眯眯地說：「你不覺得，這才是你真實身分的象徵嗎？」

母親，我的支柱

一

幾年前，我加入了一個詩歌創作小組。第一次聚會，面對十幾位詩友，我坦率地說，自己從來沒寫過詩，我是來學習的。

開課之前，我們靜坐冥思，供香絲絲縷縷的味道鑽入鼻中，心神隨之安靜下來。隨著蠟燭的微光，大家陷入沉思。小組長輕聲對我說：「寫詩不是用腦或用筆，是用——心。」

老師要求大家即興寫一首詩，回憶一段一生最感動的事。我的心頓時飛回到母親身畔，想到那年她冒著大雨給我送飯的情景，那難忘的一幕，重現在眼前。

Our Eyes Met

Skies turned grey, lightning flashed,
Thunder crashed, raindrops splattered,
Flushing uneven paths,
Forming a patchwork of puddles.

I stood at the door, waiting,
Praying for the rain to stop.

In the drenching rain,

A woman walked slowly, head bent,

Choosing her steps carefully.

An oilcloth umbrella, one size too big,

Rocking in the wind.

Her hair blown loose,

Her shoes soaked,

Her cheongsam wet to the hips,

Highlighting its faded color.

A bundle, close to her chest,

Wrapped in homespun layers.

Walking towards me, with a smile.

She stopped at the porch,

Handed me the bundle without entering,

Water dripping from her shoes.

'Here Girl, this is your lunch, still warm.'

I unwrapped the package,

Touched the aluminum container,

Dented on one corner,

Warm, fresh from the wok

The aroma of food filtered through.

I wanted to hold her tight,

Yet I held back.

No words seemed proper, no hug,

Not even a thank-you,

Feelings, we were taught,

Should be withheld and not expressed.

She turned to leave, the same serene smile.

'Mother, wait!'

I took a step forward.

Wiped the droplets trickling down her forehead.

Our eyes met.

四目交會

烏雲密佈，閃電劃過，
雷聲隆隆，雨水四濺，
沖刷著凸凹路面，
積水遍佈，猶如拼圖。

我立於門前，等待，
祈求風雨，快快止歇。
瓢潑大雨中，
一個熟悉的身影，
低頭慢行，
選擇下腳之處，
過大的油布傘，
在風中搖晃。
強風吹散頭髮，
暴雨浸透布鞋。
濕透半截長衫，

露出褪色的花紋。
緊摟在懷裡
一個小包，
用家織布裹了
一層又一層。

笑著，她朝我走來，
雨水，順著鞋面下流，
她沒有進屋，在門洞止步，
「孩子，這是午飯，還熱著呢。」
我打開布包，
摸了摸飯盒，
那癟了角的鋁製盒，
散發出新出鍋的飯香味。

我想摟住她，緊緊地，
卻欲言又止。
沒有合適語詞，沒有擁抱，
也沒說謝謝。
長輩教導，
情感，應內斂而不外露。

她轉身要走，朝我一笑。
「媽，等一下！」
我朝她走了一步，
伸手，輕輕抹去

母親額頭的水珠。

我們母女，四目交會。

這首詩是用英語寫的，後自譯成漢語。在課上當眾朗讀，博得一陣掌聲。詩友被我的故事感動，敬佩我用「心」寫出了第一首詩。

我扭過頭，輕輕抹去眼角的淚水。多麼想緊緊擁抱母親。

二

我離家時，母親已年邁，行動不便，幾乎不出門。她時常坐在窗前看書，桌上放著一杯紅茶，從早到晚沖了又沖。北房終日不見日頭，光線不足，加上母親的老花鏡已用了多年，度數不夠。母親把書放在桌上，用放大鏡，一行行推著看。她在讀《紅樓夢》，讀到傷心處，摘下眼鏡，拿起一方手帕擦拭眼角淚痕。母親雖然上了年紀，卻始終愛清潔，手帕總是洗得白白淨淨。沒受過太多教育的母親，讓我明白了一個道理：老了，不要停下腳步，要有追求，更要有充實的精神生活。

至今，我還保留著母親那個框子纏著膠布、把兒上留有指紋的放大鏡。

母親，曾經的大家閨秀，出入有私車的太太，從奢到簡並沒有難住她。50歲之後，她脫下旗袍、繡花鞋，穿上粗布衣，開辦手工業作坊，維持了一家的生活。晚年的生活很簡樸，要求很低，但保持了南方人的習慣，每餐要有米飯。沒菜時，在白飯裡放上一小勺葷油，加點醬油就是一餐。條件允許時，配上點海味，哪怕是蝦皮也行。只有一點不可降低標準，那是她每日必不可少的一杯紅茶。她寧肯少放幾片茶葉，喝出點兒正經紅茶味，也不喝茶葉末子。

我要走了，出遠門，長久出遠門。母親心裡捨不得，卻和往常一樣支持我，16 歲陪我面試找工作，50 歲鼓勵我去闖天下。

要坐飛機跨過大西洋。頭天晚上我住媽家，陪她再過一宿。那是一個不眠之夜，我翻來覆去，聞著被單中散發著的母親常年不斷的花露水味。母親扭過頭，咳嗽聲掩蓋了低聲的抽泣。她的身軀顯得如此脆弱，我心絞痛。

第二天清晨，我給媽泡好了她每早必備的紅茶，旁邊放上一個煮雞蛋和幾片餅乾，媽媽的「奢侈」早餐。

我握著母親顫抖的手，那雙會繡、會畫、會裁剪的手，仍然很軟，但已露出青筋和斑點。母親明明想拉緊我，又只能鬆開我的手。望著母親不捨的眼神和那緩緩流下的淚水，我怎麼忍心向她告別，說出「再見」二字？

再待下去，恐怕就會失去走的勇氣。我彎下身，緊緊地擁抱著母親，留下我的唇印，毅然走向大門。

「紫妹，」母親用微弱的聲音喊道，「去吧！去做你想做的事！」

這是母親最後一次喊我「紫妹」。她沒有像往常那樣說早點回來，她知道我買的是單程票。

我答應母親，兩年後，一定回來看她。但她沒能等到那一天，八個多月後，母親去世了。姐姐事後才告訴我，當時擔心我回國後，再入境加拿大有困難。就這樣，我失去了見母親最後一面、再聽她喊一聲「紫妹」的機會，終身遺憾！

自我離家後，母親每天在小本本上一天劃一槓，5 天一個「正」字。去世後，枕邊留下一份 264 個「正」字的紀錄。手抖，字跡歪歪扭扭，但一天不落。最後一個「正」字沒寫完，還差兩橫，僅有的一支鉛筆頭也用得差不多了。

　　我多麼想接母親出來，看看外面的世界，讓她這輩子沒白為一家人辛苦，沒白疼我、寵我。我的願望落空了！

　　我自問，甚至自責：如果我沒走，母親是否會活得長久些？

　　母親是我的楷模，我的支柱。母親走了，心裡，空了一大截。紫妹，沒有家可回了。

大甜水井胡同往事

一

北京大甜水井胡同，記錄了我青少年時期的生活片段。

12 歲那年，我家從南池子箭廠胡同一個獨門獨戶大宅院，搬到了大甜水井胡同 5 號（數年後，隨房屋調整改為 29 號），住進一排終日不見陽光的南屋。

這是一幢有裡外院的四合院，我家住外院，房東住裡院，中間一面帶有月亮門的牆相隔，門兩旁兩尊石獅把護，晚間緊鎖。外院左側有棵棗樹，結果時滿樹的「洋辣子」（學名：刺蛾），搖樹取棗，免不了被「洋辣子」螫一下。後搬進的鄰居把棗樹砍了，種了棵葡萄。有一年，她家在餐館工作的老公，在葡萄架下埋了半個豬頭，次年葡萄長得別提多茂盛了，又大又甜；右側有棵紫丁香，盛開時滿院香。記得裡院西側有棵柿子樹，結果不多，澀得不能入口，放在米缸裡焐軟了，還姑且能吃。裡院中間有兩大棵海棠樹，碩果累累。可惜的是，眼看海棠果爛在地上，也不敢進去摘。這老式四合院，沒有室內衛生間，水龍頭、排水溝、蹲坑茅房都在室外。這點我們很不習慣。

房東姓李，我們管房東叫「李奶奶」，是位二房寡婦，先生在王府井開過古玩店，育有兩男一女。記得我們剛搬過來時，見她出出進進，身上披著個帶毛領的長斗篷，頗像個貴婦人。她給大兒子

包辦婚姻，娶了個漂亮的鄉下姑娘，留著單條辮子，雙眼皮，一對會說話的大眼睛。我很喜歡她。

婆婆管教嚴，我們沒機會說話，只好藉著上茅房，蹲在並排的兩個茅坑上，說說笑笑。我特別愛聽她講老家的故事，都是些城裡人不曉得的新鮮事兒。

雖然是包辦婚姻，小倆口感情倒很好，先生教她讀書識字，還搭上幾句英語，他倆的新房不時會傳出嬉笑聲。守寡的婆婆看不慣，時常指桑罵槐，提出無理要求。這位在家也算嬌生慣養的獨生女，受不了這些，一天竟不辭而別，回娘家了。一對甜蜜的小倆口就這樣各奔東西。不久，先生離家參軍，隨國民黨軍隊去了臺灣。

房東李奶奶是位二房夫人，李家大奶奶住南灣子，據說是山東人，小腳，個子高高的，人緣特別好，見誰都打招呼。大奶奶不時會過來看看，湊一桌打個小麻將。不大打，按「鍋兒」打，一「鍋兒」可多可少，事先商定。只要有人「打光」了，一局牌就結束了。輸贏不大，說是「賭」也好，「消磨時間」也罷。

當然，無論四圈、八圈都少不了我媽。不過母親要把習慣的南方打法改成北方的，「和」牌的要求有區別，算「番」大有不同。

李奶奶和大奶奶相處和睦，逢年過節都有往來。可能是老爺子不在了，沒有「風」可爭，也沒有「醋」可吃，和平相處，何樂而不為？

二

大甜水井處在一個非常優越的地段，西口是南河沿大街，東口是王府井大街，全長 380 米。胡同裡嚴實的大門背後隱藏著許多非常人家，一幕幕傳奇般的故事就在胡同裡上演。

　　我家院子對面，是一位頗有名氣的工筆山水畫畫家——姓惠，滿族。記得前院住著一位蒙族婦人，特愛乾淨、講究禮節，信佛吃齋，渾身透著一股貴族氣質。在我印象中，她很少上街。

　　隔壁院子沈家是大戶，庭院大還帶車庫，屬「汽車階級」。他家兒子，記不得是老幾了，和我家有過往來。他興趣廣泛，喜歡吹牛，愛講幾句洋文。他曾列出一堆英語單詞考我，除了pistol（手槍）那個男孩子鼓弄的玩意兒，我答不上來，其餘的都沒難住我。

　　沈家解放前夕去了臺灣。解放後，房子一度是印尼駐華使館武官住宅。我的混血同學 Pauline 在那裡當過祕書，後隨母親回法國，為聯合國做過同聲翻譯，講著標準的法語和地道的北京腔。我到加拿大之後，因工作關係我們曾在北京和巴黎見過面。

　　沈家隔壁是金家，一個富有的、中西結合的大戶人家。花園種著各色奇花異果，屋裡有暖氣和帶冷熱水的洗手間。各種設施全是西式，透著一股子不一般。金家坐擁胡同裡好幾處大宅院，是知名的「金百萬」。

　　金先生留過洋，有兩個女兒，外號「大金魚」、「小金魚」，是金先生的掌上明珠。她倆一度在我讀書的聖心女子學院的成人進修班學習英語。

　　「大金魚」喜歡滑冰，參加過北海的花樣滑冰比賽，名列前茅。我見過她穿著短裙、高腰冰鞋，戴著彩色滑冰帽和長圍巾，隨著舞曲，旋轉跳躍，冰上風采堪比電影中的滑冰明星，我羨慕不已。

　　「小金魚」是游泳健將，被公認能和好萊塢影片《出水芙蓉》中的泳星媲美。

　　二戰後，聯合國成立了善後救濟總署，其中有一項「對華援助法案」，據說金先生參與了貫徹這項法案，當時被認為是「肥缺」。金家門前往來的要人絡繹不絕，汽車排成行。

　　北京解放前夕，金家遷往臺灣，留下一棟大宅院和年長的老太爺，作伴的是一位曾扶持他多年的丫鬟，記得是位旗人，後明媒正娶成為二房，我們管她叫姨奶奶。姨奶奶為人開朗，喜歡熱鬧。老太爺去世後，一些年輕人在她家開 party，我去過幾次。後來聽說，有些中共地下黨員以前院 party 為掩護，在後院開會密談。其中一位東北人和我家有來往，不過當時我們不知道他的身分。

　　解放後，金家大院被中組部占用。50 年代初，胡耀邦曾住在那裡，後來入住的還有中組部某官員和第一任外文出版發行事業局（外文局）局長羅俊。文革時，羅俊成了外文局第一號走資派，被批鬥。

　　來加拿大之前我在外文局《中國建設》（China Reconstructs）雜誌工作了五年。《中國建設》〔現名：《今日中國》（China Today）〕係 1952 年由宋慶齡創辦的對外宣傳英語雜誌，當年，只有這份非官方雜誌能打入美國市場，在美國的書店和報攤上公開出售。

　　金家大院對面住的是在中國行醫 41 年、頗有名氣的法國醫生貝熙業（Jean-Augustin Bussière），我們叫他貝大夫。貝大夫曾任法國醫院院長、總統府醫師、中法大學教授等職務，他給社會名流做私人醫生，也給貧民百姓看病，對經濟有困難的分文不取。貝大夫在中國受到各階層的尊重，交了許多朋友。

　　抗日戰爭時期，貝熙業大甜水井 16 號（老號）的房子，和西郊貝家花園，都是位置極佳的抗日據點。加之他是醫生，又是外國人，很適合幫助八路軍運送醫療物資。八路軍偽裝成神父找到他，請求援助，他有求必應。白求恩醫院的許多醫療物資就是貝大夫冒死送過去的。對抗戰有過非凡貢獻的貝大夫，做人低調，從不聲張，不求名利。

　　貝大夫在北京結識了一位姓吳的年輕女士，後來成為他的助

手。吳女士曾在西郊貝家花園療養結核病，兩人產生愛慕，但考慮到中國婚姻的禮俗，不敢公開，維持了近 10 年的「地下戀」。1950年新《婚姻法》頒佈，其中沒有規定少女不許嫁老頭，沒有禁止中外聯姻，80 歲的貝大夫才決定和 28 歲的吳女士結婚，原打算攜手與妻子在中國度餘生。

但天有不測風雲，1954 年中法斷交，法國領事館不復存在，貝大夫失業，不久中國對他下了「逐客令」。

貝熙業帶著心愛的妻子離開了從醫 41 年的中國，以 82 歲高齡在法國從零開始，艱難程度可想而知。

4 年後，86 歲的貝熙業與世長辭。

2015 年中央電視臺紀錄頻道播放了，有貝熙業兒子參與拍攝的《貝家花園往事》四集紀錄片，記錄了貝熙業——這位被稱為「法國白求恩」的傳奇人物的北京往事，一幕幕昔時影像披露了貝大夫在中國的貢獻以及和中國結下的情緣。

我和貝大夫有過一次交往。小時候肚子裡常常有蛔蟲，十幾歲時長了條蟲，吃什麼打蟲藥都不管用。1951 年去德國前夕，我打算用點好藥，把它去了根，就去找鄰居貝熙業大夫。那時候他的住宅已分成兩處：大院先是捷克和波蘭武官住宅，後是中國紡織工業部部長蔣光鼐的住宅，小院是貝大夫的住處和診所。

文革期間，雖然周恩來批文力保一些民主人士，但掛有民革中央常務委員身分的蔣光鼐未能免遭一劫。

母親帶我去見貝大夫，女僕開門，領我們通過走廊進入一間不大的診所。迎接我們的是位年輕的中國婦女，想必是他的妻子和助手，問診後請我們稍等。不一會兒，一位滿頭白髮、留著長鬍鬚的法國人出現在眼前，面貌慈祥。我們用英語對話。瞭解病情後，他給我開了藥，因藥性較烈，還特別囑咐我用藥須知，我記得貝大夫

的收費並不多。

第二天服過藥，我急匆匆趕到招待所進行出國前的培訓。突然覺得肚子不舒服，從緩痛到巨痛，待我趕到廁所，眼前一陣黑，不省人事。我蘇醒過來後，代表團團長擔心我的身體狀況是否適合出國。經我解釋，方知我沒大病，只是吃了藥性烈的打蟲藥。

條蟲打下來，順順當當出國了。

三

大甜水井這條胡同，兼收並蓄，雅俗並存，既有深宅大院的達官顯貴，也有地地道道的小市民。

胡同東口有個大雜院，裡面住的人，有擺攤的、拉車的、修車補胎的、縫窮的、打雜的、撿破爛的，能賺錢糊口的無所不有。

1970 年小女兒出生才幾個月，我被下放到農村，我不願把幼小的吃奶娃帶到東北農村。母親逾七旬，我不忍讓母親受累，想找一家離母親近的人照看。住在這個大雜院的王奶奶是首選：她長得富態，圓圓的臉，胖乎乎的身體，愛開懷大笑，時常推著竹小車逛王府井。我喜歡她的性格，把孩子託付給一個開朗快活的人，我放心。果然，後來小女的性格一定程度上確受到了她的影響。

靠近西口也有一個大雜院，住的多是手藝人，詹師傅是其中一位。他是位手藝不錯的裁縫，在我家經濟困難時，和母親合辦了個家庭手工作坊，做童裝和女裝。母親在日本學過服裝設計和裁剪，做出的衣服頗受客戶歡迎，一度生意很紅火。我非常敬佩母親那股能上能下、拿得起放得下的精氣神兒。

數年後，母親改行，於上世紀 60 年代初自營一間毛織社——夏淑珍毛織社，專門代客加工機織毛衣。

　　那天秋高氣爽，母親照常在屋裡幹活。門外出現一對穿著體面的夫婦，輕輕敲門，然後很有禮貌地邁進屋。

　　母親放下活計，抬頭看了一下，似乎有點眼熟，好像在哪兒見過。

　　女士上前說要定做一件毛衣，母親起身給她量尺寸。穿著一身中山裝的男士坐在一旁，一言不發，有點不自在。

　　量好尺寸，母親寫收據問姓名。「李淑賢。」女士回答。此時，外甥小東急忙走近外婆，在耳邊輕聲嘀咕了幾句。母親抬頭仔細望了望男士──天哪！這不是報紙上看到的末代皇帝嗎！

　　一點兒不錯，就是那位在撫順戰犯管理所關押 10 年，被首批戰犯特赦釋放的末代皇帝溥儀，攜帶著新婚不久的第五任妻子李淑賢。

　　這一樁事很快轟動了全院，成了含金量最高的「八卦」。

　　有母親的手藝和眼光，我穿的衣服，無論連衣裙或毛衣，式樣和色彩與眾不同，常常受到讚美。我為母親做了「免費宣傳」，招攬了不少新顧客。

　　後來，我們的院子也逐漸變成了大雜院，從兩家發展成九家，白天大門敞開著，有時傳來胡同裡罵街的聲音，掛在晾衣繩上的衣服，不及時收進會被人「順手牽羊」。往年的肅靜一去不復返，相互「監督」「打小報告」成了常事。

　　大甜水井胡同於 2008 年北京奧運前的「拆遷潮」中，基本被鏟平，只保留了 3 處值得保留的建築。聽說金家在臺灣的後代，聞訊回到北京，要求政府補償他家幾處房產。當時，王府井一帶的土地已是寸土寸金，幾處大宅院折合多少「金」，可想而知。

　　老北京有句俗語：東富西貴。大甜水井胡同雖處東城，可我家既不富也不貴。

　　大甜水井回不去了，留下的只有那些鏟不平的記憶。

聖心時代成了絕響

一

　　父親學經濟，畢業於早稻田大學，在東京三菱銀行工作了多年。大姐和二姐年齡相差 10 年。大姐說漢語帶日本腔調，二姐在日本讀完小學，基本不會說漢語，日語說得和本地孩子一樣純正。

　　為了孩子的教育，1932 年父親攜家眷回國。我出生在東北，兩歲時，家搬到北平。

　　到了適學年齡，父親把我和三姐文送到聖心女子學校（Sacred Heart Academy）──北京唯一一所用英語授課的天主教學堂。

　　父親看中的是學校的教學品質高、校規嚴，不受一般學校的「學潮」活動影響。父親不喜歡政治，也希望自己的子女遠離政治。

　　聖心是一所十年制女子學校，小學 4 年，中學 6 年，有走讀生也有住宿生，多數是走讀生。老師是來自不同國家的修女，多數來自歐洲，二戰後有個別來自美國。授課全部用英語。

　　學校設在王府井大街東單三條一座堅固的三層樓。正門前有十幾級寬大的臺階，進門迎面是座小教堂，樓道很暗，路過教堂門前，按修女的習慣，要行個「半跪」禮。

　　從學校往東走幾分鐘就是著名的北京協和醫學院，1906 年由美國和英國傳教士創辦，後由美國洛克菲勒基金會（Rockefeller Foundation）籌建的醫學院（Peking Union Medical College）。

　　入學後每人要起個英文名字，修女給我選的是 Madge。不知是根據什麼，或許她們把「止美」兩個音倒過來讀了。我一直不喜歡這個名字，因為在小說中讀到的一個怪癖「老處女」就叫這個名字。

　　去同學家玩，她母親發不出 Madge 這個音，把我叫成「螞蚱」。「螞蚱」後來成了我的綽號。

　　奇怪的是，我這個在英文名字下長大的人，50 歲僑居加拿大，在眾多移民都選用英文名字時，我卻保留了中文名字「芷美」（Zhimei）。

　　校內不許說漢語，逐漸我們就養成了用英語思維的習慣，說話有點像外國人說中國話的腔調，不少倒裝句的語法結構。

　　天主教義是必修課，我是當聽故事學的，最喜歡「浪子回頭」那一章。我沒加入天主教，覺得教規太嚴，受不了那種約束。修女教我們做人要誠實，處世要公正，行善是本分，要求我們每月做3件善事，無論大小事，譬如攙扶老人過街、施捨乞丐等。

　　我打小相信上帝存在，相信如果表現好，上帝會派天使保佑我。我也相信祈禱的力量，遇到困難或有什麼要求時，我會祈禱上帝。

　　父母親對宗教不感興趣，他們只希望自己的孩子能受到良好的教育。三姐是我家唯一信教的人，受洗禮那天，她穿著一件白色連衣裙，頭戴白紗和花環，很像個新娘。「或許這就是和上帝的結合吧。」我自言自語。看到三姐那副虔誠樣，擔心有一天她會去當修女，因為她覺得在家母親對她不是一視同仁，常說想到外面找個避風港。

　　在聖心讀書的 10 年，我只見到一個中國學生當了修女，很慶幸不是三姐。可是，誰又會料到，我這個不願受天主教約束的人，離開聖心 50 年後，在異國他鄉，竟然加入了天主教。回想幾十年的坎坷生活，每到關鍵時刻，天塌地陷，走投無路，近乎崩潰時，總會

出現意想不到的轉折，因禍得福。心中有種莫名的感覺，好似有神靈在護佑我、指引我、為我開闢新路。

二

學校三分之一的學生是外國人，不少是蘇聯月革命後逃出來的白俄後代，有些是法國、比利時或英國等國家的商人或傳教士的子女。美國軍官的孩子，是 1945 年日本投降後才來的。

校方規定，在校學生一律要穿校服——冬天是藍色連衣裙，白色活領、活袖口；夏天是白色連衣裙和一頂鑲藍邊的草帽。校徽必戴，記得校徽上有個帆船，還有幾個拉丁字。

在北京這風沙撲面的城市，保持領子和袖口潔白是件難事，每天要洗，洗後熨平。為了省事，我們想出個簡便的方法，洗完後趁濕把它貼在玻璃窗上，靠太陽曬乾，取下後就像漿過、熨過一樣平整。

雖然大家都穿校服，中國學生和外國學生的打扮不一樣。冬天，外國學生連衣裙下只穿一雙到膝蓋的毛襪子，看起來美觀但讓人感到冷颼颼。中國學生現實多了，為了不受凍，連衣裙下面穿條厚毛褲，看起來臃腫拙笨，但暖和。

校內的小教堂，四周落地窗全是彩色玻璃，每塊玻璃講述一個聖經故事。彌撒進行時，前方的祭壇像是一塊神祕的聖地。神父站在中央，來回晃悠手中的香爐，一股奇異的香味瀰漫開來。那朦朧煙霧中，神父手畫十字，口中念念有詞，面部輪廓在煙霧中時隱時現。此時，跪在下面的我，時常忘了該唸哪一段禱詞，禁不住想入非非，幻想生活在《天方夜譚》的故事中。

上課時，我時常兩眼盯著老師，琢磨她以前的生活是什麼樣，

為什麼要脫下凡人裝束、放棄凡人生活、進修道院過著這種拘謹的生活。偶爾，我會發現一小撮頭髮從老師的包頭下露出，我感到像是偷看到什麼。

那年夏天，坐落在東單北大街、老北京心目中首屈一指的大華電影院，上映了一部好萊塢影片《Black Narcissus》，譯名《思凡》，收視率很高。我校修女下令禁止看這部片子。愈是禁止，好奇心愈強，我偷著看了，其實當時並不懂得「思凡」是什麼意思。

影片講的是天主教修女在偏遠的喜馬拉雅山區建立了一所修道院，以教學為主，主管是位死板的老修女。在這海拔甚高、氣候惡劣、與世隔絕、文化相撞的地區，人們的正常生存受到極大威脅。修道院中有一位年輕美貌的修女，承受不了如此艱巨的生活和精神壓力，換上豔服，化上濃妝，愛慕一位男士，企圖一同出走。影片雖以悲劇告終，但對教會是一記響亮的巴掌。影片全球收視率很高，獲得兩項奧斯卡獎。

會畫畫的二姐，一次畫了張修女素描。這位修女是我們的美術老師，義大利人，長得很秀麗。不巧這張畫被老師發現了，要二姐交出來。她說修女的一生奉獻給了上帝，她們的形象不能留在凡人手裡。

三

我們上課前以祈禱開始，課後以祈禱結束。六七歲起，我就可以熟練地背誦主禱文，但不全明白裡面講的是什麼。

現在想想，這和30年後文革期間向毛主席「早請示，晚彙報」如出一轍。不同的是，嘴裡唸叨的是另一部聖經，其中照樣有許多「觀點」、「口號」不完全明白。

　　我對西方文學的接觸是從這裡開始的。學校有個小圖書館，安徒生童話、易卜生寓言、各種西方名著的英語簡易本，都可以找到。

　　這些書籍讓我思想開了竅，奠定了我的價值觀。童話和寓言賦予我豐富的想像力，教給我做人的道理；狄更斯的《霧都孤兒》讓我看到底層社會的遭遇和不幸，培養了同情心；雨果的《悲慘世界》使我感受到黑暗中也有光明，憎恨中也會有愛，懂得了正義和善良的力量。

　　我最鍾愛的是勃朗特姐妹的《簡愛》和《呼嘯山莊》。簡愛，有著那個時代極其可貴的女性獨立堅韌的意識，簡愛與羅徹斯特感人肺腑的愛戀，成了我日後嚮往的目標。成年後，讀過原著、看過兩部電影的不同版本，但最打動我的依舊是早期的黑白片。

　　「隱私」這個概念也是學校教給我的，養成了我不愛多打聽，不喜歡「八卦」的習慣。

　　1945年日本投降後不久，美軍進駐北平，街頭出現了美國海軍陸戰隊的士兵和軍官，還有戴鋼盔的美國憲兵。隨之而來的是美軍家屬。突然之間，聖心被一幫嘰嘰喳喳的美國女孩子衝擊。她們看起來很有錢，吃巧克力，嚼口香糖，穿衣戴帽配套配色，看得我們真有點兒「傻眼」了。

　　此時，英語學習熱情高漲。為了增加收入，獲得各方贊助，學校為有錢人家的小姐、太太專設了英語成人班，為她們提供個「鍍金」的機會，她們的年齡遠大於在校學生。

　　這兩撥人的出現，改變了聖心嚴謹的校規：穿校服不再是法定，校園不再禁止講漢語，在校生談戀愛不再受紀律約束。校門前時常停放著接女生的吉普車。美國的支援物資源源不斷。

　　教會氣息濃厚的聖心，此時變得面目全非。高年級女生開始和

美國士兵交朋友，坐著吉普車在街上兜風，成為風流一時的「吉普女郎」。

四

1949 年北平解放，生活逐漸恢復正常，曾停課數月的聖心學校復課。

以前，校園和我家一樣，沒人談政治；它像一座世外桃源，不受外界干擾。

現在情況不同了，聖心沒能保住它原有的「隔離」狀態。

清華大學的學生走進了聖心校園，在兩個高年級班組織學習班，引導學生思想，試圖改變教學內容。他們在校內散發馬恩列斯及毛澤東的小冊子，領導學習小組學習《論共產黨宣言》和毛澤東著作。

三姐文和我正好在這兩個班。

我們從來沒見過這麼多中文書，書裡全是生詞，一些我們不認識和不懂的詞。有些新名詞是第一次聽說，什麼「無產階級」、「資產階級」、「階級鬥爭」、「人民民主專政」，還有各種「主義」。討論會上，我發不出言也插不上話，只好在會下做點力所能及的事，剪剪紅字、貼貼標語等。

進駐校園的大學生要求我們懂得兩件大事：第一，我們所受的教育是外國勢力通過傳教士對中國人民的文化侵略；第二，上帝不存在。

他們帶領我們批判學校的教育制度，啟發我們認識自己思想受的毒害，帶領我們參加各種集會，聆聽大學生慷慨激昂地談論共產主義的美好未來。我們和大家一起高唱革命歌曲，我學的第一首歌

是〈團結就是力量〉。

一次我們參加了北京大學的篝火晚會，在那裡有成千上百的學生聚集在一個巨大的篝火旁，有盤腿坐在地上的，有站著的，有舉旗子的，有敲打鑼鼓的，還有分發傳單的。當場我們學了一首新歌：「解放區的天是明朗的天，解放區的人民好喜歡，民主政府愛人民呐，解放軍的恩情說不完呐，呀呼嘿嘿依呼呀嘿……」

大學生的發言極大地感染了在場聽眾。我從來沒有經歷過這樣激動人心的場面，感到這裡蘊藏著一股巨大的力量，體現了極其融洽的同志關係和年輕人對未來的理想。雖然我不懂他們提倡的口號和奮鬥目標的真正含義，但這種發自內心的激情感染了每一個人。

聖心的地下室以前是課間活動室，現在變成了「革命活動室」。我們在校園裡貼滿了大字報，質問學校：「為什麼不教中國歷史和地理？」「為什麼不許說漢語？」大字報是用英語寫的，好讓修女看懂。

在這股勢不可擋的潮流中，我們逐漸被帶動起來了，開始認識到我們確實是帝國主義文化侵略的受害者，思想確實被塞滿了西方的東西。有一個同學脫下了校服，換上了傳統的中國式長袍。校方對這一切一直保持沉默，沒有進行任何干涉。

1950 年暑假，三姐和我同時收到一張畢業證書。三姐那年是在畢業班，而我還差一年。很明顯，修女對這兩個高年級很不滿意，因為我們參與了政治，在校園張貼了大字報，違反了校規，破壞了學校的安寧。她們不願留下禍根，索性把兩個班同時請出大門。我拿著這張證書，有苦難言。我還不滿 15 歲，怎麼能不上學呢！但是因為中文底子薄，轉到其他中國學校有困難。

為了這件事，清華大學的學生帶領我們發起了一場新的抗議。我們以大字報的形式質問修女。修女對此無動於衷，毫無撤回決定

的表示。我就這樣提前一年和聖心女子學校永遠告別了。

以前，聖心畢業的學生，直接保送輔仁大學西語系，兩校屬同一教會。可現在不同了，原有的制度變了，我沒有趕上「末班車」，落在了「上不著天，下不著地」的夾縫中。

兩年後，聖心招生只限於外國使團的子女。曾經在街上經常出現成雙結隊修女逛街購物的一「景」，現在則極罕見了。學校大樓上的十字架和校前的聖母像繼續保留了二十多年。文化大革命期間，修女們被打成特務驅逐出境，聽說有些留在了香港，其中一位年邁的愛爾蘭修女曾經教過我。學校大樓被北京市紡織局占用了一段時間後被拆除，沒有留下一點痕跡。

文革結束後，我回到母校原址，想追回一點過去的記憶，曾經結結實實的石結構樓房現已成了一片廢墟。站在帶鎖的鐵柵欄門前，我彷彿看見自己手捧作業，坐在大門前的高臺階上背書，又彷彿看見地下室的邊門放著一籃吃的或一個包得嚴嚴實實的棄兒。此時，我的心像是和那破碎的瓦片揉在一起了。

五

離開聖心後，家裡經濟條件每況愈下，我繼續求學的夢想破滅了。我整天無所事事，閒得無聊。從炎熱難當的盛夏到落葉紛飛的深秋，我久久坐在院子裡同一個位置同一個板凳上，面對院牆，兩眼發呆。「王八戴草帽」的順口溜已經從腦子裡消失得一乾二淨，愛唱的流行歌曲都上不了口，甚至跑調。眼前的一切都黯淡無光，風「嘩嘩」吹過落葉，聲音也如此淒涼。往常歡唱的鳥兒的啼鳴，現在聽起來也那麼無精打采，缺乏節奏。

我打聽到一所打字學校，收費不多，去報名，學會了英文打字。

拿到了證書，憑這點本事找到份工作。

不成年，謊報了兩歲。

就這樣，我的聖心時代徹底成了絕響。

北平圍城

一

　　30 年代國民黨禁止銀元流通，發行了法幣。抗日戰爭和第三次國內革命戰爭時期，由於惡性通貨膨脹，法幣急劇貶值，最後變得一文不值。

　　1948 年 8 月，國民黨發行了金圓券，以金圓券 1 圓折合法幣 300 萬元的比率收兌急劇貶值的法幣。但這並沒有轉變市場失控的局面，不到 10 個月，原來用一個金圓券買的東西，現在要用 120 萬金圓券才能買到，要用一麵袋子的鈔票換一袋麵粉。投機倒把、欺詐詐騙氾濫成災。

　　一次大姐夫輕信了一個不相識的人，以為可以買到緊缺麵粉。對方提出的條件是先交錢後交貨，而且要付銀元。姐夫把錢交了，對方讓姐夫在離家不遠的一個很體面的大院門口等他進院取貨。姐夫帶著我同去，只見他進去，久等不見他出來。打聽一下，才知道這個院子有個後門，我們在前門傻等的時候，他早就帶著錢從後門溜了。

　　局勢每況愈下，有錢人趁機大把收購黃金、白銀。國民黨的空運大隊也幹起了運輸黃金的勾當。傳說有的飛機失事是因為裝載了超重的黃金。二姐夫當時駐軍在天津，一次二姐從天津回北平，在胸衣裡藏了幾兩金子，在火車站被女警察查出沒收。那時的女警察

很蠻橫，無處不摸，無處不搜。

北京王府井南口有一個銀元黑市，雖屬非法，但很紅火。母親曾派我去換過銀元，因為量少，一手交錢一手交貨，快速成交。但真正做交意的人，要按黑市的規矩辦事。買賣雙方不說話，把大褂的袖子甩下來，雙方在袖子裡把手捏指頭，確定成交價錢。我不明白他們在做什麼，上前打聽個究竟。他們見我是個十幾歲羞答答的孩子，就無顧忌地講給我聽。這種袖子裡的交易地道、傳統、保密性強。

辨別銀元真假的「土」辦法是用拇指和食指拿著銀元，在周邊吹一下後放在耳邊聽「聲」就知道真假。為了滿足我的好奇，他們給我示範了一下。我湊過耳朵，真的銀元確實有個清脆的聲音，假的聲音就發悶。

幾十年後，在山西太原收購銀元時，古玩商老趙拿出一副行家的樣子，教我分辨真假。我對他說：「免了，我打小就會。」可我學到了另一招：銀元上有污垢，不要硬擦，留下痕跡會影響收藏價值。

在人人自危、設法外逃的年代，美鈔是搶手貨。王府井私人外幣兌換的門臉都很小，時常會用其他生意做掩護。一位在北平上大學的朋友，家在廣州，有海外親戚，不時給他帶些美元。一天他像往常一樣，手裡攥著美鈔，大大咧咧地進門就喊：「今天牌價多少？」誤以為靠門坐著那位在等候換錢，根本沒注意到老闆的眼神和緊張氣氛。結果當場「落網」，被便衣警告，按黑市交易處理。

二

1948 年底，共產黨的八路軍包圍了北平，市內停電停水成了常事，國共兩軍交鋒的炮火聲不斷從遠處傳來。

　　我家這一帶已停水數日。我們還算幸運，胡同東口有一口井。這條胡同起名「大甜水井」應該和這口井有關。每天一大早，我們到井邊排隊打水，打足一天的用水。打水的人多，天冷井臺結冰，很容易滑倒。常常是我和三姐或父親用一根木棍把水抬回來。

　　另一個危機是糧食緊缺，糧食實行定量配給。糧店裡賣的只有雜合麵——高粱、玉米、紅薯、雜豆混合的粗糧，顏色像地皮一樣，嚼起來牙磣；用它做成窩頭，趁熱吃還勉強嚥得下，涼了以後像石頭一樣硬。這時候沒人提好不好消化的問題了，填飽肚子就行。

　　這段時間治安很亂，偷盜搶劫無處不是，天黑後大家都不敢出門。聖心學校把寒假從耶誕節延至二月陰曆年後。由於停電，晚上大家只好坐在黑糊糊的小油燈下閒聊，最多買點瓜子和「半空兒」花生打打牙祭。黑夜顯得無比漫長，為了度過難熬的長夜，父親常和我們玩紙牌消磨時間。若是母親在，我們一定會打麻將。

　　遠處的槍聲、爆炸聲時而打破深夜的寂靜，家裡的玻璃窗都貼上了十字格紙條，以防震碎傷人。大家都為北平的古建築捏把汗。

　　此時，國共兩黨正在商討和平解放北平的協調方案。

　　時北平市長何思源被推選為北平市和平談判首席代表，他在錫拉胡同19號的宅邸遭到國民黨軍統特務的暗算，在那裡安放了兩枚定時炸彈，小女兒當場身亡，何思源夫婦和大女兒受傷。

　　第二天，何思源帶傷出西直門，和其他代表一起簽署了《關於北平和平解放問題的協議書》。

　　何思源的兩個女兒當年在聖心女校讀書，我們同學不同班。雖然母親是法國人，兩個混血姑娘長得不一樣，小女兒何魯美比較活潑，西方人特徵多些，不是黑頭髮。她不幸喪命的消息傳到學校，同學們很傷心，修女要求大家為她默默祈禱。大女兒何魯麗個子比

較高，多帶東方人特徵。她後來學醫，成為一名兒科專家，80年代棄醫步入政壇。

三

一天夜晚，「咚咚咚」，一陣猛烈的敲門聲驚動了全院人。當時前後院一共住了4家，誰也不敢去開門。

「快開門！」又一陣急促的叩門聲。大家猜想來人可能是國民黨的散兵游勇，走投無路。不過，又怕他們不光是找食宿，還可能要女人和錢。

「快！」大姐眉說，「把姑娘都鎖在裡院那間小屋裡。」裡院房東家有間隱蔽的小屋，屋門上裝了面大穿衣鏡，看上去像個衣櫃。大姐急忙把前後院的女孩藏進小屋，父親這才去開門。

3個年輕國民黨大兵狼狠地闖了進來，一副疲憊不堪的樣子。「給我們找個睡覺的地方！」其中一個說，聽口音像是外地人。「再準備點兒吃的，我們餓壞了！」

父親把家裡僅有的都給了他們，沒什麼好東西，就是些雜合麵窩頭。父親看他們怪可憐的，燒水做了個「高湯」，放點兒味精和紫菜，熱熱乎乎地給他們盛上。肚子填飽了，大兵和衣睡倒在地板上，很快就呼聲連天。父親輕輕給他們蓋上了棉被。

我們幾個女孩兒在小屋嘀咕了一夜，父親和大姐夫一宿沒合眼，擔心大兵醒了會為非作歹。幸好，這幾個大兵不像我們想的那麼可怕。一宿平平安安過去。第二天一大清早他們用冷水沖了把臉，離開了。

除了被子上的蝨子，什麼也沒留下。

遠處的槍聲連續不斷。

　　一天，突然一切靜了下來。我家沒有收音機，不知道外面發生了什麼事，惶惑不安。鄰居們傳來些隻言片語，聽起來有點兒道理，也有些讓人不敢相信的謠言，我們分不清真假。許多是關於八路軍的謠言，他們說共產黨什麼都共產，共產你的房子、你的地、你的財產，還有你的老婆。大人這麼說，我們也跟著學舌。

　　一天，一個鄰居興沖沖地跑進院，告訴大家街上出現了坦克車，車上坐著穿厚棉衣、戴皮帽的士兵。王府井街頭從沒見過這番打扮的人，大家猜測他們是從東北過來的，那時共產黨已經解放了東北三省。

　　那時，渾然不覺的我們一點也沒意識到：我們正處在歷史中，這是一個劃時代、創歷史的特殊時刻！

　　在院裡憋的時間太久了，孩子們懇求父親讓我們出去看看。父親有點猶豫，擔心出事。

　　「別靠近他們，」父親叮囑，「咱們不知道這些是什麼人，會出什麼事。」

　　三姐和我像被釋放了的籠中鳥，飛快地跑出家門。街上除了稀稀拉拉幾輛自行車和洋車外，沒有幾個行人。街旁有三輛坦克，上面坐的士兵帽子上帶有紅五星。我們只見過「青天白日滿地紅」的旗幟，不知道紅五星代表什麼。人們十分謹慎，遠遠地站在一邊，帶著好奇和懷疑的心情望著他們。

　　他們看起來並不可怕。三姐和我往前湊了一點，我朝其中一個士兵笑了笑，他向我點了點頭。「瞧！」我小聲地對三姐說，「他們並不嚇人！」這是我對共產黨的第一印象。當年我不滿14歲。

　　北平圍城之前，母親陪二姐去天津看望姐夫，當時天津的戰鬥十分激烈。按照要求，二姐本應和其他國民黨隨軍家屬撤退到廣東。但二姐到天津一看，決定不隨家屬南下，留下來，臨時借住在

英租界一個朋友家。此時京津鐵路已斷，不久，天津部分地區開始了巷戰，但為時不久。共產黨於 1949 年 1 月 14 日解放了天津，傷亡不多。

天津解放後不久，京津鐵路通車了。母親和二姐擠上了第一趟開往北平的火車，不過車到豐臺就不能往前走了。她們雇了一輛三輪車，頂著凜冽的西北風回到北平，此時的北平，已經完全解放。

北平於 1949 年 1 月 31 日和平解放。

共產黨的部隊繼續揮師南下，最終解放了全中國。

敲鑼打鼓轟麻雀

一

1957 年的反右鬥爭剛平息，該送去勞改的人都走得差不多了。

隨之，1958 年又掀起一場席捲全國的大躍進運動，調動全國人民，用「人定勝天」的精神改變經濟落後的狀態。當時的口號是「鼓足幹勁，力爭上游，多快好省地建設社會主義」。全國齊心協力，無往不勝。

國家號召全民大煉鋼鐵，15 年內趕英超美。那時候，我們根本不知道中國和英美到底相差多遠，相信全民總動員，大幹一場，15年趕上英美那些「紙老虎」沒問題。

小土煉鋼爐雨後春筍般出現在全國各地，從農村到城市，從公社到學校，無處不有。在農村，儘管煉出的「鋼」材如廢料丟在一旁，派不上用場，農民依舊敲鑼打鼓，向上級喜報煉鋼成績。

由於大批人力投入大煉鋼鐵，忽略了種莊稼，農業產量急劇下降。迫於上級完成「生產指標」的壓力，農村幹部對上級只報喜不報憂，出現嚴重虛報、謊報產量現象，造成隨後的 3 年因糧食奇缺導致的大饑荒。

根據維基百科的記載，三年大饑荒造成 1,500 萬至 5,500 萬非正常死亡，是人類史上規模最大的饑荒，是最嚴重的人為災難之一。

在城鎮，國家號召工廠、學校、各家各戶獻鋼獻鐵。大家響應

號召，翻箱倒櫃，只要是鋼鐵製的就算數。不少人把自家的鐵鍋、鐵瓢、鐵鏟、鐵桶全捐了，誰又會料到，日後這些都成了短缺物資，憑票供應商品。

此外，國家還號召大家捐獻土煉鋼爐用的燃料。我家有一個用了多年的大菜墩，母親把它獻出去了，家裡只留下一塊小菜板。老百姓就是這樣聽話，不計較個人得失。至於合理不合理，沒人敢質問。

二

那年夏天，為了加快城市建設的步伐，國家號召全民投入「除四害，講衛生」運動。北京，作為首都，要為全國樹立榜樣，消滅蒼蠅、蚊子、老鼠、麻雀這四害。

麻雀列為四害之一，因為牠們吃糧食。消滅麻雀的辦法一般是，在誘食中下毒或用槍打。在全民獻計獻策的大氣候下，有人獨出心裁，出了個被認可的餿主意：大家選定同一時間，同時爬上屋頂，敲鑼打鼓、搖旗吶喊，嚇唬麻雀，不給鳥兒落腳之地或歇息之機，讓牠們不間歇地飛，最後活活累死。

不知有沒有人計算過，麻雀可承受的「不間斷飛行」時間有多長？這種「折磨法」究竟有多大作用？能消滅多少麻雀？沒有這方面的統計和報導，只是一時麻雀成了飯館裡的特菜──油炸五香麻雀，連頭帶尾一起吃，又脆又香，別有風味，蛋白質也不低。

當年我在中國化工進出口公司翻譯科工作，除了日常筆譯工作，口譯工作按國別分配，我負責與東歐國家的談判。除了蘇聯，其他國家一律用英語。

一天下午我們正在和捷克商務參贊在會議室談判，突然從屋頂

傳來一陣震耳鑼鼓聲，吵得談判無法進行。這位參贊望了望窗外，探過頭，帶著困惑的表情，大聲問我：「他們在慶祝什麼？」

「他們在趕麻雀！」我放大嗓門回答，別無選擇，只好說實話，此時顧不得什麼「內外有別」。

「你們真認為這樣可以把麻雀都轟掉、滅光嗎？」他懷疑。

「如果轟不掉，人們就不會這樣做了。」我想說服他，其實我也有同樣的疑問，但這是黨的號召，我豈敢表示異議？

「把這些鳥都消滅了，到底是不是件好事？」他又問。

我無言。

他問得確實有道理。後來，事實證明一些鳥類數量急劇下降，促進了吃糧昆蟲數量明顯上升。領導大概意識到了這點，不久麻雀就從四害名單上除名了，取而代之的是臭蟲。

三

在除雀方面我沒有參加太多活動，但在滅蠅方面我卻做出了突出貢獻。翻譯科所在的祕書處掀起了一場滅蠅競賽，牆上張貼了一張競賽表，表上用數字和紅旗標出每人每日的滅蠅紀錄，成績突出者給予表揚。在一次全處會議上，處長表揚了成績優秀者：「小裘本週消滅的蒼蠅最多，根據紀錄一共是 3,256 個（接著一陣掌聲）。她的認真態度值得表揚，我希望大家以她為榜樣，取得更大成績。」

「她上哪兒找那麼多蒼蠅呀？」我心裡納悶兒。即使我一天什麼都不幹光打蒼蠅，也找不到那麼多。只好去請教小裘有什麼「竅門」。

「午飯後你跟我來！」她小聲對我說。

　　那是一個炎熱的 7 月，我犧牲了午睡跟著小裘走進一條背街的小巷。還沒到地方，鼻子就發出了信號：前方有一大堆爛菜在酷熱的陽光下腐爛，一股嗆鼻的臭味迎面撲來。看到密密麻麻的蒼蠅爬在爛菜堆上飽餐，我知道運氣來了。我們毫不費勁地甩兩下蠅拍，就可以打死一堆蒼蠅，包括不少大個兒的「綠豆蠅」。

　　「1、2、3……50……100……我數不過來了！」我興奮地大喊，「你打了多少，小裘？」

　　小裘在爛菜堆的另一頭，她全神貫注，根本沒聽見我在喊她。烈日當空，我看著她的側影在靈巧地移動：一位平時特別注重衛生、穿著清秀的女士，一手握著蠅拍，一手用精緻的手帕捂著鼻子，深一腳淺一腳地來回甩動蠅拍，長長的裙子左右搖擺。一不小心踩在爛番茄上，濺髒裙子是小小的代價，我的白底藍點裙子已濺上了不少紅點兒。

　　有了這個新發現，我和小裘經常利用午休兩小時到後巷去「蠅戰」。午睡被占用了，下午上班時就發睏、精神不集中，趕上政治學習就更難保持清醒了。

　　我的滅蠅成績直線上升。每天我們自報戰果，大家都很自覺，沒人謊報。我非常感謝小裘讓我和她共用滅蠅戰地、分享戰果。

　　過了一段時間，我覺得有點不對碴兒。這是何苦來的呢？為什麼垃圾堆得這麼高無人過問，結果變成了害蟲的繁殖地？我們去滅蟲，破紀錄，創戰果。垃圾愈堆愈高，蒼蠅成倍增加，我們搭進去的午睡時間愈多，工作就愈受影響。這是個多麼滑稽的惡性循環！若用同等力量處理垃圾，豈不是更通情達理！

四

　　老鼠是另一個問題。當時我和另一位女同志合住單身宿舍，那是個新樓，沒人做飯，不存在老鼠問題。但是母親家住的是一百多年的老四合院房，老鼠在那裡早已安營紮寨。我們剛搬進去的時候，夜裡常被母貓鬧貓或老鼠出洞尋食的聲音吵醒，老鼠在地板上出出溜溜小跑的腳步聲令人厭惡。

　　雖然家家戶戶都裝上了老鼠夾子，但老鼠比我們想像的狡猾。我家裝的老鼠夾子，非但沒抓到老鼠，反而餵飽了不少。直到一天一位鄰居提醒，才恍然大悟。「別在夾子裡放熟肉！老鼠可奸了，熟肉太軟，輕輕一拉就脫鉤了。放上一塊熟豬皮，又油又香，老鼠拉不動也嚼不動，用力猛了就夾住了！」我們學會了與老鼠「鬥智」。

　　街道居民委員會給各家各戶發了老鼠藥，要求在有窟窿的地方都塞進點兒。二姐華認為這樣不妥，她擔心如果老鼠毒死了留在洞裡，屍體會腐爛發臭，還會帶來傳染病。我們沒有在洞裡投藥，而是沿著地板四周撒了藥，這樣，死了也可以「見屍」。

　　至於臭蟲，那就是個「持久戰」了。

　　在大搞階級鬥爭的年代，我們習慣了響應號召，鋪天蓋地的群眾運動，見證了「與人鬥其樂無窮」取得的「不寒而慄」的戰果。然而，在「與天鬥，與地鬥，其樂無窮」的口號下，如果違背大自然的生存規律，恐怕人類未必能取勝。

「牛棚」瑣憶

一

　　1966 年文革開始不久，北京的家被抄。父母親被勒令掃街，二姐被送往幹校勞動，外甥和外甥女停課鬧革命。幼稚園拒收寄住母親家的女兒燕，說是「不伺候牛鬼蛇神的狗崽子」。全家男女老少都受到衝擊，人人成了革命對象，就連在紅旗下長大的第三代也沒有資格帶上紅袖標、邁過「血統論」的門檻。

　　北京的家早沒有值錢的東西了，紅衛兵小將們把抽屜、櫃子翻了個底兒朝天，見到打過補丁的舊衣服，說是裝窮。找不到「寶物」不甘罷休，把頂棚捅開、臺階撬開，還是一無所獲。一怒之下把父親僅有的舊書和全家的相簿在院中點燃，付之一炬。對著父親在日本的照片，吼叫：「還留著這些，是想翻天吧？妄想！」父親如罪人一般，躲在門旁，不敢抬頭。

　　外甥小東是我家第三代的第一個孩子，1950 年國慶日出生，從小留下許多照片，放在我從德國帶回的相簿裡。紅衛兵小將從抽屜裡搜出，怒沖沖地說：「純粹是資產階級，小孩子還照那麼多相！」說罷，不屑一顧地把相簿扔進火堆。小東滿臉淚痕，望著火焰吞掉自己童年的記憶。

　　三年自然災害期間，我從生活了二十幾年的北京調往哈爾濱。文革期間在黑龍江大學任英語教師。隨著運動深入，師生中成立了

造反派、保皇派和逍遙派。一向對政治不感興趣的我，自然是逍遙派。不料，沒逍遙幾天就變成了批判對象。1951 年參加工作時是個不滿成年的「小鬼」，單純清白，歷次運動都沒整到我頭上。這次來勢之猛，打擊面之廣，不分青紅皂白，誰都能輪上，就連一些出生入死打天下的功臣也沒能逃過一劫。

二

　　校園裡批判我的大字報蜂擁而出。

　　第一次批判會，我很緊張，差點暈過去，次數多了就無所謂了。痛心的是自己教過的學生，站在我的對立面，握拳高喊「打倒」口號。我們曾日日月月進出同一個教室，白天上課，晚上輔導，我校正他們每個發音、修改每一條語法，現在全不算數了。學習成績好的學生，尤其是那些我偏愛的學生，此時儘量表示和我劃清界限，以免受牽連；成績差的學生，此時正是出氣、報復的好機會。牆倒眾人推！

　　學校的極左師生組成了一個以暴力為核心的組織──「紅色恐怖隊」，聽其名知其行。「什麼是法律？」一個紅色恐怖隊員說，「我就是法律！」

　　校內鬥爭愈演愈烈，被批鬥的人數與日俱增。一天紅色恐怖隊貼出佈告，勒令我晚八點到他們總部報到。深知他們手段狠毒，聽到這個名字就毛骨悚然。可是哪敢不去！

　　準時到了紅色恐怖隊總部，進門即感大難臨頭。室內非常暗，燈泡全是紅的，正面牆上掛著毛主席像，下面寫著4個大字：「造反有理」──這條文革起家的官方口號。屋裡有兩張桌子幾把椅子，黯淡的光線下，晃著五六個人影。

　　一個學生披件軍大衣坐在桌前不停地抽煙，看樣子是個頭頭。記得他是大二的學生，一向很靦腆，如今一副凶相，令人費解。站在他旁邊的是一個膀大腰圓的學生，學習不靈光，愛打籃球，打人出名地手重，是個「不可多得」的「打手」。

　　「知道你犯了什麼罪嗎？」想不出什麼觸犯國家利益的罪，我只能說和一位在柏林工作時認識的德國朋友有來往。為此，大字報上說我「裡通外國」。

　　「沒別的了嗎？關於你個人生活呢？」他逼問。

　　離婚是個人的事，有什麼好交代的？交男友是我的自由，更沒有必要交代。後來我才明白，從個人生活入手，把人搞臭，是造反派的慣用伎倆。讓人不忘的一幕是，為了侮辱國家主席劉少奇，給他夫人王光美掛上一雙「破鞋」遊街。

　　「你是個道德敗壞的女人！一個狐狸精！」他吼叫。

　　「跪下！跪在毛主席像前！」那個打手大叫，「這就是你的下場！」說罷把皮帶從腰上解下，朝我抽過來。第一下抽在臉上，眼鏡飛出好遠。我用手捂住臉，另一個學生衝上去把我手拉開。他們不停地抽打，幾個人一起幹。此時，我已完全失去了時間概念，不知鞭打持續了多久。只感到皮帶抽鞭的疼痛，聽到打手們惡狠狠地咒罵和我哀求住手的無奈呼叫。

　　過一會兒，他們打累了，或許是「玩」夠了，停下手中的皮鞭。我趕忙在地上摸索我的眼鏡，跌跌撞撞地爬起來。走出紅色恐怖隊已是深更半夜。

　　我跌跌撞撞地走回宿舍。那時住在單身宿舍，一推門把同屋嚇住了，忙把頭轉過去。「他們怎麼把你打成這個樣子？」她吃驚地問。我虛弱地說不出話。「要不要拿個鏡子給你看看？」當時我最不想要的東西就是鏡子，我只想躺下喝口水。頭和臉部火辣辣地

痛，渾身無處不痛。同屋很不放心，跑到醫務所找值班醫生。醫生是個黨員不肯來，他說只給革命同志看病，不伺候牛鬼蛇神。

我昏昏沉沉地睡了一會兒。第二天鼓起勇氣拿鏡子照了照，鏡子裡的我如受過刑的囚犯，臉腫得像個饅頭，青一塊，紫一塊，眼睛擠得幾乎看不見了。

同屋不放心，又跑趟醫務所求援。這回值班的是位女醫生，非黨員，平時話不多，悶頭幹活兒。當時，不顧階級成分堅持救死扶傷的醫生是要冒風險的。這位女醫生說：「我不管她是誰。只要她需要治療我就去。」看到我後，她搖頭歎息，難以置信學生對老師怎能下這樣的狠手。

三

噩夢剛剛開始，黑雲壓城，疾風驟雨即將來臨。很快，校園內大字報鋪天蓋地，成立了扣押「階級敵人」的專政組。

剛復原點兒元氣，緊跟著又來了一條更嚇人的勒令：「群眾反映張 XX 有嚴重問題。勒令今天下午兩點到專政組報到。」我心裡明白這意味著什麼。不能反抗，也無法反抗。

此時，為了逃避住單身宿舍被同屋監視、彙報，我又一次進入了婚姻的殿堂。那是一場非常時期的婚禮，沒有儀式，沒有鮮花，連件新衣服也沒穿，只在門上貼了個紅雙喜。

老龐，我的二婚丈夫，看到勒令後，二話沒說，回家給我準備行裝。我們結婚只有兩個多月。他很冷靜，沒流露出不安，似乎早料到有這一天。他出身貧寒，沒有小辮子可抓，沒什麼可怕的。他是我的堅強後盾。

政策一天一變，甚至頻繁到半天一變，大家每天關注的是：

「又有什麼新的最高指示？」都怕跟不上形勢，遭大殃。

老龐背著我的鋪蓋捲兒，陪我按時去報到。

「別耷拉腦袋！」他提醒我，「用不著像霜打了似的。」我倆強打精神，擺出一副笑臉，穿過校園，朝專政組走去。正在校園溜達的一幫造反派學生，指著我們大喊：「瞧！她還笑呢！喂！龐老師，你為她驕傲不？」「瞧，他還給她扛東西呢！」「你們倆都不知道羞恥嗎？」

「抬著頭走！」我不斷提醒自己。我為龐難過。我已身敗名裂，無所再失，可他憑什麼要受這份牽連？遭這份侮辱？

我的罪狀是「裡通外國分子」「特嫌」，理由是我和一位東德朋友有通訊往來。沒想到一個社會主義成員國，執政黨是共產黨，本應是國際友人，怎麼一下子變成了「敵對方」？

專政組押送我的學生是小郝。他在發音方面困難較多，很難校正，我給他吃過不少「小灶」，幫他考試過關。此時，他帶我走向隔離室，不敢正眼看我。

「把她的東西放在這兒，」他對老龐說，「你可以走了！」因為我的「罪名」還沒定性，胸前沒掛牌子，小郝不知怎麼稱呼，就用個無名無姓的「她」。「老師」這個字眼兒已不存在。

隔離室原先是傳達室老大爺的值班室。小得可憐，一個單人鐵床占了大半個屋子，原本不大的玻璃窗被塗黑，留下一條細縫，勉強見點兒光。

「我得檢查一下你的東西，」小郝說，「這是規定！」翻到針線包裡一把小剪子，他說：「這個你不能留，不安全！」順手把剪子揣在兜裡。我心想：你不用擔心，我不會自殺！

我把被褥攤開在鐵床上，衣服塞進空枕頭套裡，兩個搪瓷盆放在床下，一個洗臉，另個洗腳。除了毛主席著作，啥書也不准帶。

東西放好後，我坐在床沿上，呆若木雞。

突然，門口閃過一張笑嘻嘻的臉——我的學生小郭。系裡一向認為他是個調皮搗蛋的學生，課上愛提不著邊的問題，還愛開玩笑。

「老師，他們鎖門前我要看你一眼。」他上氣不接下氣地說，看樣子是跑著來的。他依然叫我老師。我沒想到他會來，感動得說不出話來。

「你得趕快走！」我催他，生怕被人發現。「看守馬上回來，看見你在這兒可不得了！」

「我不在乎！」小郭執拗地說，「老師，我要告訴你，那天我真不想參加批鬥會，但不去不行。咱班那幫學生指著你控訴，我一言沒發，坐在一邊看他們。」

他說的那次批鬥會至今還記憶猶新，那是最早的一次，是領導安排的。有些話刺痛了我，但我不計較，畢竟他們是我的學生。事實上，後來他們也成了受害者，停課鬧革命，犧牲了學業，成了一代不學無術的人，承受了無法彌補的損失。

夜幕來臨，我被反鎖在小屋，一舉一動都有人監視。我關了燈，正打算躺下，門外傳來一聲吼叫：「不許關燈！」門上有個洞，看守可隨時往裡窺視。我說燈亮著我睡不著。

「那是你的問題，這是規定！如果你睡不著，反省反省你的問題，寫交代！」他義正詞嚴地說。

我把燈又打開了，翻過身面朝牆，低聲哭泣，幾乎一宿沒合眼。第二天晚上，我用舊《人民日報》做了個燈罩，把光禿禿的燈泡罩上，屋裡頓時暗多了，總算睡著了。我格外小心地挑選報紙，千萬不能用帶有主席頭像的報紙包燈泡，那是大逆不道、罪加一等。

　　幾個月的隔離審查，當時叫「蹲牛棚」，給了我很多時間回顧過去、考慮未來。

　　多年來，為了靠近組織，成為其中一員，我自認在努力改造自己、磨掉稜角、向黨交心、服從黨的召喚，甚至做過昧著良心「彙報」別人的事。可是，這麼多年過去了，我仍屬於被排斥的人——家庭出身不好、受過西方「奴化」教育、離過婚、有所謂的海外關係。我擺脫不了這個階級烙印，恐怕我的孩子長大後也在劫難逃。反省過程中，我終於悟出了這個道理。以前只懂聽話、服從，現在腦子裡開始出現一連串過去不敢有的「問號」。

四

　　我被隔離，老龐壓力很大。「革命」教師要他參加批鬥我的大會，要他和我劃清界限。老龐詼諧地說：「說張芷美是『特嫌』，是抬舉了她、對她的恭維。可惜她沒有當特務的頭腦和水準。如果她能當特務，全中國遍地都是特務。」

　　在壓力面前，龐沒有低頭，只是迴避大家，就連最好的朋友也不來往。他很清楚，此時此刻正常的友誼已不存在。他的態度是，當前不要相信任何人。以階級鬥爭為綱的年代，連親情都可以背叛，還有什麼友情可言！

　　一天晚上，老龐在家做飯，好友小朱推門而入。成家之前，他倆住同屋，關係不錯。這次小朱是帶著任務來的，試圖摸清龐的思想動態。龐很謹慎，繼續炒菜，不多說話。小朱在屋裡踱來踱去，突然發現桌上有個小黑本子。那是我的舊位址本，裡面記錄了50年代在外貿公司工作時有過業務聯繫的人名和地址，包括東歐國家的一些商務參贊，還有外貿部乒乓球隊員的名單和比賽結果。

　　小朱好奇地翻來翻去，如獲至寶。他認為這些名字中有重要線索，還是外國人名，迫不及待地去彙報。第二天，專政組命令老龐把小黑本子交上去。

　　幾天後，我被提審。我站在大教室前方，面對大家，鞠躬請罪。審問開始，他們提了一連串名字，有外國的也有中國的，有的聽起來耳熟，有的完全陌生。他們到底打算幹什麼？我被問懵了。經過幾小時的無效審問，一位老師站起來說：「看來你不打算合作，我們只好奉陪到底了。」

　　這種變相體罰，叫做「車軲轆轉」，即24小時不間斷地輪班審訊，直到被審人因站得時間過長，四肢腫脹、頭腦發木、胡言亂語，最後達到招認的目的，美其名為「奉陪到底」。

　　「你說，張芷美同志……」話一出口，小高趕快收住了嘴，意識到自己的口誤。

　　「你不能叫她同志！」小朱迫不及待地插嘴。

　　「打倒張芷美！」小高趕快改口大喊，免得被指責。

　　「你和尤利‧梅拉德的關係是什麼？還有茲諾維‧達拉托夫？還有木特莫爾？趕快交代！」小朱恨不得一下子把我問住。

　　我疲憊地抬頭望了他一眼。你這個沒良心的！你有什麼資格質問我？還記得你是怎麼求我把屋子借給你和情人相會的嗎？為了不引起外人懷疑，我是怎麼把你們倆反鎖在屋裡的？難道你都忘得一乾二淨了嗎？

　　「打倒國際女流氓張ＸＸ！」一個清脆的聲音傳過來。我簡直不敢相信自己的耳朵。這個聲音太熟悉了，不用抬頭就知道是我的好友小馮。我們曾像姐妹一樣相處，無所不談。這個回馬槍殺得太快了！「國際女流氓」這個惡名太侮辱人了！太傷我的心了。昔日好友，怎麼一下變得我完全認不出了！從此，這個「美名」就像牲

口上的火印,烙在我胸前掛的牌子上,任人指點辱罵。

審訊一直持續到天亮。我的雙腳站腫了,雙手發麻,精疲力盡。他們什麼也沒詐出來,我確實沒有隱瞞什麼。

後來才知道這場鬧劇是由那個小黑本子引起的。他們認為本子裡的名字是我的特務網絡,乒乓球比賽的比分是聯絡密碼。無端地猜測和懷疑,達到了「滑天下之大稽」的地步!

即使在最黑暗的日子裡,我也沒有想過要自殺。雖然站在被審席上,但我感到,審問我的人像是鬧劇中的蹩腳演員。人生猶如舞臺,人人都在演戲,有主角、配角,也有小丑。有的角色魅力四射,有的曇花一現,有的遺臭萬年。

不知為什麼,我相信這齣戲演不長,我要看到結尾。挨批挨鬥並不等於是弱者,仗勢欺人的也非強者的代名詞。

我相信終有一天會時來運轉。至於說「時」何時來,「運」如何轉,我說不上。我決心,活到那一天!

五

我進專政組之前,已有4人被關進了「牛棚」:一位被打成走資派的校長;一位六十多歲的教師,國民黨時期當過翻譯;一位四十多歲的教師,在英國留過學,後在北京某外國使館工作過;第四位是個炊事員,日本侵華時當過警察。我是唯一的女犯,年紀最輕。人們管我們叫「黑幫」。

「黑幫隊」住的屋子是反鎖的,只有吃飯和上廁所才可以出來。食堂離教學樓大約五分鐘的路。我們五人排成隊,由一個帶著「專政組」紅袖箍的學生領著去食堂打飯,一路上被人指指點點。

「媽,你瞧!黑幫隊裡還有一個女的呢!」傳來一個純淨的

童聲。回頭一看，一個七八歲的男孩朝我做鬼臉。「孩子，」我心想，「你不該參與這些，如果大人告訴你這些是正當的，10年、20年後你會是個什麼樣的人？」事實也確實證明，文革遺毒在日後的年代裡驅之不散，流傳很廣很深。

一天，我被招到專政組，裡面坐著4個我不認識的人，身穿中山裝，神態嚴肅。

「低頭！」一進門就聽見一個學生命令。

「把手從兜裡拿出來！走到中間去！」另一個學生命令。

「向毛主席請罪！」第三個學生命令。

我的第六感告訴我，今天的審訊不尋常。

他們拐彎抹角地提了一些讓我摸不著頭腦的問題。他們到底想瞭解什麼？在不斷地暗示和啟發下，我恍然大悟。原來他們要我提供另一個人的情況。這四位是市公安局的，我意識到問題的嚴重。

我認識哈爾濱工業大學的一位圖書館館員，姓夏。他是個學者，懂6國語言，包括世界語，是哈爾濱世界語協會主席。他用世界語與許多外國筆友有通信往來。這些聯繫成了罪狀，被污蔑為他的特務網。由於世界語懂的人很少，人們硬說他的聯絡密碼都隱藏在裡面。更糟糕的是，老夏從小生長在臺灣，現在還有親戚在那裡。他被逮捕了，罪名是特務。

老夏交代的熟人中有我的名字，官方把我和他連在一起，如獲至寶，以為馬上要破獲一起重大間諜案，一石雙鳥！

審訊進行了幾個小時，什麼也沒問出來。我提供不出他們想要的證據，用來證明這個間諜網的存在和他企圖潛逃的手段。公安人員不甘休，要窮追到底，要求革命教師配合。

當晚我被領到一個由教師組成的批鬥會，他們不允許老龐參加。我向毛主席請罪後，以同樣的方式向曾經和我平起平坐的革命

教師請罪。

這次批鬥會是經過充分準備的，問題像連珠炮似發來，審問我：和老夏是什麼關係？同夥還有誰？聯繫方式是什麼？有過哪些反動言論？

對於這種無中生有的事兒，我沒法回答。我站在前方，一聲不吭。

「你想頑固抵抗是吧？」老蘇，一個彪形大漢的造反派老師，上前質問我。

「你以為這樣可以蒙混過關嗎？別忘了這是階級鬥爭。」「革命不是請客吃飯，不是做文章，不是繪畫、繡花，不能那樣溫良恭儉讓。革命是暴力，是一個階級推翻另一個階級的暴力行動。」他振振有詞地背誦人人背得滾瓜爛熟的《毛主席語錄》，一條用來證明暴力有理的語錄，盛行到成了「口頭禪」。

我還是不吭聲。

他解下腰上的軍用皮帶。我預感紅色恐怖隊的遭遇要重演，馬上閉上眼睛。他動手了。屋裡除了他的鞭打聲和威脅外，別無動靜。難道同事們都變得鐵石心腸了嗎？太心寒了！

「我看你張不張嘴！」蘇邊打邊喊。我知道抗拒是沒有用的，只有忍受。我沒有懇求，沒有呻吟，沒有眼淚。小時家裡人說我「拗」，現在，恰是這股「拗」勁幫我頂住了肉體的摧殘和心靈的創傷。想起母親對我說過的話：「牆倒了，也要挺住！」

逼到最後，我從牙縫擠出這麼句話：「有什麼好說的，他當時在追求我。」

這可把老蘇惹得下不來臺。「嚴肅點！別想轉移方向、蒙混過關，耍小聰明沒用。」接著狠狠下了一鞭子。他們高估了我。我在挨打，哪兒有那份心思「耍小聰明」！

老蘇抽打得過癮時，一位老師上前在他耳邊嘀咕了幾句。後來才知道他提醒老蘇鞭打不要留痕跡。他們接受了紅色恐怖隊的教訓，打人不打臉、不留傷痕，免得落下把柄。

一陣猛打，我交代不出什麼。逼供無效，老蘇無奈，把腰帶重新繫上，大搖大擺走回原座。幾個人上來把我押送下去，在一片「打倒裡通外國分子」、「打倒牛鬼蛇神」的叫喊聲中被帶出教室。

雖然他們禁止老龐參加這次批鬥會，但沒有不透風的牆，我挨打的事老龐知道了。他堅持要見我，要我拉開襯衣給他看身上的紅腫傷痕。「真不是東西！」他氣憤地說。

離開專政組，他直奔解放軍代表處表示抗議。他說打人違反毛主席教導「要文鬥不要武鬥」。真讓人費解，無論你站在哪個角度、為哪個人說話，都可以引用《毛主席語錄》為自己辯護、找理論根據，可謂放之四海而皆準的普遍真理！

老龐的抗議起了作用，武鬥停止了。

六

我們過了幾個月不見天日的生活。專政組覺得不能白養活這幫階級敵人，得讓他們幹活兒。這個決定我們都贊同，至少可以出去呼吸新鮮空氣。清晨五點半，看守敲門召喚起床。起床後，先把白天當腳盆、晚上當尿盆的一盆倒掉，然後到公用盥洗室洗臉刷牙，彼此不准說話。準備妥，排著隊走向校園。校長領先，黨委書記排二，小嘍囉跟在後面，我是最後。看來到哪兒都有等級觀念，哪怕是被專政！

到了校園先是點名，是「提問式」的。「你是誰？」回答要

求把名字和罪名連在一起。陸校長說：「陸XX，走資派！」孟老師說：「孟XX，反動學術權威！」炊事員說：「關XX，日本狗腿子！」輪到我，我很不願意開口，心裡詛咒小馮給了我個美名──「國際女流氓」。他們定不出罪名，獨出心裁，來個「別致」的。我咬著牙說：「張XX，國際女流氓！」報完名去領工具，邊走邊喊打倒自己，帶上罪名「頭銜」。

對於知識分子，人格、尊嚴的侮辱比肉體的摧殘更難以忍受。不難理解為什麼不少人，包括名作家、名演員，以及做過重大貢獻、經過多年考驗的老同志，最後都以自殺來抗拒現實、保全尊嚴。

勞動之前要背誦毛主席的「老三篇」：〈為人民服務〉、〈紀念白求恩〉、〈愚公移山〉。

「你！」看守指向孟老師，「背〈紀念白求恩〉。」

「白求恩同志是加拿大……」他背得很熟，沒出錯。老師的背誦能力都很強，看守十分滿意。

「該你了！」他指向關師傅，「背〈為人民服務〉。」

「嗯……我們的共產黨嗯……新四軍嗯……八路軍……」

「順序錯了！」看守大吼。

「別著急，我重背。……人總是要死的，但是……為法西斯而死，就比泰山……」

「啪」一聲，一記耳光。

「大膽！你竟敢篡改毛主席著作！應該說『為人民而死，就比泰山還重；替法西斯賣力……』，你明知故犯！不會有好下場。」可憐的關師傅，真是天大的冤枉！他哪有這個膽兒！他是半文盲，記性又差，下的功夫不少，可就是記不住。

背誦〈愚公移山〉的人最不走運，那是老三篇中最長的一篇，出錯的機率多。我的記憶是多年記英語單詞練出來的，此時幫了我

大忙。

那天是八月十五，看守人員要回家過中秋，我們提前收工了。走進牢房，迎面一股撲鼻的水蜜桃味。哪兒來的？桌面上啥也沒有。剛要提起床單往床下看，聽到有人「噓」了一聲：「是我，小聲點兒。」

是老龐，趁看守忙著回家過節，不留神時，溜了進來，躲在床下。他帶來一大兜兒桃子和梨子。我嚇死了，這可怎麼辦？被發現可不得了呀！

我傻傻地坐在床上，低聲和床下的新婚丈夫對話。

「這是我們結婚後的第一個中秋，我要和你一起過。月餅和水果我都帶來了。他們不讓開燈，我多帶了幾個手電筒。今晚我就不回去了。沒人見我進來。」

這可怎麼得了！是違背政策，犯大忌。我嚇得渾身發抖。我求他趁我去水房洗臉，門還沒反鎖之前，趕快溜出去。「我理解你，我知道你心疼我，可咱不能圖一時快樂，惹來大禍。」我把手伸到床下，緊緊拉著他的手。他拉著我那雙粗糙的手，來來回回地揉。

他不願見到我因此罪加一等，無奈，不得不趁人不備溜走，臨走時說：「水果都洗過了，你慢慢吃，不要被人發現。過兩天，我給你送點兒擦手油來。」

他走後，我倒在床上，用枕頭捂住嘴，大哭。

七

我們幹的是重體力活兒，燒鍋爐、鏟雪、卸車，卸的有磚，有砂，有煤，有菜。有一段時間廚房缺人手，我們去幫忙搭個下手，是最省力的。但不久有人反映：「怎麼能讓階級敵人在廚房勞動？

太沒警惕性了，萬一給下點兒毒怎麼辦？」就這樣，我們丟了這份「美差」。

關師傅知道我愛吃紅薯，不止一次把自己原本不多的配額省下一小塊，掖在兜裡，找機會避開眼線，塞給我。於我，這又何止是一塊紅薯！

校園裡有 3 個大菜窖，供冬天儲菜用。我們得把堆成山的土豆、蘿蔔、白菜用扁擔挑進窖裡。挑著重擔下斜坡難度很大，我在右肩墊上塊厚毛巾。孟老師和關師傅和我搭配時，總會把重心挪到他們一邊，好減輕我這邊的分量。

我看到，即使在最黑暗的夜裡，人性的善良仍如陽光透過雲層一樣，依舊可以溫暖人心、照亮人心、賦予希望。

菜抬進窖後按大小碼齊，看守不下來監工，只把門倒插上，反正我們想跑也跑不出去。躲在菜窖，算是我的小天地。我可以哼個小調、吃上一口胡蘿蔔或白蘿蔔、咬上幾口白菜葉解解渴。每週至少要把堆積如山的白菜翻兩遍，否則會爛。每翻一次就要掉很多菜幫子，到春天只剩下白菜芯了。

和我一起在菜窖幹活兒的是一個被莫名其妙送進牛棚的學生。他是個孤兒，平時吊兒郎當，天不怕地不怕，還敢為劉少奇打抱不平。「反正我出身好，怕誰！」他說。

這個家無親人的學生，身上穿著一件繫不上扣的舊棉襖，腿上的棉褲薄得像單褲，腳上趿拉著一雙後跟壓扁的布棉鞋。我看他實在可憐，讓他把棉褲脫下來，我給他重新翻做一下。我跟老龐要了點新棉花，利用在菜窖的空餘時間給他翻做了棉褲，穿上暖和多了。他感動地對我說：「從來沒有人對我這麼關心過。」他的情緒好多了，有時會挑個粗粗的胡蘿蔔、擦掉上面的泥土、用瓦片刮一刮，遞給我：「老師，您嘗嘗，這堆裡的胡蘿蔔甜。」好久，都沒

人叫我「老師」了！

最苦的活兒是從卡車往下卸煤，卸完渾身是汗，從頭到腳全是煤灰，還沒地方洗澡。在「牛棚」關了十個月，沒洗過一次澡。只能利用星期天不幹活的日子，到鍋爐房打點熱水，分3段好好擦洗一番。先洗頭，後擦上身，再沖下身，最後用剩下的水洗衣服。

有些「男犯」做不到這點。一次政治學習，孟老師不停地撓癢癢，我小聲問他：「怎麼回事兒？」趁領班人不注意時，他在筆記本後面用英語劃拉了幾個詞：「我招了一身蟲子。」他沒敢用「蝨子」二字。我明白了，估計不久全屋的人都會招上同樣的「蟲子」。

英國留學的孟老師還有一個怪習慣，或許說是「洋」習慣。他喜歡空口咀嚼，磨牙敲打，像嚼口香糖一樣，只不過是空嚼。他說飯後這樣做有助消化。不料，這個「洋「習慣引來了麻煩，專政組懷疑他在牙裡裝有精製的無線電發報機，咀嚼磨牙是用密碼傳送信息，要送他去醫院檢查。人們的想像力可謂到了登峰造極的地步！

隨著毛主席「工人階級占領上層建築」的指示，工人宣傳隊開進了學校，掌握了學校大權。他們認為對階級敵人不能心善手軟。

「這些人是罪人，還能讓他們有床睡？！」工宣隊長說。

「還能讓他們跟咱們吃一樣的伙食？！」另一個工人師傅說。

「還發給他們工資？！」

一聲令下，床全撤了，只留下草墊子鋪在水泥地上。有的人因地涼腎炎犯了。我還算幸運，老龐給我送來了一個雞毛褥子，放在墊子上比一般的褥子暖和多了。

我們的工資被扣發。打飯沒有選擇，只給吃剩菜剩飯，有時是過夜發餿的飯菜。

工宣隊認為校革委會開展運動不夠大膽，不夠雷厲風行，要

勇於「懷疑一切，打到一切」。結果，拘留人數直線上升，進「牛棚」的人達到四十多個，占教職工的三分之一。

「在這個學校，多數教職工是壞人！」工宣隊長宣佈。顯然他沒意識到這話嚴重違背了毛主席教導的：「我們的人民 95% 是好的。」

批鬥的範圍也隨之擴大了，對象不再限於走資派、有歷史問題，或家庭出身不好、社會關係複雜的人了，現在輪到那些在文革初期站錯隊的人了。當然也有很多人藉此機會報私仇、洩私憤。讓人啼笑皆非的是，有位教師因為孩子在幼稚園說「劉少奇是好人」被抓進來，說這是大人教的。不巧這位大人是「摘帽右派」，抓得有理。

工宣隊發動教師對關押人員進行全面「外調」，到各地調查該人的背景與社會關係，以便定罪。

如同紅衛兵到全國大串聯，一些教師借此假公濟私，以外調為名，回家探親或到各處溜達溜達，享受一下免費旅遊，何樂而不為。

通過外調，把這些「牛鬼蛇神」的過去查了個底兒朝上。

一位姓郭的年長女老師，有一副好嗓子，平時愛唱英文歌，成天哼哼唧唧的。打扮有些怪異，總穿些過了時、老掉牙的衣服。她還真不是人們認為的「戀舊」或「老來俏」，她確實經濟有困難，買不起新衣服，湊合穿舊衫。那個年代，人們收入微薄，她信教，不願墮胎，生了五個女兒，為此受過多次處罰。

被關進牛棚後，她照舊天天哼著英語小調，不少挨批，「洋奴，你就不能哼點兒中國小曲！」待革命派外調回來，拿著厚厚一疊交代材料，滿以為在真憑實據面前，郭老師一定會認罪。

郭老師被揪到臺上，當眾批鬥。革命派大聲詢問，郭老師一

一否認，時間地點人名全對不上。革命派大怒，不斷扣大帽子、威脅、逼供。郭老師露出一副被冤枉的神色，不斷說「你們說的那個地方，我根本沒去過，那個人根本沒聽說過。」

此時，一位稍有理智的人上前遞了幾句話。原來他們外調的那位姓郭的是位男士，而站在面前挨批的是位女士。

這不是直接打了工宣隊的臉嗎！工宣隊長大發雷霆，「你們是怎麼搞得？還是有學問的大學教師呢，連公母都不分。」話音剛落，全場一陣騷動，不少人捂著嘴笑。

我站在被批人群中，心裡佩服這位工人師傅的耿直。

站錯隊被抓的人中也有黨員，大家都關在同一個「牛棚」，可他們和我們不能同流合污。一位管人事的女黨員，趾高氣揚地說：「我和你們不一樣，我們是『人民內部矛盾』，你們是『敵我矛盾』。」等級劃分無處不在！

校文革的「無理取鬧」折騰得差不多了，再不收場，後果不堪設想。關押的人陸續被釋放。

一場持續 10 個月的折磨眼看要過去了，釋放輪到我了。我被帶到曾工作過的教研室門口，全系教師在裡面等候。等了好長一陣，沒人招呼我。好友珍從屋裡溜出來，偷偷對我說：「今天要釋放你，千萬要注意你的態度，這是決定性的時刻。」不久，在一陣「打倒張XX！」的口號聲中，我被帶進門。

靠牆兩排椅子坐滿了人，我注意到老龐低著頭在讀什麼或假裝在讀什麼。他們讓我坐在一個面對毛主席像的椅子上，已經很久沒人讓我坐下了。坐下之前，我照例在毛主席像前鞠了三躬，請了三次罪。今天沒人命令我這樣做，我已養成習慣，條件反射。

在座的教師要我做自我檢查，我照辦了。做個「自我檢查」實際上是給雙方一個臺階下。聽罷，組長說：「以後你要好好學習毛

主席著作，改造你的資產階級世界觀。」接著他說：「同意的，請舉手！」

除了龐，全體舉手通過。龐用他自己的方式對我的拘留和今天這最後一齣「戲」表示了抗議。

我站起來對毛主席、黨和革命教師表示感謝，感謝他們釋放了我。我心裡雖然不是這樣想的，但嘴上不得不這麼說，這是個態度問題。當時的口號是：「抓你有理，放你也有理！」難道這詭辯邏輯就是所謂的「辯證法」？在一陣「打倒資產階級知識分子！」的喊叫聲中，我被帶出辦公室。

我自由了！我的「特嫌」案子不成立，撤銷了。

八

「出獄」後第一個晚上，老龐帶我去附近一家小館吃飯，算是慶祝一下，或者說補補元氣。我坐在那兒發愣，環顧四周，在座的人似乎都像木偶。兩眼瞪著那佈滿油漬的塑膠桌布，那划拳碰杯高談闊論的人群，那煙霧嗆人的環境，那滿布殘羹剩飯的地面……，他們無憂無慮地過著「今朝有酒今朝醉」的生活。那麼不真實！那麼像做戲！鐵窗內外，迥然相異的兩個世界！

老龐點了幾盤我喜歡吃的菜。夾起一塊肉，又放下了，我好像失去了所有的感覺，連吃東西的胃口也沒了。

「咱們回家吧！」我說，「我一下適應不了，我得慢慢恢復正常。」

只是，有過這樣經歷的人，還能真正恢復正常嗎？

「忠」字舞

一

　　我「解放」了！可以回家過正常人的生活了！

　　家倒是回了，可是還不能回到「革命教師」隊伍，得立功贖罪。怎麼立功呢？給學生宿舍打掃廁所。原來由學生輪流打掃的任務，現在留給老師，每天沖洗那些髒到目不忍睹的便池和下不去腳的水泥地。牆上貼的衛生注意事項，沒人理會，反正有人打掃。人都被唾棄了，誰還尊重你的勞動？

　　「打砸搶」消停了點兒，或許是該「打」的都倒了，該「砸」的都爛了，該「搶」的也夠本兒了。此時，個人崇拜比以前又跨進一步，書店裡除了毛主席著作簡裝本和精裝本，以及各種版本的《主席語錄》，別無它書。一套「毛著」或幾枚主席像章成了上等禮品──結婚用它，生日用它，獎勵幹部也用它。

　　收集毛主席像章的熱潮趕上集郵了，到了狂熱的地步，有各種形狀、各種大小、各種材質的像章。姿勢各異，有側面的、半身的、拿雨傘的、穿軍裝的、戴紅袖標手揮語錄的、年輕時的、長征時的、天安門向紅衛兵招手的，無所不包。材質有塑膠的、搪瓷的，多數是鋁的，小至鈕扣，大至果盤。各家各戶都有成盒的像章，大街小巷到處有賣的，大家交換像章，相互攀比成了遍及全國的另一種「時尚」。

「如果有一天蘇聯侵略我們，要逃命的時候，我別的不拿，抱著一盒毛主席紀念章就行了，它們會保佑我。」這是老龐得意的「玩笑」。當時人們把毛澤東看成萬能的主、改天換地的神！

為了滿足八億多人口的需要，製作像章消耗的鋁達到驚人的數量。毛主席著急了，提出「還我飛機」的指示。之後，領導要求大家上繳紀念章，回收利用。誰會想到，幾十年之後，古玩攤上的文革主席像章成了稀罕物，價格是當年的幾十倍，或許還會提高到上百倍，就連人手一本、晃了千萬次的《主席語錄》也有了收藏價值。真可謂此一時彼一時！

二

另一個盛行的「新鮮事物」是「忠」字舞。舞曲是〈我們心中的紅太陽〉，全國人民都跳這個舞——幼稚園的孩子們跳，革命幹部跳，小腳老太婆跳，殘疾人也跳。「忠」字舞的舞步很簡單，高舉雙臂來回擺動，雙手往前推送表示獻忠心，兩腳踩著點兒，有節奏地前後左右移動。久經重複，大家已跳得很熟練了。

我剛出「牛棚」，是新手，總踩不上點兒，動作不和諧。別看我會跳華爾滋、探戈和水兵舞，跳「忠」字舞卻很笨，找不到感覺。或許是心裡不夠「忠」吧！

出了「牛棚」不用在主席像前請罪了，取而代之的是「早請示，晚彙報」，比我在天主教學校課前課後的祈禱嚴格多了。大家在主席像前站齊，先鞠躬，再背誦一段《主席語錄》，然後彙報當天要做什麼，請示批准。之後，大家齊唱〈東方紅〉，繼而舉著紅寶書喊三聲：「祝毛主席萬壽無疆！」

當林彪被選為毛澤東接班人後，又多加了個口號：「祝林副主

席身體健康、永遠健康！」「萬壽無疆」這個口號只限於毛澤東一人。

　　請示完畢，小組長開始佈置工作，口氣如同傳達聖旨。晚上下班前，大家又會集在主席像前，彙報：當天幹了什麼？幹得如何？有過哪些不健康的思想？自我批評。實在想不出什麼，只好編點兒，譬如：「今早背誦《主席語錄》時思想開小差兒了，是對主席不忠的表現。」又如：「在批鬥大會上喊口號聲不夠大，是對階級鬥爭認識不夠的表現。」大家都學會了「上綱上線」的技巧。

　　想想當年在聖心學院讀書時，天主教的「懺悔」是個人的、私下的、真心的，神父聽後絕不外傳。現在倒好，是集體的、公開的，假話連篇，連宗教也得甘拜下風。

三

　　1969年夏，中央決定派社會主義教育宣傳隊到農村，協助收購糧食。當時假報成績、虛報產量的現象很普遍。老龐被選為宣傳隊第一批隊員，派到離哈爾濱4小時火車的縣城，留下我獨守空房。我剛出「牛棚」不滿兩個月，還不知道已經懷上了第二個孩子。

　　那年蘇聯兩次武裝入侵珍寶島，報紙上不斷報導蘇聯有進攻中國大陸的可能。毛澤東下達了「深挖洞，廣積糧」的指示，掀起了一場全民運動。大家齊動手，把菜窖擴大，改建成臨時防空洞。夜裡時常出現模擬空襲警報，訓練大家快速起床穿衣，火速湧向防空洞。

　　冬季降臨，我已有六七個月身孕。聽到空襲警報，快速隨人流踏過凍得結結實實的臺階，進入又矮又潮的防空洞。本已行動不便，禁不起這份折騰，我決定寧肯死在明處也不願埋在地下。有幾

個晚上，上級指示要和衣睡覺，我以為蘇軍已到了跟前。

全民繼續挖洞，聲勢愈搞愈大。哈爾濱有個龐大的規劃，要用鋼筋、水泥把地洞連成一體，形成一個遍佈全市的地下網絡。無法計數的巨大的人力、物力、財力投入這項地下工程。而在地面上，沒房子住的人不計其數。校園裡，兩三代人擠在一間十四五平米的屋子是常事。

臨近分娩期，我發電報讓老龐回來，他請不下假。離分娩沒幾天了，我要乘火車回北京，老龐還是請不下假。這回他不顧一切，不辭而別。這下觸怒了領導，扣了他一個月工資，回去後還寫檢查做自我批評：「無組織，無紀律」。

我們的女兒出生在北京協和醫院，給她取名璐。56 天產假還沒完，就接到校方來函，通知我和老龐下放到農村，插隊落戶。

革命高潮過去了，學校還沒復課。這幫教師怎麼辦？總得有個安排。紅衛兵「造反有理」的使命已完成，學校無可回，出路在哪兒？大批中學生插隊到農村、邊遠地區或最窮困的省份。我的外甥小東插隊到山西省代縣，一去就是 8 年，學業全耽誤了。

上山下鄉的知識青年高達 1,600 萬人，相當於十分之一的城市人口移到鄉村，乃歷史罕見。

四

我們下放到農村，接受再教育，期限不定，戶口、糧食關係全跟著人走，從城市戶口變成了農村戶口。我們擔心將來再轉回城市會很困難。

我們被派到黑龍江省木蘭縣利東公社，從哈爾濱乘公共汽車大約四小時。在我們之前已經有幾對夫婦先下去了，有帶孩子的，我

不願意帶一個新生兒去農村，怕吃的東西不夠衛生、醫療條件差。

本想把璐留給母親，可母親已 70 有餘，身邊已有一個孩子要照看，是我弟弟的兒子，她唯一的孫子。母親的動作慢了、視力減弱了，但她不服老。「我可以看兩個，晚上睡覺時一邊一個。」我哪能讓她那麼受累呀！

我找了一位願意看孩子的中年婦女，把璐送過去了，每月的費用，占我工資的三分之二。

我回到哈爾濱，老龐從宣傳隊調回來。我們一起到農村安家落戶，把全部家當裝上卡車，在法定報到時間，到達了木蘭縣。

從縣城到利東公社成崗屯的路很顛簸，愈走愈難，到了村裡已是傍晚。和華北農村的磚房不一樣，這裡的房子全是土坯子的。卡車開進村，我坐在司機邊上。村民從四面八方湧向卡車，好奇地望著我們。

「瞧！有生人來了！」一個男孩指著我們喊。

「瞧那個女的，還戴著眼鏡！」一個婦女悄悄地說。農民悄悄說話時聲兒也不小，我聽得很清清楚楚。

「還挺胖！」另一個婦女說。我剛坐完月子，體重還沒恢復正常。

村民從頭到腳打量著我們。我們穿得很寒酸，帶補丁的褲子、打了掌的舊布鞋，以為這樣可以更好地與貧下中農結合。沒料到他們穿得比我們好多了。他們認為我們在裝窮，不明白我們到底是來幹什麼的。

人群中走出一位中年人，自我介紹是生產隊長。司機問在哪兒卸車，誰也不知道，沒人聽說我們要來。「如果他們沒準備好，咱們回去吧！」我對司機說，恨不得馬上撤退。「耐心點兒！」司機提醒我。他必須把人送到，開空車回去，否則怎麼向上級交代呀！

　　他們和生產隊長在交涉，我坐在車廂裡悶悶不樂，一等就是幾個小時。我相信村裡老百姓對我的第一印象肯定不好，這個城裡來的女人，繃著臉坐在車裡，不和任何人打招呼。

　　經過幾番交涉，生產隊長終於做出決定，讓我們和另兩家人合夥住。村裡的房子一般是兩間住屋，外屋合用。爐灶、水缸、柴火都放在外屋。每間屋有南北兩個火炕，相隔處放張桌子和兩把椅子。東屋住著一個寡婦帶6個孩子，看來，計畫生育在農村沒顯出優勢。西屋住著一個六十多歲的老光棍兒。

　　我們被分配到老光棍兒一屋，他睡北炕，我們睡對面南炕。中間沒有擋頭，雙方一舉一動都看得清清楚楚。我順著炕沿掛起一張床單，至少沒人看得見我脫衣服。老頭有氣喘病，夜裡一陣陣的咳嗽聲、忽起忽落的打呼嚕聲、尿壺接小便的嘩拉聲，打破了深夜的寂靜。

　　躺在自製的蚊帳裡已經夠不透風了，加上做飯燒得火燙的炕，鋪上個薄褥子根本不頂用。我們汗流夾背，翻來覆去不得入睡。我心想：「東北的火炕冬天真頂用，可夏天太遭罪了。」後來我們才明白，夏天得把熱炕的通道堵上。

　　我一宿沒合眼。天快亮了，我坐起來，推了推老龐。「我不能待在這兒，我想孩子。」

　　「我理解你的心情。」他翻過身望著我。老龐從小吃過苦，適應能力比我強多了。「但是我們能去哪兒呀？咱們的戶口、糧食關係全都轉下來了，城裡沒咱們落腳的地方了！」

　　我絕望地哭了。「我受不了。璐璐放在生人手裡，照看得好壞咱一點不知道。」

　　「這樣吧！」龐想辦法安慰我，「如果你真的受不了，你回北京照顧孩子，我一個人留在這兒。」

這是寬心丸，我心裡很清楚，我們除了留下別無出路。我要是真走了，工資馬上會停發，那我靠什麼生活呀！

第二天，一些好奇的婦女和孩子聚到房前，有的扒著窗戶往裡看，有的站在門口，一言不發盯著我這個「稀罕物」。幾個比較開朗的婦女主動和我嘮家常，打開了僵局。聽說我把一個吃奶的孩子留在北京，她們覺得不可思議，十分同情我。

調整好心情，人地兩熟後，我開始喜歡上村裡人。他們雖然文化不高，但熱情、真誠、淳樸，有著原始的人情味兒、那不帶污染的真情實意。他們不把階級鬥爭掛在嘴上，不因我的出身歧視我，也沒有因為我離過婚而對我另眼相待。對於他們，我就是一個在城裡長大的女人，除了多受過點教育外，和當地人沒啥兩樣。這樣的平等待遇是我過去沒有享受過的。

我和當地婦女一起卜地幹活，從播種到麥收，從打場到撿糞，無所不幹。我體會到農村婦女的責任和勞累，在地裡和男人一樣幹活，在家裡做飯看孩子、縫縫補補、照看自留地、餵豬餵雞鴨，還要到後村挑水。

我慢慢習慣了農民的生活，對他們講的「粗話」也聽順耳了，地頭休息時，常常聽到他們不加掩飾地談論「男女那點兒事」，把房事描繪得有聲有色，聽了讓人臉紅。這是另一種幽默，另一種樂呵。

我們吃的糧食和菜全是自己種的，比城裡的好吃多了。新磨的玉米麵做的貼餅子配上小蔥蘸醬又香又開胃。

下放的六對夫婦分別住在四個鄰近村子，每兩週集中政治學習一次。大家成了同舟共濟的戰友，關係比以前近多了，鉤心鬥角、互相排斥的心態不翼而飛。處境一樣，同病相憐，對未來一籌莫展，聽天由命。回城的可能一時很渺茫，我們默默地等待文革結束

和新政策的下達。

到農村的第二年，我們搬到後村井房邊上一間屋子，對面屋是豆腐房，外屋一邊是我的灶臺，另一邊是磨盤。蒙著眼的驢子拉著磨轉個不停，邊轉邊拉屎撒尿。屋裡一股豆漿、鹵水、驢糞加尿臊味。好一個大雜燴！我坐在灶前搧火燒飯，臉上不時被驢尾巴搧一下。算不了啥，至少我們有了屬於自己的「獨門」了。

豆腐倌兒是個羅鍋兒，幹不了重活，做豆腐挺內行，每天大清早到豆腐房報到。他有點文化，還是個包打聽，從他嘴裡傳出很多村裡的瑣事和小道消息——誰家把新生的畸形兒扔在糞坑裡了、誰家的公媳關係不明不白、誰愛賭錢、誰是吝嗇鬼、哪個幹部酷愛小恩小惠。總之，沒有他不知道的事，和他聊天即挺解悶。

我們在村裡和老百姓一起過了兩年太太平平的日子，人長胖了，氣色好了，思想壓力也減輕了許多！

五

文革告一段落，1972 年大學開始復課。六對下放夫婦分兩批回哈爾濱上課，由我們自定回城的先後。老龐堅持讓我首批調回城，他本人樂於再待六個月。

這樣，停課 6 年之後，我又重返教室。此時，學生來源發生了根本變化。大學統一招考制度，這個被認為是資產階級知識分子對無產階級設的關卡，被推翻了。新的學員來自各單位或公社推薦的工人、農民和解放軍戰士，簡稱「工農兵」學員，水準參差不齊。這個推薦制度執行了 5 年。直至 1977 年大學恢復高考制度才終止。

復課之後，教師變得很謹慎，格外注意對學生的態度。我們心裡很清楚，如果對學生不夠耐心或打的分數不令對方滿意，很容易

被說成是階級報復。經過文革的洗禮，我的階級鬥爭意識比以前強
多了。

　　開課之前，我回北京把璐接到身邊。一家三口終於團圓了！

「指標」噩夢

一

1957 年中國發起一場波及社會各階層的大型政治運動——反右運動。

那年我正在北京對外貿易學院（北京對外經濟貿易大學的前身）脫產進修，正值暑期，來自全國各地的學員都返鄉度假了。學校放假，單位沒招我回去，陰差陽錯，我錯過了反右運動開始的大鳴大放階段，即右派定性的關鍵時刻。

其實，我就是在場，也未必會被「抓辮子」。以往的學習會上，我很少發言，為此被點名挨過批評。原因是我對政治不感興趣，閱讀過的政治書籍屈指可數，不具備談論國家大事的口才和理論基礎。

學習結業，回到單位，趕上運動後期。上班後，感到氣氛有點兒異常，一向活躍的翻譯科成員變得很冷漠，似乎都在防備什麼。下班時，俄語翻譯小王上前拉了我一把，神神祕祕地說：「咱廁所見。」

我倆前後腳進了廁所，打量了一下裡面無人。小王附在我耳邊輕聲說：「你大概還不知道吧？你那位男朋友被打成右派了，被定為極右分子。」我一時懵了。難怪我和小宇最後一次約會時，他說：「現在形勢很緊張，咱們暫時少見面吧。」小宇和她愛人同一

單位，她的消息絕對可靠。「他們單位遲早會和咱們單位聯繫，讓你揭發他的問題，你最好爭取主動，向組織交代一下。」小王善意地提醒我。

我們在談戀愛，交代什麼呀？

當時，我是新入團的共青團員，經過狠批家庭出身，劃清與資產階級思想的界限，好不容易才得到批准。我怎能讓感情事宜玷污我得之不易的政治生命呢！

我主動向上級領導彙報了此事，並表態堅決與小宇劃清界限。他是右派，人民的敵人。

我揭發不出什麼問題，除了些生活瑣事，沒有政治內容，最多能上綱到「追求」資產階級生活方式。

小宇出生在上海一個買辦資產階級家庭，學習優異，考上了清華電機系，畢業後分配到中國煤炭工業部，任工程師。由於學習上是尖子，工作上是業務骨幹，身上透著一股自命清高的樣子，對不懂專業的領導不十分服帖，曾說過類似「外行不能領導內行」、「對蘇聯不應一邊倒」的話。運動來了，群眾把這些話揭發出來了，他受到批判。小宇開頭沒把這些看得很嚴重，他認為寫個檢討認認錯就可以過關了。可這個運動與以往不同，先是「引蛇出洞」，後是「一網打盡」。小宇的言論，加上出身問題，難逃打擊對象的厄運。小宇被定為反黨反社會主義的「極右分子」。戴上這頂帽子就喪失了前途。

我必須「劃清界限」，斷了來往，別無選擇。我揭發不出有價值的言論，但我必須明確表態：是站在人民一邊，還是敵人一邊？

我約小宇在東安市場一家日式餐廳見面，算是告別宴。

「和風」餐廳的用餐者遠不如以往，運動期間，大家儘量少應酬。我選了一張背人的桌子，點了清淡的日本料理。我倆都不會喝

酒，但小宇堅持要點一瓶 Sake。面對面坐著，表情尷尬，不知說什麼，或者說不知怎麼開頭，頭腦發木。

「你是不是想和我說點兒什麼？」小宇先開口了。

從我的眼神他已料到下文。

「嗯……咱們分手吧！……」我說不下去了。

小宇儘量保持鎮靜，酒杯在手裡轉來轉去。

「我現在沒資格對你提出任何要求，我會被下放，去的地方會很遠，我會給你寫信。」

我們心裡都明白，這一別，何年何月再見面，已不在日程表上了。

他給自己斟滿了酒，從書包中掏出一個小本本遞給我——他的日記。

我一頁一頁翻閱，字體很小，密密麻麻地記錄了我和他認識後的情感昇華以及他對未來的期望，自信與自卑雜糅，字裡行間流露出一個自傲男人的脆弱一面。這位理科高材生在文字上也造詣不淺，我被他的文字感動了。從思想上我重新認識了他，從感情上他把我拉近了一步。

為什麼發生在此時此刻，在我們即將分手的時刻？太殘忍了！生活在嘲弄我們！諷刺我們！踐踏我們！

我哭了，說不出話。他一口接一口地灌酒。

「別喝了，你會醉的。」我伸手去搶酒杯。

「別攔我，讓我喝個痛快，以後想醉在你面前的機會也沒有了。」

服務生見到這個場面，忙端過一壺濃茶：「濃茶可以幫助解酒。」

小宇把服務生推開。

　　此時一切規勸都無濟於事，讓他喝吧。我本想留下這本日記，可小宇不肯。「人走茶涼，這僅有的回憶或許還能留下一點溫暖。」

　　「我差點忘了，我媽給你在上海定做的鞋剛寄到。」說著從包裡掏出一個鞋盒。她媽媽還等著我去上海，讓她相相面，看看這位北京姑娘和她的上海兒子是否般配。

　　一桌子的菜幾乎沒動，小宇已酩酊大醉，站不起來了。

　　餐廳馬上要打烊了。我攙扶小宇站起來，他站不穩，一低頭嘔吐了一地。我很不好意思，忙幫著服務生一起打掃殘局。

　　服務生很通情達理，讓我們多坐會兒，緩緩勁兒。店門鎖了，燈暗了，服務生在打掃。我摟住昏昏沉沉的小宇坐了許久。一具失控的身軀倚在我胸前，汗水浸濕的頭髮擋住了緊閉的雙眼，他呼吸急促，噴吐出濃濃的酒精味。他顯得那麼無助。

　　我摟緊他，撥開額前的頭髮，低頭輕輕吻了一下。他感覺不到，我的心到了。

　　最後一吻，最後的告別就這樣結束了。

　　不久，他被下放到邊遠農村，勞動改造，一去就是十幾年，埋葬了青春。幾十年後右派得以平反，但他們還掛著「摘帽右派」的標籤，夾著尾巴做人。

二

　　在「百花齊放，百家爭鳴」的號召下，我所在的工作單位已經抓出一小撮「右派」，受了批判，定了性。這個定性領導實際早有安排，開會批判走走形式罷了。

　　沒過多久，領導指示反右要深挖，聲稱敵人隱藏很深，不能有

漏網之魚。大家本以為前期大功告成，可以喘口氣了，誰會料到還有第二波。上級領導下撥的「指標」沒完成，交不了差，只好人為地「製造」幾位，填上空缺。反右擴大化就此開始。

我們科裡有一位老翻譯，曾在洋行工作過，信仰基督教，週日必去教堂祈禱。他曾經開玩笑地指著聖經說：「這是我的馬列主義。」

在批判會上，這句話被揭發。原本的玩笑，一經上綱上線，性質就變了。「你把馬列主義和宗教相比，是對馬列主義的侮辱。」「侮辱馬列主義就是侮辱共產黨。」「馬列主義是唯物主義，聖經是唯心主義，是反馬列主義。」

一通炮轟，誰也不敢吭聲。就這樣他成了完成指標的「候補委員」，冤案再增。據統計，全國在反右運動中被迫害的人，多數為知識分子，達三百多萬，非正常死亡四千多人。

那個年代，人們認為這是忠於黨、忠於毛主席的表現，非但無可指責，反而得到鼓勵和表揚。所以才會出現日後文革期間的全民大揭發：上下級、夫妻間、小輩長輩間、朋友間，無處不有，無止無盡。

在「順我者昌，逆我者亡」的大環境下，今日封為英雄，明日淪為階下囚；今日揭發他人，明日被揭發，屢見不鮮。

1949 年建國之後，父親得知當年在浙江老家一所商業學校同窗的同學、「救國七君子」之一、中國民主建國會成員章乃器，到了北京，在新政權中任要職。剛失去工作的父親，以為求助一下老同學，或許有點門路。不料，章乃器沒露面，只讓祕書出面應付了一下。父親十分失望，從此不再奢望友人的「救助」。

後來父親在化工工業部找到份臨時工作，編寫日漢化工辭典，工作量很大，要求嚴格。一年過後，單位對父親的工作很滿意，打

算把他轉為正式工作人員。父親幾經思考，拒絕了。兒女們十分不解，後來才知道，他恐懼共產黨接二連三的政治「運動」。

由於沒有工作單位，歷次運動都沒有觸到他。而對中國建設初期經濟發展有重大貢獻、曾任中華人民共和國糧食部部長的章乃器，在反右運動中被定為「極右分子」，在文革中遭受迫害、被趕出家門。

父親一向低調做人，這一點保護他躲過了大大小小的政治風暴。文革時，當別人被戴高帽遊街批鬥時，他被勒令掃大街，算是當時最低檔的「處罰」了。也許是父親早已看透，所以多年不露聲色低調做人，在溫飽線上平平安安度過一生，晚年無病無災，自然去世。

此時，我真正領悟了父親的智慧。

三

我的乾爹黃琪翔，國民革命軍陸軍中將加上將，北伐、抗戰時的名將，係中國農工民主黨的創始人和領導人之一，曾任祕書長、副主席。抗戰勝利後，與蔣介石發生意見分歧，投靠中國共產黨，經周恩來邀請，1949 年回北京參加政協，任全國人大常委會委員、全國政協常務委員。1957 年「大鳴大放」時公開批評蘇聯的一黨專制，反右開始即被劃為右派，遭受迫害。

文革時備受衝擊，紅衛兵衝進黃宅抄家，將夫婦二人趕出家門。黃琪翔受到紅衛兵、造反派的批鬥，精神、肉體皆受摧折。因長期忍受折磨和煎熬而積鬱成疾，黃琪翔 1970 年去世，終年 72 歲。1980 年我乾媽郭秀儀致信鄧小平，請求為黃琪翔徹底平反。在鄧小平指示下，黃琪翔被劃為「右派分子」的錯案得到平反。1988 年中

國農工民主黨在北京人民大會堂舉行了紀念黃琪翔誕辰90週年活動，鄧穎超出席了會議。

乾媽郭秀儀是位了不起的女性，顧全大局，不計較個人恩怨。她時常對我說：「我見的世面多了，國內的、國外的，大福享過，大難熬過。我沒有什麼放不下的，過去的事我根本不願談及，也不會耿耿於懷。」

她成為統戰工作的重要對象，尤其在對外宣傳方面。

我和乾媽、乾爹的相遇很偶然。全國解放不久，我母親參加了全國婦聯舉辦的一些活動，以解放婦女、號召婦女參加工作為宗旨。郭秀儀是位婦女、兒童工作積極分子。1938年郭秀儀與宋美齡、鄧穎超等各界知名人士創建並領導了「中國戰時兒童保育會」及「婦女抗日救國委員會」，拯救、收容、養育了戰爭難童三萬餘名。

我母親在會上認識了她，很投緣，經常有來往，偶爾會帶我同去她家。我當年15歲，單純，打扮清秀。黃琪翔夫婦很喜歡我，覺得我年紀不大，還會說外語，挺可愛，就認我為乾女兒。算是緣分吧。

乾媽擅長畫國畫，曾師從齊白石先生，追隨齊師杖履，侍奉筆硯，畫風得齊派精髓。齊老90歲生日是在她家過的。母親和我也受邀前往。我第一次見到長鬚飄飄的國畫泰斗齊白石老先生，老壽星穿著一身紅長袍，坐在太師椅上，大家忙前忙後。乾媽把蛋糕端上請他切，他哈哈大笑，不知從哪兒下刀。結果左一下右一下，把蛋糕切得變了模樣，真是位不折不扣的「老小孩兒」。

那時的我眼中，覺得90歲已是行將老朽之木，可現在我自己也在向90邁進，卻不覺得「老」，更談不上「朽」。

乾媽出過畫冊，辦過畫展。我書房牆上掛有一幅乾媽的小畫，

書架上有一本黃琪翔傳記。

　　乾媽的女兒現居美國新澤西，我們常有微信來往。

　　現在，回憶起這段「指標」噩夢，一個個微小的個體，被捲入歷史的塵煙，命運沉浮，身不由己，讓人禁不住扼腕歎息……

蝶變新生

「再教育」

一

我以學生身分來到加拿大就讀新聞，學校在加拿大東岸的哈利法克斯（Halifax）。

1982 年我拿到一份獎學金，但幾經周折，到 1985 年才拿到護照。時過 3 年，學校系主任已換屆，按理說獎學金已無效，但考慮到我遲到非個人所致，學校保留了我的入學許可。

離開學尚有數月，我提前離開北京，以防夜長夢多，出現意想不到的變化。

那年的出國離境口岸是天津，全體乘客下飛機辦理出境手續。大家都順利通過，輪到我時，海關把我的護照扣下了，說是要核對一下。我心裡納悶，該辦的手續我都辦了，難道是「莫非定律」（Murphy's Law，凡是可能出錯的事就一定會出錯）在我身上驗證了？半小時過去，一點兒動靜沒有，其他乘客等得不耐煩，向我投來疑問的目光。我心裡直嘀咕，不會在最後一分鐘卡我一下吧。又過了一刻鐘，一位官員走出來，把護照遞給我，一個字沒說。到現在我也沒明白是為什麼，一場莫名其妙的虛驚就這樣過去了！至於為什麼，還是不知道為好。

天津候機時無意發現同機有一位老同事；當年在北京二里溝進口大樓工作時，我們很熟，都是文體積極分子。我們已有二十幾年

沒見面，其間，她留在機關，成了公務員，我調到事業單位，成了教師。

我們聊起分別後的生活，她的順風車和我的坎坷不平。此次她是公派到紐約長期工作。在香港分手時，她握著我的手，感慨地說：「你的條件比我好。」

我一驚。「怎麼講？」我認為她的條件比我優越多了，享受著中西兩個世界的最佳。

她猶豫片刻，歎了口氣，低聲說：「你比我有自由，可以做你想做的事。」

是的，往後我要按著我的方式生活了——My Way。

首次飛越太平洋，經香港轉機，在機場停留幾個小時，看了看琳琅滿目的商店，摸了摸口袋裡的鈔票，沒有港幣，也不敢花皮夾裡有限的美元。本想買塊巧克力解解饞，後來還是把住了嘴，省了。第一次落地被譽為「購物天堂」之香港，愣是一分錢沒花。

香港給我的印象是，人流量大，節奏快，商店掛滿名牌，播音員英語發音準確。

幾小時後，登上了加拿大航空公司的班機，直飛溫哥華。

飛機上服務周到，餐飲豐富，飲料無限供應，餐具非一次性，餐巾漂得白白的。空姐很敬業，笑容可掬，但並不都是年輕漂亮的；有的已到中年，雖然臉盤和身材已不那麼「標緻」，但仍在機上服務。後來才明白，原來她們是工會會員，不能輕易被解雇，更不能因年齡或相貌而下崗。

迷迷糊糊過了一宿，跨過大洋，來到西半球。那時候並不知道這個開始意味著什麼，心中有太多未知數。

溫哥華入境，要過海關和移民官兩道關卡。以前在官員面前，總有一種低人一等的感覺，說的是母語，卻謹慎小心，唯恐偏離

「套路」而「出格」。長此以往養成了一種「怕官」的心態。現在要面對洋官說洋文，心裡沒底。

沒料到，這裡的海關很客氣，只問了問有沒有帶禁運物資，有沒有什麼要報關，沒有像出關時的開箱檢查。移民官面帶笑容，用漢語說了聲「你好」，加上「Welcome to Canada」。移民官核對了一下到加拿大的原因，很痛快地蓋上章通過了。我，順利入境了。此後「怕官」的陰影才開始消失。

二

到了蒙特利爾，第一印象是，所有的標語廣告、商店名稱都是英法雙語。幸虧我小時還學過幾句法語，沒被這些震倒。4月的蒙城比我想像的冷多了，我的風衣和半高跟鞋顯得如此單薄。這裡我有幾位在北京認識的熟人，可以暫時借住，熟悉一下海外生活。

開學前一週，我乘坐橫跨加拿大的火車 VIA Rail 前往哈利法克斯。

我坐的是臥鋪，簾子一拉，像個單間，非常安靜。車廂很寬敞，地上一塵不染，廁所清潔無異味。我坐在可以調節的軟座上，望著窗外初顯紅色的楓葉隨風飄動，車窗外，形形色色的農舍和為數不多的牛羊，點綴著一望無際的農田。

我不免想到許多年前，每逢寒暑假，兩次往返哈爾濱、北京這趟過夜車，從來沒買過臥鋪。趕上運氣好，買到張靠窗的硬座就不錯了，至少可以靠窗框眯呼一宿。文革大串聯那年，凡是號稱革命造反派的，都以革命的名義，免費周遊全國。上車不是從車門上，而是從車窗上。車廂裡擠得水洩不通，三人的座位擠4人，過道上人挨人擠著站著。我不是「革命小將」，哪敢不買票？照規矩買了張

有號沒座的站票，好不容易在靠近廁所的地方找了個落腳之地。站久了，腿腳腫了，睏累交加。無奈只好爬到兩個座位之下躺下。什麼臭球鞋臭腳丫味、爛水果剩菜味，全都不顧，只要能蜷著身子，合上眼就行了。一覺醒來，火車已靠近豐臺站，趕緊從座位下爬出來排隊上廁所，那間已被糟蹋到不可描述的廁所。回到家後，發現招了一身跳蚤。母親忙把脫下的衣服放開水裡燙。

當時火車超載、晚點是常事。在打破鐵道部多年形成的嚴格運行制度時，出現了流行一時的革命口號：「寧要無產階級的晚點，也不要資產階級的正點。」啥意思，沒人明白，或許是新版辯證法！

列車路過美國緬因州已是午夜，美國海關人員上車檢查身分，簡單問了幾個問題，看了看護照就完事了，比幾個月前出境時手續簡便多了，沒有擔驚受怕。

列車「咣噹咣噹」行駛在鐵軌上，車廂如搖籃般輕輕晃動，我一直酣睡到終點。

第二天清晨，火車到站。一位頭髮花白的矮小婦女，笑眯眯地朝我走來。「我一眼就認出你，因為車上沒有第二位華人。我是來接你的，往後我們是樓友了。」她叫 Betty（佩蒂），比我年長幾歲，是位積極的社會工作者，曾去過中國。一路上她滔滔不絕地講述在中國的見聞，不時加點評語。她似乎忘了我是中國人，對中國的情況比她清楚。

一路上，凡有行人橫過馬路，即便在沒有斑馬線的地方，佩蒂總會停車給行人讓路。「在我們這裡，行人是皇上。」她說。我心想，在中國，開車的人倒像皇上。

考慮到我是成人學生，又是唯一的華人，校方把我安排在校外住宿，避免和校內年輕人混住，影響學習，年輕人喜歡熱鬧、愛熬夜。住處離學校步行 10 分鐘，房主叫 Muriel（穆里爾），六十

幾歲,是位有名望的和平宣導者、婦女解放擁護者、哈城「婦女之聲」的發起人,曾多次獲獎。

這棟三層樓房取名 Coburg House,已有兩位房客,留給我的是三樓的閣樓,不過和我印象中的上海閣樓有天壤之別。這個閣樓很寬敞,有兩張單人床,中間有一張寫字臺和一個書架,凹進去的角落可以當壁櫥掛衣服。這麼大的空間一個人用,從來沒有過,太奢侈了!我有足夠的空間盡情唱歌跳舞。喜出望外的是,屋裡還有一部電話和一個帶收音機的鬧鐘。浴室和另一位大學生共用。

房主和佩蒂住二樓,一樓客廳和廚房大家共用,分攤清潔衛生工作。吸塵器這玩意兒,電影裡見過,從沒用過。現在我帶著圍裙、哼著小曲,推著它在地毯上來回移動,自我感覺很美,像是廣告中推銷產品的「演員」!擦桌椅用的不是舊抹布,是又軟又白的紙巾,用完丟進垃圾桶,我總有點兒捨不得。當然,戴著橡皮手套幹活,更是前所未有。以前,家務負擔重,幹多了手會粗糙,現在幹家務是樂趣。房租占了我月津貼的一半,但我非常快活,這裡有家的感覺。

二

我開始熟悉這裡的生活。第一次坐公共汽車,發現自動售票機「只進不出」,只收錢,不找錢,沒零錢怎麼辦?正當我猶豫不決時,一位好心的婦女遞給我一張事先買好的小票。我不知道該不該接。「拿著吧,看來你是新來的。」她還告訴我,如果換車,可以要一張「轉車票」,換乘其他線路的車,一張票全包,不會因路途遠近而收費不同。最舒暢的是,車上無人推搡。

我就讀的大學 University of King's College, School of Journalism 有一

個傳統，每屆新生入學，校長都會在官邸舉辦一次招待會。那是一棟1920年建造的維多利亞式房屋，富麗堂皇，與學校的小教堂相連。出席的新生，人人都穿得很漂亮，手捧一杯酒，相互自我介紹，我舉著一杯果汁，站在一旁，點頭打招呼。系主任拉著我去見校長：「這是我們的外籍學生，我系第一位中國學生。」校長說：「我們等了你好久，終於見面了。」「是的，我走著來的！」我詼諧地向他講述了長達三年的護照申請。「我相信。你給予我們的，會多於我們給你的。」我不知道他指的是什麼。我能給什麼呢？

這屆新聞系是為成年學生設置的，為期一年。學員必須具備另一所大學的文憑，年齡不限，我是年紀最大的。同學中有不少寫作高手，有些做過新聞工作，到這裡來進修，取得新聞系文憑。這裡一切對我都很陌生，我面對一套全新的標準。由於沒有語言障礙，聽課、寫筆記、查找資料、做作業都不成問題，唯一的障礙是課堂提問。我不習慣主動提問題，幾十年養成的不多問，不說與他人不同觀點的習慣，根深柢固。以前沒有覺得自己思想僵硬，對比之下才看到差距，而且不是一丁點兒的差距。

每週一次新聞採訪，題目自選、對象自找。我做來做去，總逃不出同一個套路，既死板又無亮點，時常是話到嘴邊又嚥了回去，生怕違背「政治正確」，謹慎到像個機器人，重複《人民日報》海外版的觀點。

為什麼這麼束手束腳？不行。不能停留在這個狀態，要儘快從這蠶繭式的思維方式跳出來，摘掉「緊箍咒」，學會敞開思路，自由表達思想。然而，重新設定頭腦中的程式談何容易。

在遠離故土的新天地，我開始了真正的「再教育」！

學期即將結束，我感到自身的變化。我開始學會表達我所想，書寫我所思，提問我所不知。我懂得了官方媒體和新聞自由之差，

政治宣傳和如實報導之別，一個聲音和多個聲音的必要。

我的收穫不體現在考試好壞、得分多少。King's影響了我的世界觀，開闊了我的視野，提供了找到自我和發揮自我的土壤，為我日後的發展鋪平了道路。

在這裡我首次接觸到電腦，太神奇了，可以在鍵盤上任意修改、刪除或增減，列印也方便之極，按一個鍵，全文快速列印出來。當然錯按一個鍵，全文也會不翼而飛。我學會了用電腦，也學會了一套應用術語。

電腦臺數有限，大家都用它寫作業，我只好利用電腦空閒時，悄悄幹點兒「私活」，著手寫我的故事。起初並沒有想出版，也沒有認為有出版的可能，只想把前半生的經歷記錄下來，翻頁過去，重新起步。

學業完成要畢業了。畢業典禮十分隆重，教授和全體學員組成隊伍周遊校園，學員穿著黑長袍和帶白毛邊的帽衫，教授也穿黑袍，帽衫上帶著所畢業大學的標誌，有博士學位的教授穿紅袍。

樂隊開始奏樂，大家排著隊走進大廳領取文憑，我的淚水情不自禁地順著面頰往下流，多麼希望我的孩子和母親能在場，與我分享這苦苦等了半生的喜悅。手握文憑，走下臺時，我默默地對在座觀眾說，我謝謝大家，你們都是我的家人。

穆里爾和佩蒂在門外等我。我奔向穆里爾的懷抱，緊緊摟住她。我哭了，是喜悅還是悲傷，抑或兩者兼之吧。穆里爾掏出一個和平鴿掛墜，對我說：「你可以相信，你未來的生活不會再有暴力了。」我含淚的眼睛說出了言語無法表達的話。

三

　　我寫的初稿成書後，1992 年在蒙城出版。有人問我為什麼要寫這本書，我說我有個故事要講，我希望通過一個普通女人的生活經歷，使讀者瞭解中國的政治和社會變遷。

　　經過幾番推敲，我為書取名《Foxspirit（狐精）》。「狐狸精」這一詞在我一生出現過 3 次：小時候，父親喜歡在飯桌上給我們講《聊齋》故事，我對狐狸精最感興趣，時常會想入非非；少女時同院鄰居常叫我「這小狐狸精」，不知道是「褒」還是「貶」，是說我機靈可愛，還是任性主意正？成年後，文革中被學生鞭打，口中喊著：「打倒這個狐狸精！」

　　《聊齋》故事中的狐狸精，通常是狐狸化身美女勾引男人，而勾引的多是趕考的窮書生，幫他們渡過難關。其實狐狸精內心正直善良、助人為樂、不屈服於壓力，有反抗封建勢力的精神。遺憾的是，狐狸精時常被誤解、醜化，貶義地與勾引男人畫等號。我取名《Foxspirit》，也算是為狐狸精翻案吧！或許，也為我自己！

　　書付梓後第二年，獲得了魁北克作家協會頒發的「魁北克英語文學獎」。

　　我寄了一本給教我們外交關係報告寫作的前外交官教授 Arthur Andrew，1970 年曾陪同老一輩特魯多總理到中國洽談中加建交。

　　教授回信：「我應該給你個A！」

兩次面試

一生兩次面試，相隔 35 年，生命轉折的里程碑。

一

那年我 16 歲，確切地說不滿 16 週歲，中學剛畢業。本應上大學，可家裡經濟條件不允許。整天在家無所事事，很苦悶。恰好離家不遠的地方有家打字學校，我報名學了英文打字。

不久，聽父親一位朋友說，一家進口公司剛從天津搬到北京，在招聘英文打字員。想去試試，又有點兒膽怯，只好請母親陪同。

面試地點在西城，我家在東城，有一段路程。清早，我們娘兒倆搭上無軌電車前往。乘客寥寥無幾，除了報站聲，別無動靜。母女倆沉默了一路，不安、擔心、害怕交錯在一起。

公司所在大院原先是有名望人家的住處，大紅門裡隱藏著幾層院子。走到後院，見到十來個人在等候，有男有女，都比我年紀大許多。我梳著兩條短辮，拉著母親的手，戰戰兢兢坐在走廊臺階上，不停地咬手指甲。打小就有這個壞毛病，緊張時咬得更厲害。旁邊一位女士酸溜溜地對我說：「你還是個娃子，也來應聘？」

按順序一個個被召喚進去，不一會兒輪到我了。一位身材不高的中年男士，看樣子像位領導，把我叫進他的辦公室。

「多大了？」他上下打量著我。「18。」我謊報了兩歲，冒充成年人。「申請表上寫著你會英語，有沒有帶份簡歷來？」他邊說

邊習慣性地甩動手中的鑰匙鏈。

「有。」我順手從書包拉出簡歷，是昨晚二姐提醒我做的準備，我用很簡單的英語寫了一頁半的個人和家庭介紹。他看不懂英語，抖了抖這兩張紙，半信半疑看著我：「真是你自己寫的？」我點了點頭。

「你學了幾年英語？」

「10年，我從小學就學英語。嗯⋯⋯從幼稚園開始。」

「當真？你上的是什麼學校？」他露出懷疑的神態，使勁轉動手中的鑰匙鏈。

我曾為自己是聖心女子學校的學生感到自豪，但是現在，我不願再提「聖心」二字。用新社會的觀點，我是傳教士教出的學生，是個外國產物，滿腦子裝的是西方資產階級的東西。我感到羞恥，不知怎麼回答，但又不能編瞎話，只好如實說了。他有點兒驚訝。「沒聽說還有這樣的學校。」看樣子，我給他留下的印象還可以。

我沒敢提謊報年齡的事。不過，在不久以後的「忠誠老實」政治運動中，我坦白交代了。有生第一份交代材料，為日後厚厚的檔案袋鋪了底。

「咱們再看看你的打字水準。」他帶我到另一間辦公室，把我交給一位知識分子模樣且帶點「洋氣」的主考官。

有了打字學校的訓練，這個測驗不算什麼。我坐在一臺30年代的美國Underwood打字機前，把紙捲上，等候命令。考官給了我一個文件，然後站在我背後，盯著手錶計算時間。

聽到「開始」二字，我開始敲打鍵盤。手怎麼不聽使喚了！一個勁兒按錯鍵，不斷修改。看不清文件，要湊近，影響了速度。早該配副近視眼鏡了，可母親拿不出這筆錢。

五分鐘測驗過去，我交上一份不十分整潔的考卷，又惱又羞。

打字學校測驗時總拿第一，這回怎麼了？

「考得怎麼樣？」回家路上母親問我。答案已印在臉上。

「沒什麼希望！」我說，極力控制自己的淚水。「他們把我當個孩子，打字測驗也弄糟了。」

第二天清早，我照常做家務，在院中水龍頭下沖洗東西。突然聽見一陣摩托車剎車的聲音，似乎停在我家門前。一個年輕信差跨步走進院裡，手裡舉著一個大信封。

「這裡有沒有姓張的？」他揚著大嗓門。「有！」我連忙跑上前，接過信封一看，果然是我的名字，右上角有「急件」二字。我在收據上蓋了個章，那時沒有簽字這一說，邊往屋裡跑，邊拆信封，抽出個簡短通知：「你被錄取了，明早八點到公司報到。」我簡直不敢相信——我要工作了！我長大了！

這家公司的打字室已有五六位漢語打字員，我是唯一的英語打字員。我們年齡相差無幾，很快打成一片。三個月的試用期滿後，轉為正式工作人員，算正式參加革命，叫「革命幹部」了。工資為每月 320 斤小米，比漢語打字員略高一點。解放初期物價仍有波動，320 斤小米按折實單位計算，折合大約 32 塊人民幣，每月不等。

第一次領到工資，我高興得不得了，像是發了筆大財，手裡從來沒有過這麼多的錢。回家後，我交給正在縫紉機前踩個不停的母親，興奮地說：「媽，這是我的工資！」她停下來，抬頭看了看我，露出一副驕傲的笑容。「家裡不需要你的錢，你趕快先去配付眼鏡吧！」

我跑到當時王府井最好的大明眼鏡公司配了一副近視鏡，加上一副價錢不高的塑膠鏡框。然後去東安市場買了些叉燒肉和一個想吃但又買不起的西式蛋糕，給家人解解饞。我留下一些零花錢，餘下的都給母親了。家裡缺錢，母親從早到晚不停地蹬機器做童裝，

十分辛苦。小弟眼看就要上中學了。

二

　　35年過去了，又一次面試，在異國他鄉。那是我到加拿大的第二年，臨時住在一位朋友家等待永久居留證。聽說蒙特利爾有家公司，在招聘一位英漢雙語流利的專案協調員。我決定去碰碰運氣，給那家公司發了一份簡歷。

　　等了幾天，沒有動靜。我擔心會有多人申請同一位置，夜長夢多，主動打了個電話。接電話的是公司行政經理D先生。他說，主要負責人下週要去中國，時間很緊迫，只能給我半小時。

　　約定好時間，醜媳婦要去見公婆了，這回還是洋公婆，我心裡沒底，至少穿著要得體。我把頭髮染了染，蓋住新長出的白髮根，穿了一身在國內訂做的套裝和一雙半高跟鞋，挎著個全皮包包，擺出我印象中的職業婦女模樣。

　　西方人很注重準時，遲到固然不好，但早到也不合適。為了卡著點兒到，坐公共汽車不好掌握時間，打車吧。第一次打車，心裡撲騰撲騰的，因為口袋裡錢不多。兩眼緊盯著米錶，一塊、兩塊……，眼看著數字一點點往上加，跳動的速度猶如眨眼。「怎麼又停車了！」我用漢語自言自語。「交通堵塞，市中心總是這樣。」帶濃厚外鄉腔的司機，似乎明白我嘀咕的意思。

　　終於到站了，一共$10.50，對那時的我可是一筆數目不小的開支。我如數付給他，沒給小費。他拿了錢，連聲謝謝也沒說。那時，初赴異鄉的我不知道還有外加小費這一說，難怪沒謝我。

　　走進那棟辦公樓，裡面沒有警衛，牆上標注了各公司的樓層。我來早了點兒，在大堂等了片刻，乘電梯上了六樓，找到了那家公

司。我輕輕敲了下門，前臺一位穿著得體、淡妝的女祕書站起來，把我領到了會議室。不一會兒，D先生來了，客套了一下，給我倒了杯咖啡。「其他幾位經理去打出國預防針了，一會兒就回來。」說罷就退出了。

我盯著那個不帶把兒的塑膠杯，輕飄飄的，那麼難看的便宜貨，頭一次見這種一次性的玩意兒。我在國內辦公室用的是帶蓋兒的青花瓷茶缸，簡直沒法比。環視了一下，我注意到牆上掛著一張很大的中國地圖，上面有紅紅綠綠的大頭針，插在北京、上海、武漢、宜昌，還有他們的工程所在地：三峽。我當時對「三峽工程」一無所知，只聽說是個有爭議的工程。這家公司是魁北克省最大的國際工程諮詢公司，剛剛和水利部簽了一項協議，承擔三峽水利工程的可行性研究報告。

門外傳來匆匆過路的腳步聲和說話聲，大老闆們回來了。D先生帶著3位西裝革履的先生進來了。我面對4位即將決定我命運的加拿大人，猶如三堂會審。記得曾經有人對我說，在西方找工作要懂得自吹自擂（blow your own horn）。可我這打小就被灌輸「謙虛是美德」、既不敢說大話也不會說謊話的人，哪裡會吹噓！

總經理邊看我的履歷，邊提問有關我職業背景的問題；專案經理對我那不帶外鄉口音的英語很驚訝，對我的學歷很感興趣；技術經理很專注地對我說：「我希望你知道這項工作技術性很強，譬如，我們不說百萬，我們說十的六次方。」我猶豫片刻，笑答：「我知道這項工作技術性很強，但我可以學，而且我會學得很快。」我也不曉得哪兒來的這股勇氣和自信。三位領導相互交換了一下眼色，起身準備退席。「你先回去吧。如果你是合適人選，我們會通知你。」項目經理輕描淡寫地說。

我離開大樓，鬆了口氣，總算熬過去了。回去別打車了，省

省吧。

結果如何，我心裡一點兒數也沒有。聽天由命吧。

一週後，D 先生打來電話。「你被雇傭了。」他慢條斯理地說，穩重沉著。我一聽，心都快跳出來了。他接著說：「年薪32,000，你接受嗎？」我像是被雷擊了，話筒幾乎掉地上。我得穩住，不能顯得迫不及待。該說什麼呀？「讓我考慮考慮，明天答覆你。」我怎麼會這麼沉得住氣？是不是太震驚了？是不是缺乏西方人的直來直去？或者是出於多年養成的情感不露聲色的習慣？我說不準。

一晚上翻來覆去不得合眼。第二天我給 D 先生去電話接受了這份工作。「我想提醒你，這個年薪是稅前，你的稅後收入會比這個少很多。」D 先生補充。此前，我從不知道什麼是稅收，也從未交過稅。不過，沒過多久，我就明白了稅前和稅後的差別，比我想像的大多了。

對我這個年到半百才到加拿大的移民，$32,000 是天數。同樣，對一個初次參加工作的 16 歲姑娘，320 斤小米也是天數。

僅有的兩次面試，在我人生道路上起到了決定性的作用，改變了我行駛的軌道。

初次給洋老闆工作還算適應。辦公室的氣氛與我所習慣的完全不同，沒有喝茶看報閒聊天的。人們時間觀念很強，工作不能拖拉，每項任務都有限期。新兵入伍，我摸不清同事間的關係，不懂「辦公室政治」（office politics），該說什麼，不該說什麼，疏誰近誰。乾脆，大家客客氣氣，保持一定距離。

工作一段時間後，總經理對我說，起初對我這個剛從大陸出來的人，並不是百分之百地信任，他考驗過我，觀察我的工作態度和立場，看我為誰說話。

　　看來無論到哪兒，都有個站隊問題。第一次去美國申請護照時，簽證官有很多疑問：你英語這麼好，為什麼還要出國學習？你在外文出版事業局工作，那是個對外宣傳機構，你一定是中共黨員。你帶著什麼任務？我花了好多口舌才解釋清楚，通過了。我知道，如果第一次拒簽，以後就比較麻煩。

　　上班不久，作為翻譯，我隨同加方代表團前往北京，參加一個水利部召開的重大會議。第一次換了身分回國，覺得怪怪的。我面對兩年前借公家車送我到機場的老師傅、幫我私下換點兒美元的摯友、給我準備「最後的晚餐」的親人、盼望我早日接她們出去的女兒，我感到既近又疏。近，因為他們是親人；疏，因為我們之間的距離會愈拉愈大。

　　我回到原來工作過多年的進口大樓，望著出入過無數次的大門和那熟悉的公司名稱。在一樓辦公室我翻譯過文件、接待過外商，在談判室和宴會桌，我是中方譯員。

　　如今，事情倒轉了。在談判桌上，我依舊是譯員，但坐在桌子另一面，是加方人員。對這種「搖身一變」的局面，我一時有點兒不適應。人們不知如何稱呼我，叫女士還是小姐。有人習慣性地叫我同志，跟著又說：「抱歉，抱歉，叫中國人同志，叫慣了。」他們叫我什麼，我都答應。我當過老師，叫我老師最方便。

　　那天晚上，宴會之後回到房間，我久久不能入睡。過於興奮？時差？心態失衡？悲喜交加？心無法平靜。我回來晚了，沒能在母親去世之前見上一面。

　　沒有母親的家，就失去了家的感覺。

租房小插曲

一

終於領到了第一份工資。

扣除了聯邦稅、省稅、失業保險和退休金等，餘下的淨收入，直接打入我的銀行帳戶。幾十年習慣收現金工資，這是頭一回摸不到真錢。

有了固定收入，下一步是找房，為兩個女兒的到來做準備。從哪兒入手？哪個區合適？租金標準多少？有無附加條件？等等，我一無所知。祕書小姐建議查看當地報紙。打開廣告頁一看，可選的房屋太多了：三室、四室、五室？是否帶家具、包暖氣？靠不靠近公交站？允不允許帶寵物？還有第一個月免租或打折！……看得我眼花繚亂。

選了幾家，開始挨個兒打電話，約時間見面。聽起來簡單，於我，卻是個全新操作。過去幾十年住房靠分配，給什麼住什麼，哪有挑選一說？現在有了挑選自由，反倒不知所措。

參觀的第一個公寓在瑪麗皇后街，廣告上說步行至地鐵站只有10 分鐘路程，可我走了二十多分鐘才到。莫非加拿大人步子大、速度快？這是棟六層公寓樓，比當時北京的一般旅館要高，看起來挺威風。

走在樓道裡，見不到一個人影，聽不到一絲動靜。自己彷彿是

個幽靈，行走在停屍房。管理員陪我到預選的公寓。進門一望，空蕩蕩，陰森森，沒點兒人氣。我打了個冷顫。不行，這地方不好，氣場不對。住慣了大雜院，受不了這種窒息般的安靜。

第二個公寓在蒙特利爾西區一個小二層樓裡。這裡環境優美，周圍房子多屬大戶人家，綠油油的草坪修剪得整整齊齊，兩旁花園裡種滿了濃淡搭配、在不同時節盛開的花朵。房主是一位棕褐色頭髮的中年男士，不像是當地人，臉上掛著一副讓人不踏實的笑容。他的言談過於熱情，眼神讓我發毛，我下意識地拉起一道「護屏」。再一聽說他獨居樓下，和我進出同一個大門，頗有合住的意思，我立即告辭。

第三家在 Bernard 大街，離我兩位女友的住處不遠。這一帶是移民聚集地區，人口相對密集，商業活躍，適合我這個住慣擁擠城市的人。這所公寓很寬敞，三室一廳，廳內有個曾在電影裡見過的半圓形落地窗戶。廚房設備齊全，冰箱、爐灶、洗碗機，應有盡有。爐灶上方還有抽油煙機。想想那四家合用一間廚房，或各家在走廊做飯的年代，不也照樣過來了嗎！

房主是位三十幾歲的黎巴嫩會計。這是他第一棟出租房，租金每月 $570。住慣了定價買東西的日子，哪裡懂得討價還價？這回試試吧。我借用新移民的身分，訴了訴苦，多少起了點兒作用。他同意減 $20。「不過，」他說，「簽約之前，我要你見見我父親，他看人的眼光很準。」

幾天之後，我見了他父親，一位六十多歲紳士模樣的老先生。「我喜歡中國人，你看上去像個誠實的人。」他問長問短，閒聊了片刻。本打算走了，又好像想起什麼，轉頭對我說：「順便問一下，你有兩個成年女兒要來，對吧？你不會隨後又接二連三地帶親戚來吧？中國人有這種習慣，先說兩個人，後來變成4個，再往後又

加兩個，不斷往上添。」我向他保證不會出現這種情況。他給了我一份合同，說是標準本。我沒仔細看就簽了，並按要求給了他六張預付支票。我是頭回簽支票，說明銀行有帳戶了，一下子膨脹得飄飄然。此外，還可以向銀行訂新支票，印上我的姓名、地址和電話號碼。我有固定住處了，有身分了！

二

　　每月五百多的房租占了我工資的三分之一。在北京的家人很難想像。國內住房有補貼，房租很低，不到工資的 5%。多數移民初來乍到時，通常是幾家合租一個房子。我不富裕，也沒有存款，但這不單純是錢的問題。我是在彌補上半輩子所缺，試圖建立一個新生活的起點。不再和姐姐合睡一張床、和父母同睡一間屋。不必做愛時壓低嗓門，怕弄醒睡在一旁的孩子。重要的是，水龍頭、下水道、廁所、浴室不再是公用的了。最奢侈的是，打開水龍頭，冷熱水觸手可得，每日洗浴亦非難事。

　　沒有多餘錢買家具，先買了張二手「宜家」單人床，解決睡覺問題。兩把椅子和一張桌子是朋友送的。一位新到的移民說，收垃圾那天到街角看看，會找到些想像不到的東西。果不其然，有些丟掉的東西還好好的。以前買東西講究耐用，東西壞了，修了再修，直到完全報廢。幾十年就是這樣過來的，從小就懂得不浪費一針一線，大的改小，破的縫補。毛衣織了拆，拆了再織。穿爛的衣服綁拖布，物盡其用。沒想到在西方，修理東西比買新的還貴。

　　於被棄舊物中，尋到一個橢圓形編織地毯。我用盡全力把它拖回家，清洗後，露出深淺棕黃交織的本色，還挺漂亮，赤腳走在上面暖洋洋。這塊地毯一用就是6年，後來有條件買了幾塊高檔中國地

毯，才把這撿來的物件丟了。分手時，有些戀戀不捨。它是我移民生活起點的紀念，曾點綴了我的客廳，是我和孩子坐地吃飯的軟墊。

朋友們送了一些被褥、床單、浴巾。那時候不懂啥叫「配套」，只要能用、解決當務之急就行。浴室是我的最愛，每天能洗個澡，或者兩個，太享受了！不時來個泡沫浴（bubble bath），邊泡澡邊哼唱少女時喜愛的小曲，是憶舊、留戀、期待，抑或釋放？！……

浸泡在泡沫裡，聞著薰衣草的皂香，像是受寵的影后，或是戲水的頑童。這一切不再是幻想！

三

新工作要求很高，時常需要加班加點，晚上買個三明治墊吧墊吧是常事。賺點兒加班費，多攢幾個錢，早些把兩個女兒接出來。經常是九點以後離開辦公室。趕上大雪天，狂風呼叫，路上行人寥寥無幾。我站在公車站，拉下帽簷兒，翻起大衣領，抹擦鏡片上撲面的雪花，靴子埋了半截在雪中。

大樓拐角熱氣通風處，以前常看到一位白髮老人裹著好幾層棉衣，頭戴多頂帽子，身體蜷成一團，藉著通風口的熱流暖身。他身旁往往放著幾個大塑膠袋，看來是他全部家當；腳前有個敞蓋兒、瘸角的金屬飯盒，裡面盛著點兒剩飯。我幾次停下腳步看著他，想和他說話，但又不敢，怕觸犯了他的自尊，只好在飯盒裡丟下些零錢。那晚，零下 25 度，實在太冷了。我擔心老人能否抵禦這徹骨嚴寒，趕過去如往常一般望向那個角落時，空空蕩蕩，老人竟沒有出現。惟願他在收容所找到床位，安然度過這雪夜。

　　近十點到家是常事。公車夜間依然按點發車，不過乘客稀少。今晚只有我和司機二人，像是坐著私家大巴。下車後往家走，路過街口那家 24 小時營業的飯館。熱情的希臘店主，每次路過都向我招手，不時請我進去喝杯咖啡。今晚沒見到他，裡面顧客熙熙攘攘。

　　站在路燈下，望向自家窗戶，裡面漆黑一片。

　　走上樓梯，推開門，一股暖流撲面而來，擁抱了我。

　　屋裡沒有收音機，沒有電視，只有掛鐘的滴答聲。

　　打開燈，坐在椅上，望著那光滑潔淨的松木地板和淡粉色的窗簾。這是夢？是真？

　　摸了摸椅把兒，是硬實的。我笑了。

性走向，不怕當「另類」

一

　　小時候學的童謠，滿是 gay 這個詞，我一直認為它是「歡樂」、「漂亮」的意思。直到 70 年代，有位外籍老師提醒要謹慎用此詞，以免造成誤會，我才知道它有另一層意思——同性戀。

　　第一次去紐約，朋友帶我觀光大都市，穿大街，走小巷，逛博物館，吃速食，買大拍賣商品，走著走著就到了 Greenwich Village（紐約的同性戀村）。沒聽說，同性戀還有自己的居住村！朋友問我有沒有發現什麼不同之處。我說，這裡男人多數英俊挺拔，穿著鮮豔時尚，走路手把手。這是我對北美同性戀的第一印象。

　　到加拿大的第二年我去美國水牛城提交移民申請，這個手續必須在加拿大境外辦理。路過多倫多，經朋友介紹，認識了一對男同性戀。頭一次見到兩位成年男性親親暱暱，很不習慣。他們的家佈置得很雅致，乾淨整潔，一塵不染，兩人都有很高的廚藝。

　　午後來了位女士，說是其中一位的前妻。不是同性戀嗎？怎麼還有前妻？我不便多問。後來才明白這把「傘」下有太多的學問。

　　八個月之後，移民申請批准了。我去水牛城領取永久居留證，再次路過多倫多在這家過夜。進門一見滿屋的人，滿地的白花，像是有什麼特殊活動。不料，他們正在悼念一位死於愛滋病的好友。在場的十幾位先生年齡不等，文質彬彬，英俊出眾。我的一位女友

苦於找不到合適的男友，曾感歎地說：「那麼多英俊男士可惜了。我看了心疼。太浪費了！」

　　對這撥人，悼念亡者已不是頭一回，帶著沉重心情，他們悼念的方式不是痛哭流涕，而是默默地祈禱祝福，歡樂地送亡友一路。期待控制這致命疾病的藥物早日到來。

　　當晚，為了緩解悲痛的心情，有人建議到酒吧放鬆一下。我不會喝酒，對酒吧不感興趣，太喧鬧。他們說這個酒吧非同一般，硬要拉我去，我倒要看看怎麼個不一般。天黑了，看不清酒吧的名字，只見三三兩兩的小夥子聚在一起抽煙，散發出濃濃的大麻味兒。大麻味兒瞞不了人，一聞就知道。這裡吸大麻不算吸毒。

　　當年我下放農村接受再教育，和農民一起下地幹活。莊稼地周圍的溝溝坎坎，種的全是大麻，說是防護莊稼的。老百姓吸大麻根本不算回事，而且還不用花錢。他們也懂得用大麻治病。

　　隨大家走進酒吧，發現是一個同性戀脫衣酒吧，難怪門外沒見到女性。我是當晚唯一的女性。我們坐在吧臺前，各自要了一杯酒。音樂響了，人們向中心舞臺移動。與其說是舞臺，不如說是個圓形轉盤。一位肌肉均勻、體格健碩的男士走上臺。隨著音樂節拍，慢節奏地從上到下解開衣褲。我的心跳加快，節奏紊亂。燈光漸漸暗了，音樂柔和了。臺上舞者在調情，臺下口哨聲群起。人們向舞臺靠攏，不慌不忙地把錢掛在舞者那塊剛夠遮蓋的遮羞布上。我害怕了，說不上為什麼害怕。我緊緊攥著手中的外套，想用它來保護。保護什麼呀？怕誰呀？我說不準。莫非我被這位當眾脫衣的男性激發了性欲？還是被眾多男性的激情擊倒了？我不知道。我這是在哪兒呀？手中的酒杯在顫抖。不行，我得趕快走，我需要新鮮空氣。我不辭而別，叫了輛出租，直奔回家之路。這個經歷，只此一次。

二

　　東西方世界幾個世紀前就存在同性戀，一直很隱蔽，人們把它看作恥辱、犯罪、變態、違背宗教和道德理念，該受到處罰、被判入獄或死刑，手段十分殘忍。這個被歧視的弱勢群體，為他們的生存權利，鬥爭了幾百年，終於在 20 世紀初見成效。1969 年，特魯多，當年的司法部長，修改了加拿大刑事法，取消了同性戀為犯罪行為的條款。事態朝著有利的方向發展。2001 年，荷蘭第一個批准同性戀婚姻合法化。加拿大是第四個國家，於 2005 年通過了同樣的法案。

　　蒙城的同性戀現在有自己的「村」、專用「彩虹」旗幟、一年一度的「驕傲大遊行」（Pride Parade）。有位同性戀朋友說，這醒目的色彩既表達喜慶，又代表他們的驕傲，作為與「正常」世界不同的「另類」的驕傲。這個群體的成員不斷擴大，除了男女同性戀，也包括雙性戀、變性戀。

　　80 年代初，我在北京參加過一次全國婦聯舉辦的會議，與出席的各國婦女代表，討論婦女解放問題。由於是官方會議，我們都很拘謹，說話不離套路。可這批來自不同國家、有著五花八門背景的婦女就不同了。她們活潑大方，無拘無束。突然，坐在靠後位置的一位女士舉手發言；像其他與會人員一樣，先介紹自己。「我來自美國，我是 lesbian。」我一愣，回頭問身旁的同事：「她是說 lesbian 嗎？」我以為自己聽錯了。「女同性戀」在我的詞彙表中是個相當新的詞。同事點點頭。不知在座的中方主持人和與會者有何感想？像我一樣驚訝嗎！同性戀當時在中國仍是「櫥櫃裡的骷髏」，不宜拖出來見光！

三

　　我的同事L給我講過一個故事。L女士是位翻譯，70年代陪同一組社會學專家到中國農村做調查。到達之後，團中一位外籍專家問當地有沒有同性戀。鴉雀無聲。大家相互看了看，一副茫然。什麼是「同性戀」？沒人知道。為了不顯得無知或愚昧，當地婦聯主任忙說：「有，有。我和我愛人。我姓劉，他也姓劉。」她誤認為對方問的是「同姓」。

　　我現在住的老年公寓，每月發一份內部刊物，介紹公寓內的活動。搬進不久，我在刊物上讀到一篇題為〈實現夢想不嫌晚〉的短文，筆者是位 83 歲的婦女。她公開了自己是變性人的祕密。她說，年輕時的變性夢想，直到 65 歲才實現。現在搬進這所新住處，不想躲躲閃閃地生活。她要坦坦蕩蕩地做人，快快樂樂地生活。

　　我為她寫了條評語，對她的勇氣、誠實和開朗表示欣賞和敬佩。

　　Chapeau！脫帽致敬！

失業的「自由」

一

　　離開了北京，「鐵飯碗」砸了。砸了「鐵飯碗」還不算，幹了幾十年的退休金也賠了進去。

　　所幸登陸加拿大之後，很快找到了工作，沒嘗到失業的苦頭。我樂觀地認為，只要好好幹，不犯錯誤，工作就會有保障。「解雇」這個概念在我的腦子裡壓根不存在。

　　我在這家公司工作了兩年多，從事有關三峽工程可行性研究報告的工作，經常接待來自中國的代表團，一起工作，一起參觀電站。公司也不斷派代表團去中國，我有機會參觀了兩國各大水電站。往返頻繁，一切順利。然而，好景不長。

　　誰會料到，八九年夏中國發生了震撼全球的「天安門事件」，遭到各國政府譴責，加拿大也不例外。這項工程是由加拿大政府贊助的，為此，不得不停止此項援助。項目沒了，自然人員要裁減。我第一次嘗到西方就業的脆弱性，更瞭解了全球政治風雲變化對個人生存的影響。

　　我被解雇了，要去領失業保險！「失業」，一個在我職業生涯中不曾出現的詞彙，猛然從天降，砸得我暈頭轉向。昔日的恐懼剛卸掉，新的恐懼又來了，我的安全感一落千丈！

　　手握一疊證件，走進魁省就業辦事處。大廳裡坐著一堆無精打

采的人，各自懷揣心事：有的穿著皺皺巴巴的衣服，眼望天花板，發呆或喃喃自語；有的拚命抽煙，煙垢染黃的手指，夾著一小截煙屁股，捨不得丟掉；還有的，乾脆癱坐在椅子上，像是過度疲勞。大廳另一頭，一個穿著邋遢的女人，頭髮蓬鬆，臉上厚厚一層脂粉，看樣子不像正經女人，我不好判斷。這跟我在辦公室見到的，穿著西裝革履、職業套裝、打著絲巾領帶的職業男女相比，差距太懸殊了！

排隊的人很多，我拿了個號，找了個座位，滿臉羞愧，覺得領取失業保險是個喪失尊嚴、丟人的事兒。沒有工作，如同沒了身分。

二

什麼是身分？16歲那年，第一天去上班興致勃勃，覺得自己長大了，能工作賺錢了，有「身分」了。

家住北京東城區，公司在西城。路上需要多少時間，心裡沒數。第一天上班，絕對不能遲到。清晨五點，鬧鐘還沒響，我就醒了。起床，踮著腳走到外屋，月亮還懸掛在二月寒冷的天空。母親躺在被窩裡，用她那五十幾年沒改過來的「南腔北調」說：「紫（她發不出「止」字的音）妹，你自己弄點熱東西吃，穿暖和點，路遠著呢！」

父親起床，捅開外屋煤球爐的火。父女倆沒說話，各自做著自己該做的事。我看似平靜，內心卻忐忑不安。父親沒有看出，或許不想看出我有多麼提心吊膽。今天是我走向社會的第一步，往後要和成年人打交道了。

「我走了，爸！」穿上那件舊「皮猴」，戴上毛線帽子和手

套，和他打了個招呼。他一句話沒說，跟著我走到大門。「外面冷，你回去吧！」我加了一句。

「不要緊，我看著你走。」他低聲說，怕驚醒鄰居。

「爸，我一點兒也不害怕，沒事兒的。」我在給自己壯膽兒。遺憾的是，父女倆都不擅長表達自己真實的情感──這是我家的傳統。我轉身走了。

父親目送我走到胡同口。要拐彎了，我回頭往黑黝黝的巷子裡張望。父親站在遠處，黯淡的路燈畫出一幅剪影，一動不動，看上去那麼失落、那麼淒涼，近些年的憂慮都掛在那張佈滿皺紋的臉上。他披著一件褪了色的棉襖，趿拉著一雙舊布鞋。難道這就是曾經在飯桌上繪聲繪色給我們講《聊齋》故事、帶我們去法國麵包房買「牛角包」、在書房揮筆寫詩書字的父親嗎？我多麼想跟他說一聲：「女孩子一樣有用。」

天剛濛濛亮，街上除了起早掃大街的清潔工和一些剛下夜班的人，到處靜悄悄。下車後要步行 20 分鐘才能到單位大院。早飯沒吃，於是就在胡同口買了塊烤白薯，邊走邊吃，還可以暖手。

到了公司，傳達室值班的納悶，什麼人來這麼早？我給他看了看我的應聘通知，按他的指點走進第二個院子，找到了掛有「祕書處」牌子的屋子。這應該是我報到的地方吧？

屋門半掩著。剛要拉門進去，一股嗆人的濃煙撲面而來，模糊了視線。煙霧中，隱約看到一個跟我年齡相仿的男孩，蹲在爐前搧火。我趕快把門拉上。

「別把門關嚴！」他吼了一聲，直起腰，上下打量著我。「你是誰？」

「我是新來的。」

「我看也是！沒人這麼老早來上班。在外邊待會兒，等我收拾

完再進來。」我只好退到院子裡，不斷地搓手頓腳，北京的2月挺冷的。

公司的第一任英文打字員就這樣報到了。

三

有了工作就等於參加革命，是革命幹部，我好自豪，在穿著打扮上也要革命。原來喜歡穿T恤衫和瘦腿褲的我，改為穿當時流行的雙排扣上衣，寬鬆長褲，加上一頂男式帽子，顏色限於深灰或淺灰──人們稱之為列寧裝，是仿蘇聯人的服裝。我常把兩個辮子塞在帽子裡，活像個假小子，帶點兒傻氣和土氣。

公司每週一次政治學習，全體工作人員集中到食堂聽課、記筆記，一坐就是一下午。第一堂課講的是《社會發展史》，從原始共產主義講起。報告人很有口才，講起來頭頭是道，基本不看搞子。我專心致志地聽講，都是些我不懂的內容。周圍的人比我更專注，邊聽邊做筆記。

兩小時過去了，他繼續有聲有色地講，但我坐不住了，思想開小差兒了。我悄悄地從書包裡掏出一本小人書，上班路上在電車裡看的書。旁邊的人投過驚訝的目光，我沒太在意，心想：「看小人書總比打瞌睡強吧！」

第二天上班，一進院子，一群人正圍在門口黑板報前。「看什麼呢？」我問旁邊的一位同志。他瞥了我一眼，做了個怪臉：「你自己看看就知道了！」我擠進人群，見黑板報上有一幅漫畫：一個瘦高的女孩子，頭上翹著兩個小辮子，穿著一條緊腿的褲子，坐在長凳上聚精會神地看小人書，其他人都在專心致志地聽報告，記筆記。

　　我大吃一驚，那不是我嗎？「幹麼要畫我？」我問旁邊的一個小夥子。他說：「這是一種形式的批評！」我明白了：政治學習是嚴肅的，不准幹別的，思想不許開小差兒，睏了也要硬挺。

　　幾個月之後，第一次體會到什麼是政治運動。1951 年開展了鎮壓反革命運動（鎮反運動）。組織上要求大家向黨坦白過去的一切，對黨不能有絲毫隱瞞，口號是：「坦白從寬，抗拒從嚴。」大家都在苦思冥想，解放前幹過什麼事？有沒有做過對不起人民的事？老李說他在國民黨部隊裡當過步兵，老江說他給外國公司當過翻譯，老彭說他在外輪上工作過，老陳有過兩個老婆。他們邊交代邊掉淚，表示要痛改前非，請求黨的寬恕。

　　不久，一位非常積極求上進的年輕人，被扣上手銬帶走了，罪名是曾參加過國民黨的「三青團」。幾年之後，我再度見到他時，他已經衰老得讓我認不出。他貓著腰，見人就躲，不願說話。他的青春留在了勞改隊。

　　我這個教會學校出來的人，對「懺悔」二字很熟悉，不過沒見過在大庭廣眾下「懺悔」的情景。大家都在響應號召、交代問題，我怎麼辦？有什麼要向黨交代的呢？有了！為了找工作，擔心不成年不被接受，我謊報了年齡。

　　有生第一次做自我檢查。同志們聽後在一旁捂著嘴笑，好像這區區小事不值一提。不過主持會議的黨員肯定了我的態度。

　　這是進入我檔案的第一份交代材料，為日後大量莫須有罪名的交代材料墊了底。

四

　　現在，我坐在魁省就業辦事處的大廳裡，想起多年前初次「就

業」的一幕。現在，人到中年，需要養家糊口的我「失業」了，有生第一次！心裡真不是滋味。

等了好一會兒才輪到我。拿著號兒，走上櫃檯，遞上表格。櫃檯後的女士瞟了一眼，二話沒說就把表格退了回來。「你走錯門了。」她朝後面看了一眼，沒等我問清楚就喊：「下一個。」

我茫然地退到一邊，十分懊惱。怎麼回事兒？我呆呆地立在一旁，靠近那位濃妝的婦女。我注意到她描得黑黑的眼線，已經褪色變形了，紅唇膏被手中的漢堡包抹掉了大半兒。她看了看我手中的表格，連忙說：「夫人，您來錯地方了，這裡是申請社保的人。您不屬於這兒，領失業保險在樓上。」人走「背」字時，很容易同病相憐。

樓上的人群確實不同，文質彬彬但透著冷漠。我辦好了手續，等待兩週後領取失業保險金。沒想到竟然能拿到我原收入的 65%，可以持續領取 10 個月，提供另找工作的時間。必須承認，這真是個好制度，就業時按比例付失業保險金，失業時拿回一部分，緩衝不少壓力。

工作丟了，不能坐等，得另想辦法。找「獵頭」、託朋友，都試了。不能閒下來，心裡不能沒著落。我撿起幾年前寫好的書稿，補充修改，著手找出版商。原以為沒有出版可能，尤其在以法語為主的魁省，出版英語書的可能應該微乎其微。可沒想到，柳暗花明，一家出版商接受了這本由一個沒出過書的新移民寫的書。出版第二年榮獲了一個獎項。

同時，我也嘗試了原先不敢想的事兒——當個自由職業者（freelancer），做了半年多的口譯。我這習慣於按點上下班、拿固定收入的人，一下子成了「鐘點工」。我哪裡想到，「鐘點工」也能獲得優厚的報酬。口譯生涯讓我嘗到了甜頭：夢寐以求的買房首

付，終於攢夠了！

我一直覺得，在人生的幾個關鍵時刻，在我最困難、最無助，甚至感到山窮水盡、走投無路時，總會出現意想不到的「好運」。似乎冥冥之中有個「保護神」在守護我、指引我，給暗夜裡行路的我以光明、以希望。

回望歲月，我最深的感受是，人生在世，神也好，命也好，運也罷，無論什麼信仰，一定要存一顆感恩的心。

命運，從來不會拋棄懂得感恩的人！

一年後，風暴過去了，曾經「失業」的我，又被聘回了原單位。

柏林牆，從無到無

一

　　韓倩是我們給她起的中文名字。

　　我們相識於 1951 年的東柏林。當年，她是德意志民主共和國外貿部下屬一家公司的經理，與中國駐德貿易代表團算是合作夥伴。1955 年應邀到中國訪問，我是她的陪同翻譯。此後，我們保持了 10 年通信往來，成了朋友。為這件事，文革中我被打成「裡通外國」嫌疑分子，信件沒收，聯繫全斷。

　　20 年過去了，對這位工作中結識的老友依然惦念。移居加拿大後，我試圖通過外交途徑尋找她的下落。當時東西德沒統一，我給德意志民主共和國駐加拿大使館寫了封信求援。回信令我十分失望，只有冷冰冰的一句話：使館不辦理尋人業務。

　　幾年後，我隨所在公司的工程技術人員，前往山西省太原市，參與建設山西省最大的工程——「萬家寨引黃工程」。合作夥伴中有一家奧地利公司，公司代表安德列是位德國人。閒談中，我提及去過柏林以及試圖尋找舊友。他說或許他父親能幫上忙。沒想到，他父親和韓倩的先生蔓菲曾在同一部委工作，而且是蔓菲的上司。天下還有這樣奇蹟般的巧合！真應了這句老話：「有緣千里來相會」。

　　我決定去趟柏林，去圓這場等待已久的夢。

　　1997 年，我乘英航班通過倫敦前往柏林。倫敦的 Heathrow 機場比蒙城的機場大多了，有 4 個航站樓。我在一號樓等待轉機，離登機時間還早，登機門尚未公佈。我找到一個舒適座位，腿搭在拉桿箱上，不一會兒就睡著了。等醒來一看，天啊，離起飛只剩 5 分鐘了。螢幕上顯示的登機門是 39 號，而我還在 19 號。我拖著行李猛跑，眼看著飛機緩慢地離開了舷梯。我又氣又惱，恨自己如此大意。「你到哪兒去了？我們關艙前喊了你四次。」櫃檯的空姐不客氣地說。我的行李被卸下來了。

　　下一班飛機要等兩個小時，我必須給韓倩打個電話。第一次在歐洲用信用卡打公用電話，費了好大勁兒才打通。幸好韓倩正打算往外走，電話響了，總算沒錯過。我長歎了一聲。這回可別坐下了，逛商店吧。買東西對女人是減壓的最好辦法。我買了雙英國製造的鞋——穿了好多年，不壞也不走樣。

　　飛機準時抵達柏林 Tegel 機場，這裡比其他國際機場小多了。運送行李的輸送帶，慢得像個蝸牛，等了許久也不見我的行李出來。我對著德語標記，看看自己還記得多少，有些詞慢慢找回來了。語言不用會生疏，但不會全忘。「有人接你嗎？」一位德國婦女用帶有濃厚德語腔的英語問我。「我錯過了一次航班，現在等一位 42 年沒見面的朋友來接我。」說實在的，我不敢肯定相隔這麼多年，還能認得彼此嗎。

　　行李終於滾著出來了，找不到行李車，只好連拉帶拽到旋轉門。韓倩和她的先生蔓菲，已站在欄杆外等候。我一眼就認出了他們，好像前不久剛剛見過面，絕不是隔了 42 年的光陰。我們望著對方激動得說不出話，眼淚不由自主地往下流。我們緊緊擁抱，終於又見面了，她還記得我叫 Changchen。這是自創的「小張」，成了當年德國人對我的愛稱。

韓倩比我我印象中矮了一點，一頭蓬鬆的灰白髮很有氣派。我讚美了幾句，她笑著說是假髮。

二

他們的公寓靠近原史達林大道，當年是東柏林最寬的象徵社會主義的大道。史達林失寵後，改為卡爾‧馬克思大道。韓倩夫婦是高級幹部，按領導幹部標準分到一套百米公寓。室內佈置得簡單實用。他們為我騰出一間靠前窗的房間，空出半個衣櫥給我掛衣服用。拉門的那側是廚房，過大的冰櫃，廚房放不下，立在我床頭。

韓倩開了一瓶香檳酒，慶祝我們久別重逢，追憶我們在柏林和中國的美好日子。她笑呵呵地說：「你還記得咱們倆坐火車去上海那段故事嗎？」

那是夏天，天兒可真熱！火車一路向南。車廂裡悶熱難忍，車頂上的小風扇不起多大作用，吹過來的風熱乎乎地烤著人的臉。火車停靠濟南站，月臺上賣的淨是好吃的──香噴噴的燒雞、鹵豆腐乾、五香煮花生、大棗，全是山東特產。我真想買隻熏雞啃啃，可當著外賓的面兒還得收斂點兒。下車的人幹什麼的都有──大口大口吃東西、捧著冰鎮汽水猛喝、立在月臺邊小便、解開衣襟透氣、脫鞋晾腳丫子，構出一道車站特有的風景。韓倩看得津津有味，喀哩喀喳拍了不少照片；那時候沒人干涉，大夥兒也沒覺得有什麼要遮著蓋著的，生活的本色就是這樣。我買了幾個又大又光溜的煙臺梨，韓倩拿起來就啃。我忙提醒她這裡和德國不一樣，水果和蔬菜一定要洗後再吃。那時候人們擔心的是寄生蟲，當今人們擔心的是殺蟲劑。

那晚，我們倆由往昔歲月談到一些老朋友，這麼多年，滄海

桑田,已經是走的走、死的死,老司機和老祕書兩位德共黨員去世了,幾位有抱負的年輕的去了西柏林。

　　當晚我睡得很熟,沒受時差影響,一覺醒來已是早晨九點。韓倩五點就起了,正在讀我的書,其中有一章提到她。早飯後,我們重遊了四十幾年前去過的地方,穿過幾條熟悉的大街,到了我們曾經下榻的旅館。當時這是東柏林首屈一指的旅館,也就是我們現在說的五星級。現在面貌全非,已被遺棄多年。屋頂閃亮的大招牌不見了,牆壁的水泥脫落得千瘡百孔,窗戶全部釘上了木板。開發商要在此處新建一棟商業大樓,此地段猶如北京的王府井,寸土寸金。

　　我和中國貿易代表團在這家旅館生活工作了一年多,見證了這裡舉辦的許多慶祝活動,印象最深的是一場隆重的婚禮。新娘是一位身材誘人的金髮德國人,穿著合體的白緞子婚紗,新郎是一位挺拔的、文質彬彬且帶外交官氣質的非洲黑人;他們像是從電影裡走出來的明星,巧克力和奶油膚色的搭配,形成了耐人尋味的對比,我被他們的美貌和高雅驚呆了。二次世界大戰中,德國犧牲的士兵高達四百多萬,其中包括一百多萬下落不明。初到柏林時,見到滿街的廢墟,完整的房子寥寥可數,上半截被炸毀的樓房,用來居住或開店。街上來往的男性殘疾者占的比例很大,體魄完整的算幸運兒;其結果是,不少適齡女士找不到對象。我們所在旅館的女服務生勾引團裡的男同志屢見不鮮——意志堅定的頂住了,不堅定的有上鉤的,甚至企圖一同逃往西柏林。

　　我們來到了 Brandenburg Gate(勃蘭登堡門),即凱旋門。當年西柏林官方在門的上方,面對東柏林,安裝了大型電子螢幕,用電子滾動新聞的方式,誘惑東柏林的百姓。共產黨執政的東柏林也不示弱,他們朝對面架起高音喇叭進行宣傳鼓動。領導指示一律不許

看西方新聞，其實我們團內只有 3 位懂德語，其他人根本看不懂。看不懂也不許看。

希特勒自盡的地下碉堡的廢墟已被清除乾淨，曾是多年無人區（no-man's land）的歷史遺址，現在成了停車場，聽說這裡曾有過一個不怕邪的中餐館。我站在一群學生後面，好奇地聽導遊講解。他說五十年以來，這裡從不讓張貼告示或說明，目的是不想用希特勒之名創造觀光收入。他們更不願此地成為「新納粹主義者」朝聖的場地，就讓這個犯下滔天罪行的獨裁者，沒沒無聞地淹沒在停車場的草坪裡吧。

三

初次到柏林是 50 年代初，柏林牆還沒有修。站在碉堡廢墟上，回想當年看過的蘇聯電影《攻克柏林》的激烈場面。歷史就發生在我腳下。那是場決定性的戰役，可惜碉堡已炸得七零八碎，無法進入了。

一個夏日週末，我們幾個人帶上一位德語翻譯，到郊外旅遊。柏林有地下鐵和高架鐵兩種，都是環城，不分東西段。返程時乘坐地鐵，大家玩得很累，天又熱，在搖搖晃晃的地鐵裡打盹，沒太注意站名。等我們醒悟過來時，地鐵已朝西柏林奔馳了。我們錯過了一站，下一站是西柏林。

得趕快下車，不然會往西走得更遠。我們慌慌張張走出車廂，緊挨著站在一起，不敢東張西望，焦急地等待下一趟開往相反方向的車。我偷偷向後掃了一眼，誘惑力太大了！報攤上擺的是美國雜誌和報紙，還有巧克力、霜淇淋、可口可樂；牆上張貼的廣告大膽暴露；月臺上來往的女士，嚼著口香糖，穿著高跟鞋，抹著口紅，

披著金黃長髮。我一時看呆了，這不是跟我在美國電影裡看到的一樣嗎？！大概這就是美國生活方式的縮影吧！

領導警告過大家，千萬不能誤入西柏林：「千萬記住，我們和西德沒有外交關係。如果你們踏入西柏林，當局有權綁架你們、沒收你們的護照，也有可能把你們交到臺灣當局。」太恐怖了！那我們不是在「敵占區」嗎？

擔心便衣警察會走過來問話或查看護照，因為我們的穿著、黃色皮膚、戰戰兢兢的樣子，很容易讓人認出是外鄉人。眼看列車就要進站。「上車時動作快點！」我們的德語翻譯提醒大家。「不要東張西望，表現自然點兒！」踏進開往東柏林的車廂後，幾個人才鬆了口氣。回家後，誰也不敢提起，這場可能導致嚴重後果的「虛驚」。90 年代故地重遊，柏林牆已被拆除。兩次都錯過了，對我來說這堵 155 公里的長牆好似從來沒有存在過。凱旋門前的 Checkpoint Charlie（查理檢查站）曾經阻攔過成千上萬的越境者，沐浴在血淚中的檢查站，被複製送進博物館，作為歷史的沉重代價，留在一代又一代人的記憶裡。我們團裡有三位男士，企圖越過查理檢查站到西邊去，一位成功了，一位半途而廢，另一位被遣送回國。

在柏林，17 歲的我第一次遭到性騷擾。當年，我們吃住辦公全在同一棟旅館，住房和辦公室分開，領導例外，在自家辦公。

一個週末，晚飯後在走廊遇見團長，他要我把一份文件送到他房間。我在檔案櫃裡找到那份文件，準備送過去。走到團長的套間，發現門半掩著，沒等我敲門就聽裡面說：「進來。」

我輕輕推開門，走進，只見團長穿著睡衣坐在沙發上，臉上掛著紅暈。他接過文件，不經意地放在茶几上，然後招呼我坐在他身旁，「過來，怕什麼」，我坐下，一股濃濃的酒味撲面而來。

他開始講自己和國內的愛人關係不好，感到很寂寞。轉身握

住我的手說，「打你進公司，我就挺喜歡你，你若聽話，我會培養你，當我的秘書。」這到底是公事還是私事，我不知所措，從來沒遇到過這事兒，不敢說話也不敢把手抽出來，怎麼辦呀？他是領導呀！

他看我不作聲，湊前緊緊把我摟住。我驚呆了。他在我臉上狂吻，雙眼噴發出貪婪的獸欲，接著開始解我的上衣，順手往裡摸。我掙扎，用盡全力掙脫，嘴裡不停地喊：「不行！不行！」我猛一下把他推開。他惱羞成怒，「這麼不識抬舉，換做別的女孩，會主動上門。」

我受到羞辱，但不敢頂撞，他是領導。我趕忙起身往外走，「把上衣扣好，頭髮捋順。」他叮囑，「不要對外人說，我相信你懂。」

我受了委屈，但無人可說，無處可訴。他是領導，是黨員，我即使說了，別人也不會相信我，弄不好，還會被倒打一耙，說我勾引了他。

換做現在，人們會說我傻，錯過了一個靠近領導往上爬的良機，命運的航道或許也會隨之改變，像現代的小蜜或二奶，過得那麼愜意，坐享清福。

而我，寧肯當個自食其力的傻子。

這次見到的柏林，像是個龐大的建築工地，到處是吊車、腳手架、廢墟、建築材料。世界各地的建築師蜂擁而至，有近6萬工人參與東柏林重建，為日後政府從波恩遷都，做個徹頭徹尾的整容。菩提樹遮蓋的林登大街已失去了我記憶中的寂靜，那些原本不是為停放私車設計的街道現在橫著、豎著擺滿了汽車，擁擠不堪。柏林牆拆除後，私車翻倍增加。不過，值得佩服的是，就是再擁擠，德國人也要堅持講秩序的習慣。所有的車輛，在窄小的空間，排得整整齊齊。

四

週末他們要帶我去韓倩從父輩繼承的「小別墅」，距柏林約 40
公里。沿途見到至少二十幾家車商，不少是二手車商。蔓菲說，當
前最賺錢的就是這一行。這條一號公路直通波蘭，盜車在波蘭是最
大的販賣團夥，很多交易通過柏林進行。

韓倩的夏屋前有花園後有小溪。夫婦倆喜歡在院子裡活動，和
泥土打交道，種花拔草。韓倩戴著寬簷兒草帽，靈巧地剪除殘枝、
清掃落葉，真不敢相信她是位出生在 1922 年的女性。一起幹完活，
我坐在大藤椅上，閉目養神，享受鄉間的新鮮空氣和花草的清香。
韓倩給我蓋上一個毛線毯子。「這是我姑媽留下的，是她為我姑父
織的，感受一下這份愛吧。」她輕輕對我說。

不一會兒，聽到蔓菲在喊我。「快過來，小張，」蔓菲喜歡這
個愛稱，「有個東西給你看。」他指向樹上掛的木製鳥屋。「仔細
看看。還認識嗎？」萬萬沒想到，那個鳥屋竟是用我從北京寄東西
的木盒做的，距現在已經 40 年了，還殘留部分筆跡。「已經有兩三
代鳥兒出生在這個小屋裡了。」韓倩笑說。還記得當年，我用墨筆
寫好地址，捧著盒子，站在郵政局櫃檯前，等候檢查通過的場景。
年華遠去，又睹舊物，我感動得說不出話。

晚飯去了一個家庭式飯館，我點了德國傳統名菜：白灼蹄膀加
酸菜和烤土豆。挺大的一份，我吃得一點兒不剩。蔓菲說，這裡的
菜像是他母親做的那樣好吃。

飯後燈下閒聊，我問韓倩，德國統一後，東德的百姓有什麼想
法？她說：「那些能找到好工作、做上好買賣的人喜歡新的體制，
但他們是少數。」最受影響的人是那些找不到像樣工作的年輕人，

還有那些需要提前退休但退休金不足的五十來歲的人群。通膨前所未有地高，房租猛漲。韓倩有一位退休的朋友，房租從 1963-1991年沒漲過一分錢，可現在每月房租占收入的三分之二。韓倩這位老德共黨員帶著戀舊的口氣講述這些變遷。

　　談到安全問題，韓倩說她的公寓大門有兩道鎖，開關門每次要轉四下。其中一道鎖有個堅固的門閂，夫婦倆必須同時上鎖。「像是打開銀行的大門似的，」韓倩說，「法律要求，開門需要兩人同時開，有一個見證人。」這不是笑話，德國人就是這麼認真，我親眼目睹。

五

　　返回柏林途中，我們在 Karlshorst 區停了一下。這個富人居住區建於 1895 年，每棟樓有各自的特點，散發著不同時期的傳統魅力。德意志民主共和國成立後，駐東德的蘇軍指揮部就駐紮在此地。1945 年德軍無條件投降就是在這裡向朱可夫元帥移交了權力。最後一批蘇軍是 1994 年離開這裡的。現在這裡建了一所德俄博物館。

　　Karlshorst 曾經是使館區，拐角那棟樓，是第一個中國大使館所在地，大使是姬鵬飛。我們經常到使館參加活動，逢年過節去飽嘗一頓中國美食。當時東柏林沒有中國餐館。輝煌一度的使館，現在是一棟無人照看的空樓，滿目皆是半倒塌的外牆和破損的窗戶，當年威嚴已無影無蹤。我們居住和工作的大樓，離使館只有數十步；現已淹沒在無數一摸一樣的樓群中，很難辨認。附近的電影院還在，當年是蘇聯士兵出入頻繁的地方，他們喜歡在影院門口挑逗年輕的德國少女；對中國女孩，他們也不放過，有一次還找上了門。

　　接著我們去了波茨坦（Potsdam）。50 年代首次來到波茨坦，

參觀了波茨坦會議所在地，瞭解這個對世界的未來有決定意義的會議。1945 年德國投降後，代表戰勝國的蘇聯首腦史達林、英國首相邱吉爾、美國總統杜魯門聚在波茨坦，討論如何管理戰後的德國、制定法案、維護和平。我站在那裡，聽著講解員的介紹，像是上了一堂真實的歷史課。

此次到波茨坦，是為了參觀桑蘇西宮（Sanssouci Palace），那裡是普魯士國王腓特烈大帝（Frederick the Great）出生、去世和埋葬的地方。他死於 1786 年，屍體最早安放在一所教堂裡，與其父相伴，後因各種政治原因轉移了數次——或許因為他是同性戀，或許因為他是希特勒的偶像。最終於 1991 年，遺體被運回桑蘇西宮，依照他的遺囑，在夜間安葬在他心愛的灰狗墓旁，人狗各豎一塊碑。腓特烈大帝對普魯士的貢獻最終得到了德國的公認和平反！

遺憾的是，此次沒有機會去斯普雷河畔（River Spree）的 Treptower 公園。園中央有一處蘇維埃戰爭紀念園地，豎立著一具 30 米高的紅軍雕塑，左手抱著個兒童，右手拿著把長刀，腳下踩著個破碎的納粹萬字旗。這是二戰後，為了紀念 1945 年攻克柏林時犧牲的八萬名紅軍而建；施工 4 年，於 1949 年對外開放。這裡埋葬了 7,000 名紅軍的骨灰，1994 年蘇軍撤離柏林前，列隊到這裡進行了告別儀式。

中國代表團到後，參觀的第一站就是這裡。我來過多次，拍了許多照片。我感到很幸運，能夠坐在這座象徵勝利與和平的雕像前，感受歷史的殘酷。

六

一週假期轉瞬即逝。最後一天，我們在家放鬆一下，為第二

天的行程做準備。第二天我要坐火車去奧地利。「火車上的東西很貴，你把這些帶上吧。」韓倩遞給我一小包東西，裡面有堅果、水果和一瓶水。「還有這個。」蔓菲遞過一小包肝腸。讓我想起母親每次為我上路做的準備，同樣細心溫存。我要把鞋子刷刷，韓倩忙搶過來，「讓我來吧。」我們倆似乎都意識到這可能是我們最後的見面。再見，韓倩！但何時會再見？

　　蔓菲 2005 年因腎衰竭去世。我不時給韓倩打電話問候，她的聽力在減退，明顯已經聽不大清楚，所以談話時間都不長。

　　一次，電話鈴響了很久，始終沒人接。後來再打，就打不通了，語音說此號碼已取消。她搬家了嗎？或者⋯⋯？我不敢往下想。

　　我，再一次失去了她。

新一代傳教士

一

　　一天在太原桃園路閒逛，見拐角有個小店，名叫「荒友」。這個名字不一般，我一下想到傑克・倫敦的《野性呼喚》（*The Call of the Wild*），彷彿孤獨地行於茫茫荒野雪地，不期然，竟遇到一位友人。

　　這是一家鑲框子的商店。門半掩著，裡面坐著一對年輕夫婦，丈夫在裁紙配色，妻子當助手。瞥見我在門前猶豫不決，他們主動招呼我進去看看。兩位是藝術家，丈夫姓任，學雕刻出身；妻子姓申，是同行。我流覽了一下牆上掛的東西，很快得出結論：「這對夫婦有品味。」我已經收藏了許多大小瓷器和各種刺繡，但苦於沒法兒把它們掛起來。這回有辦法了，可以把它們鑲在框子裡，掛在牆上。

　　我先拿了三個小青花碟子請他們試試，結果美得出乎所料。很快，我就成了他家的常客。我把所有可以鑲框的東西都拿過來——瓷的、木的、銅的、繡的，無所不有。起初，我自己挑選色卡和框子樣式。後來，乾脆全由他們選定，用他們的藝術眼光，搭配選色。起初我還問價，後來成批的東西交給他們，不再問價了。我信得過他們。我由顧客變成了朋友，時常過來和他們聊天。

　　框好的東西，全部掛在商店牆上，等我來取。以前人們沒想到

這些東西框起來，會這麼漂亮別致。新的藝術手段，招來了不少有品味、有格調的新顧客。許多人湧到古玩市場淘換東西，小任自己也買了些，框起掛在新買的房子裡。一時間，「荒友」的生意紅火了。

一天我注意到他們在框一些剪紙，內容不是傳統的「福祿壽喜」字樣或十二生肖，而是與宗教有關、來自聖經的故事，如：「耶穌誕生」、「浪子回頭」、「最後的晚餐」等。有意思的是，裡面的人物，除了耶穌的長相是猶太人，其餘的全是中國人臉，穿著中國服飾。「艱難的歷程」這一幅內容複雜，且帶有現代人的習性：摩西站在高坡上，下面五十多個追隨者，有抱孩子的、拄拐杖的、坐輪椅的。一張六寸見方的紅紙，竟然能剪出如此多的人物、如此複雜的場面，我讚歎不已！

小任說這些剪紙是一些外國傳教士送來的、是當地藝人為他們特製的，市面上買不到。框好的剪紙當作聖誕禮物，帶回國送朋友。

二

這個傳教士組織叫 Evergreen Service（永青服務中心），它的來歷可追溯到 20 年代。

1920 年一位叫彼得的挪威傳教士來到山西河曲縣，從事教育和醫療衛生事業，為當地人培訓人才、建立機構，很受百姓尊重。當地人給他起名「葉永青」，在山西做了 20 年的貢獻，不幸於 1939 年死於日本人的轟炸。

半個世紀過去了，河曲百姓譽葉永青為「人民烈士」。為了紀念葉永青逝世 50 週年，山西政府於 1989 年，邀請葉的家屬來到山西，參加為葉永青樹碑立傳的典禮。他家屬接受了邀請，共三代 15

口人來到山西。山西副省長參加了典禮，讚揚這家人的文化傳承精神。他們中的部分人留下來，建立了「山西永青服務中心」。

我是在傳教士學校長大的，那是在舊社會，傳教士活動頻繁不受限制。現在，新的傳教士組織出現了，在無神論的社會裡該如何操作呢？我很好奇。

我要去看看。正好那天在「荒友」遇到一位永青服務中心的美國工作人員，我隨同他一起去了河曲。我們坐上一輛「麵的」，在顛簸的路上，走了一個半小時到達了河曲縣郊區的一個小鎮。

街上人不多，很安靜。隨同人員說，星期天不少人去教堂做禮拜了。我參觀了一處醫務所，裡面有幾位年輕婦女在學英語，是永青中心舉辦的英語培訓班。

接著，我們去來自美國的一個家庭用午餐。女主人是位不會說普通話的華裔護士，有三個孩子。我不想空手去，但隨同人員提醒，不要帶高檔物品，因為他們生活很簡樸。我不願留下不良影響，只買了幾個小麵包和幾個蘋果。那頓飯簡單到只有麵包和湯。飯前大家低頭祈禱，感謝主賜予我們恩典。隨同的一位中國老先生，表現得極為虔誠。不大的套房裡，除生活必需品，沒有多餘的東西，暖氣開到最低限。

女主人給我的感覺不十分熱情，似乎對我這位來歷不明的陌生人有些戒備。原計畫和她聊聊初次到中國的感想，沒能如願。

做禮拜時間已過，我沒有機會去聽佈道。永青中心的其他工作在籌建中，我只好打道回府。

回家路上，我在思考一個問題：是什麼促使中國官員對外國傳教士改變了態度？以前，傳教士被視為用「精神灌輸」和「奴化教育」腐蝕中國人思想的侵略者幫凶。我本人因受了傳教士教育，扛了幾十年受「奴化教育」薰染這塊壓得透不過氣的招牌；我就讀的

教會學校的修女，文革時被污衊是間諜，全部遣往香港，一棟好當當的、帶有特色的歷史遺產建築，被徹底推平了，沒有人心疼。

答案，我在一篇外國報導中找到了。一位外國開發專家尼古拉斯，在題為〈傳教士湧向中國〉的文章中，寫道：

「這個變化的後面是經濟。那些資金短缺的省份，對北京制定的規則不會一絲不苟照搬。當改革者撕破了社會主義安全網，地方領導必須為一些基本服務事業，如教育和醫療衛生，尋找新的資金來源。」

文章結尾說：「地方當權者，很少會把官僚絆腳石擺在基督徒前面，因為後者會帶來成袋的金錢。」我想這指的是宗教系統在國外的募捐和籌資。

1979 年中美建交後，卡特總統向鄧小平提出在中國恢復教堂活動並印製聖經，得到了鄧小平的同意。

據估計，現在中國大約有一萬個外國基督教工作人員，多一半是美國人。自 70 年代末以來，大約有 5,000 萬中國百姓接受洗禮。

永青服務中心在山西扎了根，繼承和發展了葉永青的初衷。

山西精緻的剪紙手工藝，逐漸受到社會的偏愛和推廣，甚至在國際市場上，也占據了一席之地。

繡藝，平凡之美

一

「我和館長提到過你的刺繡收藏，過幾天紡織博物館會有人和你聯繫。」我的前老闆傑克先生打來電話。

幾天後，接到一位陌生女士的電話，聲音清脆，笑語盈盈。她叫蘇珊，魁北克服裝及紡織博物館館長，她對我的收藏十分感興趣。我們約定下週見面。

「叮噹！」門鈴響了。

打開門，一位與眾不同、笑容可掬的女士站在門前，身著一襲亮眼的鮮紅上衣，嘴上塗著與紅上衣匹配的鮮豔口紅。上衣質地看似是羊絨的，衣領上別著一個造型有趣的胸針：一個小人兒，耷拉著兩隻搖晃的腿。我第一反應是：這是一位對異國風情和原創藝術有獨到眼光的人。

我們坐在陽光房，抿著綠茶，像老相識一樣聊家常。蘇珊語速超快，手舞足蹈，熱情洋溢。聽說我有意捐送多年的收藏，她按捺不住激動的心情。「你怎麼想到要捐送這些東西呢？對我來說，這是博物館的夢，是『獵寶』成真的夢。」

我在太原花了5年時間收集到不少東西，除了刺繡，還有瓷器、木器、銀飾等，為此付出了相當的精力、財力和情感。回蒙城後，曾想開個小店，充實退休後的生活。但苦於既沒經驗又缺乏資

金，無從下手，很快放棄了這個念頭。另一想法是在自家搞個小展覽，邊展邊賣。不過這樣會引來許多陌生人，不安全，也覺不妥。

一天站在陽臺，望著籬笆對面的兒童踢球、捉迷藏，腦子裡閃現出另一個想法：為何不把這些珍品留給後代。放在博物館公開展示，既宣揚了中國傳統文化，又維護了藏品的完整性。

決心，就這麼下了。

我帶蘇珊到地下室，那裡堆滿了大大小小的箱盒，有些還綁著紅色、綠色的塑膠繩，沒開包。「這簡直是座寶庫！」蘇珊驚訝地說，「你一共有多少件？」

「很多，但具體多少，我自己也沒數。」

我們需要先盤點，然後做清單。蘇珊派了兩位助手V&D和我一起著手清點。那些看似單調耗時的拍照、登記工作，對她們二位如同一場「神祕」的探索遊戲。兩位女士提了許多問題，有些拿不準的，得查看書籍，尋找答案。北京的外甥幫我買了許多參考書寄過來。

V&D 把一件件繡品小心翼翼地從盒子中拿出來，攤放在地毯上，用專業相機確定角度和光線後，再開拍。她們時而跪著，時而蹲著，時而坐地板上。那些曾經佈滿塵土、被油乎乎手指搬弄過無數次的繡品，現在由戴著手套的小姐們精心擺弄，身價大不相同。她們把壓扁的邊邊角角一點點捋平，那股認真勁兒猶如兒童做手工。

敬佩地看看她們忙碌的身影，我放心了，心愛的東西交到了可靠之人的手中。

V&D 花了幾週時間盤點完畢，整理出一份詳細清單，大大小小一共近 900 件清末民初的繡品，大到成件的繡袍，小到針線包，所有日常用品無不是手工刺繡，連蒼蠅拍也是繡的，全是當地老百姓穿的、用的。我試圖從繡法、繡工以及繡品的整潔程度，揣測這些

繡品背後的故事。

我常常在陽光晴好之時，展開繡品，波狀之雲紋、翱翔之鳳鳥、奔馳之神獸……

望著眼前這些收藏多年的精緻繡品，彷佛能想像正值妙齡的繡女梳著長辮，纖細手指輕輕拉動絲線，不時提到嘴邊咬斷線頭。她們的手指撫過柔軟光滑的絲面，一針一線，將她們過往的歲月織進那些細密的針腳，將她們對即將到來的婚姻的憧憬織進那些花花鳥鳥。

繡品的彩線是用天然色素製作的，百年後依然保持著原有的鮮豔和質地。

「嚴格地說，這些東西應該用無酸紙包，放在無酸紙箱內。」V女士一邊說，一邊把登記好的藏品一件件放回鋪著舊報紙的原包裝箱。我原以為自己夠細心，把每件裹好，整整齊齊擺在箱裡。可她們讓我明白，原來保管標準有如此大的差距，對物品的尊重程度也大為不同。

幾年的收藏和整理，這些物品已成為我生活的一部分。多少次，我曾經連續數小時欣賞那些靈動的鴛鴦、花蝶，探尋每一個熟悉或不熟悉的記號，揣摩不同繡法的每一朵花、每一根草。我會被點點滴滴的新發現帶入無限的想像。和那些繡女一樣，我的手指也曾一遍遍撫過它們。它們和我像孩子一樣心連心。

要和它們分手了！難呀！

幾天後，蘇珊來取貨，一箱箱往車上搬。「你不會捨不得吧？」蘇珊抱著最後一箱，扭頭問我。我搖了搖頭，心裡卻在暗暗點頭。蘇珊把最後一箱裝上車，我望著車慢慢駛去，到了拐角，車頭在轉彎，眼看車尾漸漸消失，我擺了擺手。沒人看見，但我相信那些物件有靈性，人與物有些時候感情是共通的，現在是「物走情留」。

二

　　博物館坐落在蒙城南岸一棟建於 1750 年的石製房子裡，是南岸早期建築之一，歸 Marsil 家族所有。1935 年地方政府購買了這棟房子，一度是當地郵局，1979 年改為博物館，取名 Marsil 博物館。博物館成立後的 26 年中舉辦過 145 次展覽。2006 年改名為目前的博物館，在魁北克專門從事服裝、紡織和纖維的博物館，獨此一家。

　　博物館雖小，但曾展覽過來自世界各地的紡織品，包括來自少數民族的稀有紡織品。

　　像我這樣一次性捐送如此眾多的古老刺繡，這還是首次。博物館人員做了出色的準備工作，進行了大量的調研、篩選、講解說明和設計，並開闢了展館旁側一件小屋，以便展出更多產品、接待更多參觀者。

　　場內的主調是紅色。入場迎面懸掛著母親年輕時繡的一條鯉魚，在水中與海草嬉戲，魚尾擺動，緩緩泛起漣漪。今日，這條魚顯得格外有生氣。母親的靈氣彷彿在伴隨著我。

　　這是母親 18 歲時的傑作，她留下的唯一遺物，幾十年以來一直跟隨著我，掛在床頭。年久，絲質底板略發黃，原本不是鮮豔的彩線也稍有褪色。可是每當望著它，我似乎感到魚在游動，魚頭在水中捕捉漂過的海草。

　　文革那年，它險些被抄家的紅衛兵扔到院中燒書的火堆裡。幸虧母親靈機一動，把它和舊報紙揉在一起，扔進了垃圾堆，才免遭一劫。

　　母親有藝術才華，能畫會繡，可惜在那個封建年代沒有得到培養發揮的機會。她堅持圖案要原創，不得重複他人的作品。為了繡

好這條魚，母親長久坐在魚池旁，望著魚兒來回游動，手持海草挑逗牠們，捕捉水中反射出的自然光。

展覽於 2007 年 6 月 29 日開幕，原定為期兩個月，後又延長一個月。展覽取名 Beyond the Ordinary（Splendeur du quotidian），英法文均有「平凡之美」的意思，我配的中文名字是「繡藝」。

在那喜慶的開幕式上，我穿了件銀色織錦緞旗袍。館長蘇珊穿了件石榴紅旗袍，被誤認為是我的女兒。風趣的蘇珊乾脆告訴別人，我女兒燕是她的學生姐妹。

我邀請的客人都到了，有些很久沒見面了。除了蒙城的朋友，有些從遠道，甚至從美國趕過來。最讓我感動的是Muriel，一位98歲的好友，由她女兒，一位哈佛教授，推著輪椅進場。我含淚相迎，緊緊握著她的手。

蘇珊在開幕詞中說，這份中國古老紡織品的捐贈，對魁北克很有意義，是紡織博物館重要的里程碑。結尾時，她用了一個非常暖心的詞，其實是她的獨創，暱稱我為 Québécoise pure soie（純絲魁北克女人）。魁省人常稱自己是 Québécois pure laine（純毛魁北克人），蘇珊巧妙地把它修改了。

對這份發自內心的認可，我十分感動。

我的發言是對母親的敬意和感恩，感謝她給予我的一切，給予我心中最美好的東西。從她身上我繼承了對刺繡的愛好。母親自己喜歡穿繡花衣服，孩子們打小也穿繡花衣，即使在人們不敢穿紅戴綠的年代，她也會在我白襯衫領角繡上朵小紅花，點綴一下清一色的單調。對母親而言，刺繡體現了中國古典文化的高雅。

咫尺之間，匠心獨運。古代中國女子手中的書繡扇套、裙襦服裝，或巾帕荷包、繡枕桌圍，針針線線俱凝情思，是母親將這份中國民間獨具特色的生活美學傳遞給我，現在，我又將其傳遞在更廣

闊的一個世界。

　　我的結束語是：「此次展覽展示的不僅是藝術，也是如泉水般湧現的愛心。」

收藏情趣（上）

一

　　1997 年我陪同公司一組工程師到山西太原，參加當時國內最大的引水工程——山西萬家寨引黃工程的諮詢工作，一待就是 5 年。

　　作為全國產煤大省，山西煤炭生產占全國約三分之一。太原有三百多萬人口，算不上大城市，但污染很嚴重。穿著白襯衫上街走一趟，回來脫下一瞅領邊袖口一圈兒黑，鞋上的塵土就更不用提了。

　　那年，太原還不像如今這麼發達，沒有遍地的高樓大廈，我們曾經下榻的山西大酒店是當年的頂級賓館。許多街道高低不平，人行道坑坑窪窪。當地年輕婦女穿著高跟鞋在坑窪地面上照樣走得穩穩當當，不用減速。可我不行，走路很小心，得找平坦地方下腳；即使這樣，鞋跟卡水泥縫裡，也是常有的事。

　　我們全隊人馬被安排住在新建的育翠園社區。這棟六層樓房沒有電梯，依據建房規定，只有 6 層以上，才允許安裝電梯。搬進不久，後面一棟樓正熱熱鬧鬧地舉行婚禮，新郎抱著新娘，一氣走上六樓新房，喘得上不來氣。我心痛那位瘦弱的小夥子，何苦非要走這個「抱新娘跨門檻」的形式！

　　我在二樓選了一套房，朝陽，有三間臥室、一間大客廳，和一個與陽臺相接的廚房。洗手間對住戶不重要，特別小，而且很暗，

這和西方剛好相反，西方人的盥洗室首要原則是寬敞明亮。

　　到新環境過日子，有諸多事要準備、適應，對我這個土生土長的中國人，自然容易多了，但對組裡的西人就另當別論，許多事要我幫忙。除了當翻譯和嚮導，我還得給他們出主意，避免惹麻煩、鬧笑話。

　　工作之餘，業主會安排些外地參觀活動。山西的寺廟、古城、大院、山村等古蹟遍佈全省，好幾處被聯合國定為世界保護遺產，如平遙古城、五臺山廟宇、幾處大院等。

　　我以前沒來過山西，對山西人不瞭解，對當地方言不習慣。一有機會我就自己溜出去，單獨活動，熟悉一下真實的生活環境。

　　那是個陽光明媚的週日，我走進文廟——太原的孔廟，院裡除了幾株百年老樹，一片空蕩蕩，如多數山西廟宇一樣年久失修。

　　進門時，投些錢，換來三炷香。我點上香，琢磨該給哪尊佛敬香。此時，見一位僧人手捧木魚在佛前閉目靜坐。攢著香，我先鞠躬後下跪，對著他身後的佛磕頭，每磕一次，他敲打一下木魚，不超過3次。我對佛教的禮儀一竅不通。拜完後，我問僧人為什麼要敲木魚。他半睞著眼，指向身邊那尊佛：「這是在提醒佛主你來了，每磕一個頭報一下名。」天哪，我忘了告訴佛主我是誰，這個頭不是白磕了嗎！

　　滑稽的是，一位朋友犯了同樣錯誤，忘了報名。可他比我腦筋轉得快，出廟後又連忙跑回去補報了一下。

二

　　文廟外面有許多攤販賣紀念品和仿古商品，我流覽了一遍，沒買什麼，擔心被人「敲竹槓」。多看幾遍後，還是禁不起誘惑，買

了個銅水牛背上坐著個牧童指向遠方。這不正是唐代詩人杜牧〈清明〉詩中描述的牧童嘛！

清明時節雨紛紛，路上行人欲斷魂，
借問酒家何處有，牧童遙指杏花村。

山西的杏花村汾酒在全國享有盛名。

我捧著這個銅牛叫了輛「麵的」。當地人把這類計程車叫「麵的」，車身小，外殼是黃的，像個小麵包；它們比正規計程車便宜，起步 6 塊人民幣，走 8 公里後再加價。座位抬起可以多坐人，就算坐在人腿上也不違規。不用擔心繫安全帶這檔事兒，因為根本沒有安全帶。

山西司機很和藹，我樂意坐在司機旁那個軟座兒上，便於和司機嘮嗑。

「您是從北京來的吧？」司機問，帶著很濃的山西口音。

「能看得出嗎？」

「從您的口音和裝束。」

他看了看我懷中的銅雕。「看來您喜歡這些玩意兒。您知不知道？太原有個古玩市場，在南宮，週末有不少古玩商在那兒擺攤兒。」

這條信息馬上引起了我的興趣，趕緊請他拉我過去認路。南宮在文化宮後側，看來宮外的文化氣息比宮內豐富多了！在南宮，週末有不少攤販在那兒擺攤兒，雜七雜八的什麼都有，懂行的人不時能淘換到點兒真東西。

第二週我去南宮探路瞭解行情。這個市場可真不小，人山人海，地攤一個挨一個，擠擠挨挨見縫插針。遊逛的人有當地的，

有來自北京、天津的，也有南方的，都是來「淘寶」的。據說北京「潘家園」古玩市場已經「淘換」得差不多了，「贗品」多於真品。

這些商販來自農村或小鎮，天沒亮就蹬著自行車、拉個木板車、開個「蹦蹦車」趕過來，把東西放在搶地盤用的毯子上，那些佈滿灰塵、看上去髒兮兮、包羅萬象的物件中，還真有點兒好玩意兒。不過，要耐心看，細心找。真正懂行的買主，早早就候在那兒，先下手為強。

對我這個不懂行的人，樣樣都新鮮好奇。我不知道這些東西有多老、多值錢，但我記住一條：一定要砍價，至少砍一半。

市場另一端一排小平房是正規的、有牌照的古玩店。攤販帶來的好東西自然逃不過這些古玩商的眼睛，他們低價買進，高價賣出。和他們砍價，可要費一番口舌。

熟悉了市場及周圍環境後，我漸漸成了常客，週末南宮一遊如例行公事，一次不落。開始買些小東西，悟出點兒名堂後，愈買愈多，種類也隨之增加。

三

一日，天兒很悶熱，小平房的店鋪都敞著門。走近一家店鋪，半扇門上倚著個櫃門大的木雕，像是紅木，上面雕著一個頑童躲在竹林、假石後，窺視幾位老人下棋，雕刻得活靈活現很有情趣。

我即刻被吸引住了。店主見我有意要買，忙笑臉相迎。「多少錢？」我前後打量一下雕板，擺出副懂行的樣子。他看了看我，猶豫片刻——「1,200，這是好東西，不常見。」

我提了些問題，憑他的判斷能力，很容易看出我是個「生

手」。「如果您真想買，我可以少要 100。」我計算了一下，按當時的匯率，折合 220 加幣。

「太貴了。」

「這麼著吧，來個整數，1,000 塊怎麼樣？不能再低了。」他胸有成竹地說。

「我考慮考慮吧。」第一次買古董，心裡沒譜兒。

店主自我介紹，姓趙。

回家後，心裡總惦記這塊雕板。第二天又返回小店。

「您回來了！」老趙喜笑顏開，「這是做生意的好兆頭！」我說只願意出八百元。老趙有副好眼光，對人對物，都「識貨」，「走眼」的時候少。「跟您說實話，賣這個數，我可是一分錢沒賺。就算交個朋友吧。」

第一筆買賣成交了。

這東西確實是個稀罕物，古玩市場再沒出現第二塊。幾年後，老趙願意出雙倍的錢把它買回。我當然不會鬆手。

老趙對我的來路充滿好奇。「聽您的口音，像是北京人。您到太原做什麼？旅遊？」我說是北京人，來太原工作，是暫時的。我不能說是從加拿大來的，怕他會翻倍要價兒。

當時，許多人認為，從國外回來的人有錢。也許那會兒是這樣，兜裡比當地人多點兒鈔票；可現在不同了，倒過來啦！國內的有錢人可不是一般的有錢。相比之下，我倒覺得像個「窮人」，思想也跟不上趟兒，打車、買東西不懂支付，很「落後」。

我的真實身分沒瞞太久。我買了一面帶木架子的座地鏡子，核桃木的老式鏡子，沉甸甸的，請他送到我的住處。一看地址上的社區名字，他就能猜到我的來歷，我只好說實話。一聽到我來自加拿大，他謹慎地把店門拉上。「別告訴其他店鋪您是從加拿大來的，

他們會敲您竹槓。我這個人實在，您可以相信我。」就這樣，他算籠絡了我這位外籍中國顧客的心！

四

老趙五十來歲，健壯，略胖，禿頂，精通本行。我成了他的常客，即使在別處買的東西，我也會拿給他看，甄別一下，以免受騙。只要他說：「假的，假的，退回去！」我立馬照辦。

日久天長，我學了不少東西。老趙教給我從形狀、圖案、花色，甚至觸摸感和敲打聲，辨別真假。他說我的「悟性」高，不知是恭維還是討好？

他的店總是賓客滿堂，有些人拿東西請他評估，有些人來看熱鬧，有些人來聽吹牛；總之，各有所圖。於我，這是最好的課堂。當然，我也當過「冤大頭」，就算是付「學費」吧。

老趙曾在國營兵工廠工作多年，後提前退休。退休前幾年，工廠效益很差，沒錢更新設備、維修廠房，各地工廠瀕臨倒閉。老趙腦筋轉得很快，他認為與其空手被解雇，不如拿點兒退休金，在法定退休年齡 60 歲之前，先溜之大吉。他說：「這是我一生做的最明智的決定。」

多年後，成千上萬的國營企業員工被迫「下崗」，只拿到勉強糊口的收入。此時，老趙已是位進入「行當」的古玩商了。

隨著收藏興趣的提升，好奇心也加大了。我請老趙帶我到基層，看看他怎麼收購東西。老趙說去一趟沒問題，只是路途顛簸。我不在意這些。他選了一個離太原一小時車程的小鎮。

我們乘坐一輛個體運輸公司的中巴。為了最大限度獲利，雖然乘車人數已飽和，老遠還能聽見檢票員高喊：「兩元一位，就兩

元，有空調、電視，直達不兜圈。」車子很舊。使用年頭明顯超過了期限，車座有破損，車窗缺玻璃。抽煙的人很多，一根接一根，熏得像坐在煙囪裡。餓了，人們掏出泡沫飯盒，呼嚕呼嚕地吃麵條。過一會兒，大夥兒都歪著頭睡著了。老趙提醒我把背包放在胸前，以防小偷。有一回他睡著了，丟了一件剛收來的東西，還挺值錢。

一小時過去，我們到達了小鎮。根據老趙事先的安排，我們走進一棟樓房，爬上五樓。裡面住著一對年輕夫婦，沒正式工作，靠買賣古玩補貼家用。當地人認為，買賣古玩是「一本萬利」的行當。我看上個彩碟，但價錢談不下來，只好甘休。老趙提醒我，看上件好東西，臉上不要露聲色，否則砍不下價來。可我一見喜歡的東西，就愛不釋手。難怪小女說我若是做生意非賠本不行。

下一站是我們真正的目標。我們穿過小巷，路過成排的平房，牆上刻著典型的山西石雕，最後到了一棟高牆小院，門緊緊地鎖著。老趙用力敲打銅門環，聽到裡面狗叫聲挺厲害，像是不止一條。

「他家有狗？」我有點兒擔心。

「是的。這老頭兒原先是地主，現在是個孤老頭。有不少好東西，我看上了幾件。幾隻狗是他的『報警』系統。」

大門有兩道栓，來開門的是位七十多歲的老先生，穿一身黑。兩條大狗，像是德國牧羊犬和另一種狗的混種，被鐵鍊拴在一棵老樹幹上，樹根被尿酸燒得變色了，老遠就能嗅到尿騷味。

老趙說明來意，老先生把我們領到後院，院內有兩間年久失修、看似倉庫的小房。打開門一看，我驚呆了。裡面有一張老式紅木床，四角有4根架帳篷的柱子，從上到下，裡裡外外滿是雕刻。完美無瑕！從繁多的雕刻判斷，是清末的作品。

「說不定這是他一個姨太太用的床吧。」老趙悄悄對我說。誰睡過無所謂，完整保留下來就是「命長」。不過，我納悶，它是怎麼逃過文革劫難的呢？或許這兩間不起眼的小破房「救」了它。

我開口詢價。兩人相互看了看，像是在暗示什麼。老趙扶著老先生的肩膀，兩人到外面去了。不一會回來了。「5萬。」他斬釘截鐵地說。折合加幣1萬，太貴了。要是買了運回家，往哪兒放呀？難道我會睡在這硬繃繃的床上，過一回當慈禧太后的癮嗎！算了吧，小小不然地玩玩可以，大筆投資就免了吧！

老趙當然不願放棄，如果成交，他可以拿到一筆額度不小的回扣。「這貨很搶手，如果您現在不拿主意，過幾個月，價錢會翻番兒的！」說真格的，我倒是心癢了一下。

後來聽說，這張床被一個暴發戶買去了，什麼價錢不得知。

我從老趙那裡買了不少青花瓷，母親的最愛。小時候，家裡用的餐具全是配套的青花碗碟，我計畫買上一些不同圖案、不同形狀的青花瓷器，展示在家裡，算是保留對故土、對母親的一份思念吧！

五

2002年，我離開太原調回蒙特利爾，與老趙的聯繫沒有斷，保持著電話聯繫。他答應有好東西給我留著，待我有機會回國時去看看。走之前我看中了兩樣東西，但價錢談不下來。我捨不得放棄的是一個帶鏈圈的鎏金鎖子，形狀是蝴蝶。

兩年後，我回國探親，為這個鎖子專門跑了趟太原。老趙的店已從南宮搬到了文廟對面，離他家稍近些。他說古玩市場遠不如當年了，好東西、真東西愈來愈少，「求」過於「供」。見我對鎖子

的興趣不減當年，他把價格又漲了一節。我咬了咬牙把它買下，知道再也見不到第二個了。

整理藏品時，常會遇到一些年代問題，需要請教行家。我聯繫老趙的時間，一般是晚間打到他店裡。他在家吃飯，晚上到店裡守夜，以防偷盜。

一次，電話響了很長時間沒人接，我以為他臨時有事出去了。第二天再打一次，依舊沒人接，我覺得有點兒異常，便打到他家。

他妻子接了電話，細聲說：「出事了，張老師。老趙走了。」「走了？怎麼講？」我不敢相信。「夜裡有人持刀闖進店，把老趙殺了。公安正在調查，還沒有破案。」我不便多問，安慰幾句就掛了。

我不敢相信會發生這樣的事，而且是我認識的人。我知道老趙把值錢的東西都鎖在家裡，店裡只放些應付門面的小件。據說這種謀殺案，往往是因為賣主「以假冒真」騙了人家巨額款項。

記得老趙曾說過從不賣假貨，這回會不會因貪圖暴利，出賣了良心，坑害了他人，最終搭上了一命？！

收藏情趣（下）

一

　　育翠園社區外面有個自由市場，賣什麼的都有：剛摘的瓜果蔬菜、新宰的豬牛肉、游水的活魚、剛出鍋的饅頭烙餅。好久沒見到這麼熱鬧的市場，更不用說吃到現宰的雞、鴨、魚，一天二頓花不了幾個錢。這樣的飲食服務，在西方已是罕見。

　　我喜歡買活魚、活雞，到盆裡摸一條魚、籠裡挑一隻雞是一種樂趣。魚販子知道我只吃鯽魚，他會撈出一條在我面前晃動——「您瞧瞧，這條多重！肚子鼓鼓的，是母的。」他先稱一下分量，然後開膛，掏出該扔掉的部分，切下該去掉的部分，再把魚子塞回肚裡。

　　我對魚子不那麼感興趣，不完全因為膽固醇高。小時候，母親不讓我們吃魚子，她說：「小孩不能吃魚子，吃了就不會數數了。」吃沒吃魚子好像對我沒多大影響，我的數學一向不好。

　　活雞挑好後，雞販子很利索地給牠脖子上來一刀，然後放在開水裡退毛、開膛、洗淨，全在同一盆水裡，上面浮著一層雞毛。之後，再把收拾好的肝、心、胗塞回肚裡。他倒提溜著光禿禿的雞，問道：「要不要雞血？」雞血已經放在一個有鹽的碗裡，讓它凝固。「做酸辣湯最好，是真正的紅白豆腐。」凡是帶血的東西，我全不感興趣。我不時會買隻烏雞，據說最補身子，還有「春藥」的

作用。

每天吃這些鮮活產品，沒多久，腰圍就顯出「效果」了。

水果攤最受歡迎的是老李，他總是笑眯眯地、主動給顧客選最大最好的瓜果，分量上不做手腳。買個鳳梨，還管削皮。他的攤子最整潔，菜板乾乾淨淨，菜刀亮鋥鋥，手巾白白的。在灰塵滿天飛的太原，保持這份整潔，很不容易。我買完東西，他總會給我塞一把鮮棗或一嘟嚕葡萄，說：「咱是自己人。」同胞還是有點兒「特權」！

二

不久，我發現老李和我有個共同樂趣──古董。他女兒在南宮也擺個小攤，賣的東西都是些小件，價位不高。老李喜歡收藏古書，線裝古書，但他不賣。

我想到老李家看看他的收藏。一天午飯後，趁大夥兒在睡午覺，攤販也鬆口氣，靠一邊兒打盹兒。老李暫時收攤，提議帶我去他家走一趟。我若是自己去，肯定找不到，因為那裡既沒有街名也沒有門牌號。

在城市一座座高大樓房背後，隱藏著一片矮小的磚房和土坏房，老李的家就在那裡。「注意腳下。」老李不斷提醒我。我們走過一堆堆垃圾和一灘灘污水，那裡沒人收垃圾，沒有下水道，也沒有自來水。這一切，不免讓我想到 40 年前，到農村接受再教育，和老百姓住同院、睡同炕的情景。沒想到，城裡現在居然還存在這樣的居住環境。

他的家就是一間屋，靠門的地方有一個小煤球爐，用來做飯和取暖。屋子另一端有一個火炕，炕上立著一個老衣櫃，用一把老式

銅鎖鎖著。「我給您看幾樣東西。」老李從炕席底下找出開銅鎖的長條鑰匙，「我一般不往家帶人，我信不著他們。我現在急需錢，給女兒付學費。」

老李有 5 個孩子，兩兒三女。二女兒在外省上大學，是家裡唯一受高等教育的孩子，費用很高。免費上大學已是歷史。

老李拿出幾塊精緻的玉雕和幾件瓷器。屋裡光線不好，看不清細節。老李忙召喚正在炒菜的小女兒換個燈泡，把 40 瓦的燈泡換成 60 瓦。為了省電，平時不用大燈泡。

我發現一個瓷瓶上帶著一塊不大的紅漆。老李說文革時，為了免受紅衛兵的打砸搶，人們把一些古瓷器塗上厚厚一層紅漆，看似不值錢的爛東西，藉此躲過一劫。那個年代，紅的東西都能沾上點兒「革命」的邊兒，什麼紅寶書、紅衛兵、紅色造反團、紅五類、紅色接班人等等。

瓶上遺留的這點「紅跡」就是那個特殊年代的見證。

老李不隨便賣東西，他說要給孩子們留些值錢的東西，作為遺產。這是明智的，古玩無定價，放的年代愈久愈值錢。

我看上一對青花方瓶，市面上多見圓瓶，很少見方的。他要價 1,500 人民幣（折合 300 加幣），比古玩市場高出很多。按理說，我應該討價還價，砍它一半。但我沒有。倒不是我想當冤大頭，而是考慮到這錢是為了交孩子的學費，我沒砍價，算是出個「份子」吧。恐怕這是第一次遇到不砍價的主顧，老李有點兒意外，但他心裡明白，領情了。

臨走前，我見到桌後露出個玻璃框子，被一層厚厚的塵土遮著，看不清畫面。老李叫小女擦擦乾淨，露出一位小腳淑女，斜倚在炕上，很像我以前在老北京舊書店見過的 20 年代廣告畫。這是一幅反畫上去的玻璃畫，玻璃碎了，畫就報銷了。聽說天津產的玻璃畫最

好。這幅畫角上有點破損，但我還是買下了。這回，老李沒要多少錢，算是對上筆交易的補償。

誰會料到，多年後，大洋彼岸，這幅玻璃畫掛在我舉辦刺繡展覽的博物館內。

我捧著剛買的古董，心滿意足地走出老李的窄巷子。這裡，一個不起眼的小屋，大銅鎖的背後，隱藏了無數不被人知的寶物，全部沒上保險。

我說心滿意足，不全是因為我買到了喜歡的東西，而是我幫老李解了燃眉之急。我們，成了朋友。

桑榆非晚

自由蕩漾的松鼠

　　起床靠鬧鐘，早飯狼吞虎嚥，趕車不停腳。終於，這一切都一去不復返了。什麼會議、計畫、限期呀，統統變得毫無意義。

　　我退休了。

　　兩個月前結束了在山西太原長達 5 年的出差任務，移回蒙城，面對的是一場「反向文化衝擊」：逛慣了社區門外品種繁多的自由市場，買慣了清晨採摘的瓜果、當日屠宰的禽獸、新出籠的饅頭，剛烙好的燒餅；聽慣了攤販的吆喝聲、拉主顧的逗樂嗑兒、慶婚或開業的鞭炮聲；看慣了社區院裡晨練的、打太極拳的、跳廣場舞的。現在回來了。太靜了，太寂寞了。

　　一早起床，懶洋洋地站在窗前，手捧熱茶，身上裹著一件絲絨長袍，望著枝頭來回蕩漾的松鼠，感到猶如困在籠中。

　　蒙城的早春依然寒風颼颼，路邊積雪被踏得變了色。一位老人在遛狗，一條看上去和他年齡不相上下的黃狗。他們不趕路，從容地走在人行道上，人狗同步。老黃狗停下來，嗅一嗅樹根，提腿排尿。往前走幾步，找了塊熟悉的地方，蹲下排便。主人習慣性地用塑膠袋撿起糞便，拍拍狗的腦袋，以示「good boy」。狗搖搖尾巴，昂首走在主人身旁，無憂無慮地繼續溜達。這無言的交流和相互的依賴，告訴我一條真理：快樂來自平凡樸實的生活。

　　客廳牆上掛著兩個不同的我：左邊一張是 50 年代初在柏林拍的黑白照，一副帶稚氣的微笑；右邊是新世紀初在太原，一位畫家給我畫的肖像，穩重從容。兩者相隔整整半個世紀，代表了我職業生

涯的全過程。

現在我退休了，像是懸在半空，上不著天，下不著地。

多年前，有人對我說：「生活就像爬山，爬累了，在身後放塊磚，坐下歇歇，再繼續爬。絕不能讓自己往下滑，因為一旦出溜下去，就有可能再也爬不上來了。」想到這個警示，我要去找這塊磚、生活需要重新安排。想了想，一生最缺的是什麼？學習，補課，補上我年輕時丟失的學時和課程。

我查看小報，找宣傳手冊，讀廣告，終於找到了。參加新移民法語培訓班，享受一次魁北克政府出錢培訓移民的待遇，和來自五湖四海、年齡參差不齊的移民同堂就讀。

班上有一位八十幾歲的老先生，說話帶著濃厚的希臘口音。他習慣穿著筆挺的西裝、鋥亮的皮鞋，配上花色鮮豔的領帶，像是昔日的創業老闆。每天都提前幾分鐘到，比我準時，儘管我住的比他近多了。他吃力地矯正發音，但效果不大。語法是更大的挑戰，一張嘴錯誤百出。可是他不在意，也不氣餒，跟著老師一遍遍重複。對錯誤一笑了之。「你們別笑我，我不害羞。錯了怕什麼？要是都說對了，不是就不用學了嗎？」

回家的路上，我時常見他戴著草帽等公車，手裡提著個舊式公事包。烈日當頭，不解領帶，不脫上衣，保持紳士姿態。這位開朗大度、堅持獨立自理的紳士，如同一面鏡子。我要和他一樣：學會自嘲，對失意和逆境，付之一笑。

以前忙於工作，很少注意社區的活動，更談不到參與。現在有空了，到處轉轉，有不少新發現。一天走進社區中心的 50+ 俱樂部，裡面傳出音樂聲。我順著音樂走到地下室，見到一群婦女在跳舞。後來才知道這種舞叫排舞（line dancing），不需要舞伴，在魁北克非常流行。我喜歡跳舞，遺憾的是，一生沒遇到位好舞伴。張

望了一下，幾乎全是滿頭銀髮的婦女。我的第一反應是「我不屬於這兒」。殊不知，如果不染髮，我和她們一樣，滿頭銀白。我在迴避進入「老人」行列這個現實。

我走向前方領隊的教練，問了聲可否參加。「當然可以。」她露出一副招人喜歡的微笑。旁邊一位看來是管事的人，忙插嘴：「不過，你得先成為這個俱樂部的成員，要付會費。」接著指向地面的水跡，說：「還有，以後不要穿著靴子進來。」我道了聲歉，退出了。我找了一家專賣店買了雙舞鞋，真皮的，又軟又輕，加入了她們的行列。

退休後在花銷上有所控制，逐漸恢復了以前養成的節約習慣。說實在的，我們真正需要的並不多。我的安全感和價值觀也隨之調整了。

退休是生活中另一個階段，一個需要平衡和善待的階段，無須向自己或他人證明什麼。我可以自由自在地，像松鼠那樣，在枝頭來回蕩漾。

退休，只是個概念。

頭髮，可以不染了。

老了，重新定位

一

50 歲那年，我做了一生最重要、最大膽的選擇：隻身來到了加拿大，白手起家。家人說：「一個單身女人，既不年輕又沒有錢，到一個重男輕女、愛青年嫌老年、尊富蔑貧的社會去打拚，不是太冒險了嗎？」在他們眼裡，這就是西方社會的縮影。沒錯。我的點數全是負的，唯一的正數是我的決心和自信，只加上一項優勢──沒有語言障礙。

在異國他鄉，我闖出了自己的路，找到工作，並把兩個孩子接了出來，安了家。靠的是三分運氣、七分努力，加上天賜的一臂之力，我有了一個幸福的後半生。

二

60 歲那年，我的本命豬年，孩子們要為我慶壽，我謝絕了。朋友們的禮，我一概不收。我要給自己一份禮物，一份厚禮，作為對自個兒的認可和酬報：乘豪華輪去阿拉斯加！

初次乘郵輪，心情萬分激動。頭天從蒙特利爾飛溫哥華，晚間在朋友家寄宿，第二天上船。啟航前，在船頭和帥氣十足的船長合影，感到身價倍升。船慢慢駛出溫哥華港，我興奮地給女兒撥打了

電話，說了近 20 分鐘。若不是女兒提醒注意長途電話費，我會滔滔不絕地講下去。掛上電話後，查看下費用簿，頓時懵了，眼前直冒金星。我哪裡曉得，船一離岸，通訊方式需通過衛星，話費每分鐘15 美元。為了這小 20 分鐘的閒聊花了近 400 加幣，有生最貴的一次通話，心疼死了；尤其是剛買了房，存款全無，開銷靠信用卡。靜下來想想，人生很多時候都是花錢買教訓，何況有時花了錢、跌了跟頭還買不來教訓。唉，不就是錢嘛！

　　船靠岸數次，我選了兩個參觀點。一是乘坐原型小火車，從Skagway 順著當年的「淘金之路」往上爬；最高點為海拔三千英尺，眺望可見 Yukon 河的源頭。淘金成功者少，失敗者多。許多探險者，抱著發財的欲望，冒著喪命的風險，踏上了這條不歸路，無數屍骨散落在峽谷路旁。我不免想到童年時看的卓別林無聲電影《淘金記》中一幕：他餓慌了，脫下皮鞋放在鍋裡煮，然後用叉子捲著鞋帶，像吃義大利麵條那樣，滋滋有味地嚼著每根鞋釘；渴了，掰下一根房簷下的冰柱潤潤喉。這些畫面栩栩如生，至今記憶猶新。

　　另一個選擇是乘直升飛機，降落在冰川上。機上只有6個座位，飛行員是位健壯的中年人。為了在冰川上易辨認，要求大家穿紅色外衣，外加黃色救生背心，腳上套著帶釘子的鞋板，以免滑倒。直升機飛得不高，低頭可清晰地看到一片起伏不平的冰川，光禿禿無生命無植被，猶如另一個世界。下機後，飛行員囑咐不要走遠，不要太靠近冰裂隙。仗著自己是六人中的長者，一下飛機就挎著飛行員的大粗胳膊不放。冰裂又寬又深，掉下去就沒救。

　　我拉著飛行員的手，伸長脖子，往下看了看。天哪！太驚險了！太壯觀了！這千萬年形成的的冰川，晶瑩剔透，底部的冰清澈地透著悠悠的藍，像是風輕雲淡時那一穹明朗的藍天。世界如此廣闊，時間浩渺無聲，渺小的人類啊，只不過是世間漂浮的一粒粒微

埃。凡人如我，此生有一次這樣的經歷，足矣。

不幸的是，隨著大氣層變暖，可供遊人參觀的冰川逐年減少。據說我有幸登過的那一段冰川，現已沉沒，無跡可尋。

除了享受船上的舒適奢華、感受有錢人的氣派、品嘗豐富精緻的美食，我時常獨自走在甲板上。對著一望無際的海洋，望著時隱時現的冰川，默默地對自己說：若是在中國，55 歲就該退休了，如今 60 歲的我，沒有放慢腳步，正在為生活的下一階段，策畫新的起點。在年齡面前不能屈服，不要讓步，如同海水無情的衝擊，腳跟不穩就會被撞倒，甚至淹沒。

海風迎面吹來，海浪在船尾滾滾翻騰，海水濺落在額頭。我回身向駕駛艙的船長招了招手，笑著對自己說：你是船的掌舵人，而我，是命運的掌舵人。

三

70 歲那年，我已經退休，決定不再染髮，滿頭銀髮顯然比烏黑青絲顯老，不少女士下不了這個決心。我有過同樣顧慮，最終還是「自我革命」一下，把女人好美的虛榮心嚥了下去。那年我去洛杉磯，一位過去的學生帶我去做指甲。選色時，腦中閃了個念頭：為什麼不換個顏色？我選了湖藍。走出美甲店，望著雙手和雙腳的藍指甲，我高興得像個孩子。「真好看！」我的學生說，「老師，這麼一點點變化，讓您這麼高興。」

生活中，觸動心靈的往往是些看似不起眼的小事。

記得剛來加拿大時，買過一本書《When I Am an Old Woman, I Shall Wear Purple（當我是老太太時，我會穿紫色）》，現在我可以說，當我過了「古來稀」，我要塗藍指甲。有位專拍老人相的攝影

師曾問我：「老了以後，你喜歡自己什麼？」我回答：「A wrinkled face, an unwrinkled soul.」有皺的臉，無皺的心。

四

80 歲生日在巴黎度過，選了一家百年字號的老餐廳用餐，又到 Café de Flore，當年波伏娃和薩特常會面的咖啡廳，坐在他倆專用的位子上品咖啡，味道格外醇美。文人留下足跡的場所，滿足了我浪漫的心願。

在巴黎，我約見了老同學 Mimi，近年才聯繫上的聖心學院同學。正巧她也到巴黎過生日。她還是叫我 Madge，在校相互這樣稱呼了十多年，改不了口了。Mimi 長得漂亮，大眼睛，雙眼皮，上了年紀也蓋不住「美女坯子」。我打小就羨慕她的美貌。我也見到了她兩個女兒、女婿和混血兒外孫女，美滿的一家。

50 年代初，受家庭經濟條件限制，我去工作，她上了大學。畢業後與一位印尼華僑結婚，在印尼居住多年，後定居美國。我們同齡，出身相似，受過相同教育，卻走了兩條截然不同的道路，兩年前，我到美國佛羅里達她家小住了一段時間，暢談了分別幾十年各自走過的路，回憶了學生時代的歡樂。於她，我的坎坷經歷像是奇聞，抑或天方夜譚，如此不可思議。她感歎。如果當年她沒走，遭遇會如何……？

五

4 個二十春（quatre-vingts printemps）過去了，往下怎麼走？
我獨居多年，住在自家小樓。寫作有電腦室，讀書有太陽屋，

廳內有多年收集的藝術品和古董。我打算在這棟房裡度過餘年。待行動不便時，可以安裝個「電動升降椅」，方便上下樓，浴室裝個「步入式浴缸」。

可這個看似如意的算盤被打亂了。男友 M 的健康狀況急劇下降，很快不能自理。子女們措手不及，既要照顧病榻上的父親，又要做好後事安排。面對一攤子雜亂無章的物事，無從下手。最後是捐的捐，送的送，丟的丟。廉價處理，車房減價出手。

我不能讓自己落到這個地步，我要在頭腦還清醒、精力還允許的情況下，自己選擇、安排、決定取捨。本著從簡的原則再做一次選擇：房子要小，東西要少，負擔要輕，壓力要無。這樣也可以減少孩子們的後顧之憂。

我想通了，心裡一陣輕鬆。從賣房入手，以新的步伐跟上生活的變化。

老了，要重新定位！

五十年之後

一

往事如煙，我當了 16 年老師，但不能說我教了 16 年書。

文革那些年「停課鬧革命」，老師不教書，學生不上課。在臺上授課的老師，轉眼間變成在臺下低頭受批判的對象。

50 年過去了，記憶淡薄了，但沒有忘卻。那些遭遇，我沒有耿耿於懷，只是覺得有一種情感需要疏通。網路的發展提供了可能，微信交流提供了管道。我和個別學生有了聯繫。

眾多學生中，有兩位我特別想見：一位是文革時，抄我的住處、沒收我的東西、押送我去專政組的學生；另一位是冒著「挨批」的風險，偷著到專政組探望我的學生。前者我記得他的全名，後者只知道他姓郭。當時，他們代表了兩種截然不同的政治態度。

初步聯繫找到了些線索，我決定回國落實我的計畫。

2017年秋，我飛回中國，和久別的學生重逢。在情感上，我有準備；至於真見了面，會有什麼反應，我不敢說。

二

通過其他學生散發的信息，找到 4 位姓郭的，分別在不同城市。學生們挨個打電話、發微信，但沒人記得我說的那回事兒。或

許人們不願記得那段歷史，也不願提及。可那個小郭的身影總在我腦海中晃蕩。

北京有一位姓郭的學生還沒落實，我寄希望於他。

我到了北京，住在外甥女家，等待參加學生安排的聚會。

一天，微信上突然有人呼我，是一位聲音低弱的男生。他慢條斯理地說，在老師的批鬥會上，大家指著老師鼻子亂喊亂罵，他總是坐在後排，一聲不吭。「我不認為老師犯了什麼罪，要受這樣的懲罰。至於那天是不是我去看您，我記不清了。」他說得很誠懇。

至於他是不是我要找的「那個」小郭，已經不重要了。眼前這個小郭的態度，滿足了我的要求。

一位韓同學安排大家到北京烤鴨店相會。到場的七八位學生，都有了第三代。見面的場面很激動人心，有的還能認出，有的認不出了，畢竟過去了半個世紀。大家相互擁抱，哽咽得說不出話。我緊緊地擁抱小郭，無言，無淚，只有盼望已久的安慰和滿足。他靠我坐，一直拉著我的手。

我們吃著烤鴨，喝著紅酒，談論成家立業後的成就和樂趣。往事如煙，無人提及。讓一切不快，隨著時光的流逝，忘卻吧！

小郭性情溫順，沒有做出什麼出人頭地的事業，也沒能加入到新時代「暴發戶」的行列。他的生活平靜、溫馨、和諧，安然地享受與兒孫的天倫之樂。

飯後的離別，難捨難分。這些往七十歲奔的學生，把我送上計程車。車門關了，後面的學生還在使勁擺手。小郭扭過頭，雙手捂住臉。我心領了。「您的學生對您感情挺深的，」司機說，「別難過，下回可以再見。」

下回，還會有下回嗎？

三

　　和友人見面容易，和「整」我的人見面就是兩回事了。我託其他學生找到了這位金同學，他住深圳。其實，他的不安勝過我的。聽說我要和他見面，他給我發了條微信：

　　「在那場史無前例的文化大革命中，我是傷過您心的學生金。當我得知我班的群和您取得聯繫後，我既感到格外興奮又感到異常地慚愧，甚至感到無法面對您。這些年來，這種感受始終壓在我心頭，隨著年齡的增長，我愈發感到沉重，並在一次宗教活動中對此做了懺悔，或許這樣能減輕我的罪過。一直想有機會向老師請罪，真誠地希望老師能原諒學生的過錯。懇請您還能接受的學生，金。」

　　我讀了之後，百感交集。好心的朋友們建議不必相見，何必去翻開老帳、觸摸傷疤、自找煩惱。我猶豫過，但最終沒有動搖初衷。人生到了一定階段，都會通過靈魂的呼籲自我淨化。

　　我寫了覆信：

　　「Let bygones be bygones（往事不究），在那浩劫的日子裡，很多事情身不由己，況且你們都那麼年輕。四五十年過去了，這是我第一次和過去的學生見面，我相信我們會有很多話要說。——你的肺腑之言使我流淚。其實以往的創傷早已結成疤，變成了鼓舞我爬起來再前進的力量。」

金說他現在學佛吃素，看來他也是在尋求靈魂的指引和寄託。

帶著和北京一撥兒學生見面的喜悅，我飛到了珠海。那裡有一位我的得意門生，姓方。在校時，她學習成績優異，發音清晰悅耳，但不太愛說話，在我眼裡是個乖巧的孩子。沒想到畢業後，她進修學法律，現在是位出口成章、善辯的律師。我為她感到驕傲，自然也為我曾經是她的老師，感到欣慰。方同學給我安排了住處，帶我遊逛珠海，如朋友般促膝談心。很久沒有聽到如此親熱的「張老師」的稱呼了。

珠海離深圳只有一百五十多公里，我在這裡約見了金同學。

我在賓館等候，心中有些不安。會是怎麼樣呢？高興？感動？尷尬？……

門外傳來輕輕的幾下叩門聲。我打開門，眼前出現的瘦高男士，比我想像的蒼老些，臉上刻著疲憊、或許是憂慮的皺紋。

「你是金……？」

「是的，老師。」

該不該上前擁抱一下？不行。

我從頭到腳打量了他一下。真的是他嗎？

「我對不起您，真的對不起您。」他低著頭，聲音小得幾乎聽不清。

我被感動了，淚水模糊了視線。我毫不猶豫地上前摟住他，言語已顯得匱乏無力。半個世紀的冰凍化解了！

我心痛，不是因為自己是時代的受害者，而是為那盲目隨同、失去自我的一代人。

金同學已退休。他談了談退休後從事的活動還有自己的婚姻狀況：他離過兩次婚，72 歲那年又成了單身漢。現在專心學佛，尋找心靈寄託。

　　我問他，學佛後，有什麼變化？

　　他說，學佛後有時間去回顧和重新評價自己過去的所作所為。「於我，這是一種形式的救贖。現在我內心平靜多了。」

　　他變了，卸掉了壓在心頭的沉重包袱。

　　事後，金在同學圈裡發了個微信：

　　「老師心態好，我是有太多的感觸的。在那場罪惡的文革中，我一度喪失了理智，做了一件對不起老師的事情。這件事在很長一段時間一直在鞭策我的心靈，甚至在一次和我的第二任妻子在廊坊一個傳統學校舉辦的辟穀中的一個懺悔活動中，我痛哭了一次，心中大喊：『張老師我對不起您，您能原諒我嗎？』去年當廣川通知我，張老師點名我，我當時百感交集，不知怎麼面對張老師。竟沒想到，老師還主動找我！老師的心懷也讓我將吊著的心放下來，一定要去見老師，當面向老師賠禮道歉。沒想到老師對我當年對她的傷害看得那麼淡，或許是安慰我，並未記恨我。張老師，我們有幸成為您的學生，這也是緣分。我們現在雖然相隔萬里，但我們的心是連在一起的。我們看到您生活得這麼快樂，還充滿激情，您的精神極大地時刻鼓舞著我們。我們雖然做不出您那樣感人的事，但我們定要學習您這種不服老的精神，過好自己的晚年生活。請接受學生對您的遠方祝福，但願明年，老師還能回國，我們還有一次團圓的機會。」

　　我發了個短信給全體同學：

　　「看到你在同學群裡發的懺悔微信，很感動。我們兩年前的見面對你是個解脫，對我也解除了心中的鬱悶。我希望我教過的學

生不要受任何良心譴責，因為那是時代的悲劇。我也希望自己能在學生面前恢復老師的尊嚴。這兩點我們都做到了。你的真誠感動了我，這份誠意哪怕只來自一位學生，我已心滿意足。」

我和金一直保持聯繫，得知他在海南買了房，從深圳搬過去了。一次談到養老問題，他問我有何打算，是否考慮回國養老？我說在國內我一無所有，回去怎麼辦？

他說：「我有房了，如果您打算回國養老，落葉歸根，我會盡我所能幫您。」

我相信這是他的肺腑之言，是他想要將功贖罪的真摯心願。我說：「有你這句話，老師已經很欣慰。其實回國養老只是說說而已。我的一切都在這兒了，無法再有大的變動，有可能的話多回兩趟國就不錯了。人生道路的選擇有時身不由己。」

四

在珠海，我了了另一樁心事。

我前夫龐，家住深圳，聽說我到了珠海，決定前來看望。家人對他單獨出行不放心，原想找人陪同，後考慮不妥，便隨其意了。

深圳到珠海乘大巴只需兩個多小時，方同學和我開車到終點站等候。龐穿了件深粉色帶領 T 恤衫、白褲子、白運動鞋，一點不顯老，只是走長路需要用拐杖。上次見面是在北京，一晃已過十幾年。

久別重逢，熱情問候，行了個中西方習慣的「擁抱」禮。龐仔細端詳我，說：「你沒怎麼變，就是胖了一點。」「你還是老樣子，那麼愛乾淨，白褲子像漂了一樣，鞋上沒有一絲污點。」我

笑說。

龐一向愛整潔，以前就算只有兩條褲子替換，也要熨得平平整整，褲線不可少。打過掌的皮鞋也要擦得鋥亮。

方同學建議到岸邊一家小飯館吃飯。正巧是家北方館子，點了幾個東北人愛吃的菜，坐下來思思舊。龐有飯前喝兩盅的習慣，但晌午天熱，喝點冰鎮啤酒更適宜。

晚上，方同學帶我們參觀了珠海日月貝。日月貝坐落在野狐島上，四面環海，宛如一個世外桃源。日月貝最出名的是它的歌劇院，其設計如一把「珠海豎琴」。

可惜，當晚歌劇院沒有演出。我們走上屋頂花園，享受海風，眺望對面珠海市的萬家燈火。懂事的方同學，溜到另個角落，有意把有限的時間留給我和龐。

一片寂靜。我們倚靠欄杆，仰望天空，找不到適當話語，只能感歎地重複短短的三個字：「多美呀！」

莫非我們下意識地用它替代了曾經傾訴過的三個字？

無須多言，此時此刻，有美的感覺就夠了。

仰望天空的繁星，想到兒時坐在庭院數星星的時刻，嘴裡不斷唸叨那首引我入夢幻的歌謠，天真地寄希望於天上的星星：

Star light, star bright,

The first star I see tonight⋯

（星光閃閃，今晚我見到的第一顆星⋯⋯）

然後許個願。

此時此刻，在高高的日月貝，為什麼會被孩童時的幻想襲擊？還有「願」要許嗎？

我們在日月貝的建築群中來回穿梭。燈光黯淡處，安全起見，方同學會拉著我的手。上下樓梯，龐會攙扶著我。

返程時，方同學輕聲對我說：「我注意到，龐老師對您的舊情還在，看他多麼呵護您。」

是的，我們分手了，是在相互諒解的基礎上分手了。那是一場揪心的、不被眾人理解的分離，但我們沒有傷害彼此，心中都為對方留有一小塊美好回憶的園田。

當晚，龐在我的隔壁要了一間屋。兩人應該都睡得不十分踏實。

第二天，早餐後到樓前公園轉了一圈，看了看我不熟悉的「大媽」廣場舞和老漢們的打把勢「練功」。

我知道此次相會將是最後一次。談點兒什麼呢？往事還是現狀？幾十年，我們生活在不同的世界，找到了各自的活法，無論對錯，沒有好壞，只有邁向不同方向的深深淺淺的足跡。

我們相愛過，彼此也做過對不起對方的事，其中有一個未解的「扣」，我擔心長久留在心中會變成「死扣」。

「我想知道，你和……她是什麼時候開始的？」我終於吐出了壓在心底多年的疑問。我需要有個答案，因為「她」是我的閨蜜，當年我最信任的人。

終於，我們在最後一次見面中說開了，「扣」解了。

其實，我們都是時代的犧牲品。在一切都貼上階級標籤的大環境下，人們思想被緊箍，情感被壓抑、被扭曲，無奈都在尋找「釋放」的途徑。

龐走了。在長途站，我們最後一次握手。

我望著他的身影，粉紅的T恤衫，漂白的褲子，一點點，消失在人群中……

最近翻閱一下三十多年前的信件，有一封來自龐，是我出國前寄到北京的。信中有這樣一句話：「如果這種東西稱得上對你精神上的支援的話，我要告訴你，我所給予你的一切不會再有人得到

了。」當時，他正在考慮再成家。

　　望著這幾行字，我感到時光在倒轉，原以為模糊的人與事，又重現眼前。常人說時過境遷，但有些東西總會躲在心底的某個角落，在你不經意地回眸時閃現著曾經的溫暖。

　　半個世紀的時光，人事已非昨，對每個人來說，Let bygones be bygones，讓過去的都過去吧，寬宥平和、從容坦蕩，方能更輕鬆地過餘生。

　　陶鑄寫過一首詩〈贈曾志〉，結句說：「如煙往事俱忘卻，心底無私天地寬。」往事如過眼雲煙都忘卻吧，心底無私才能感覺到天廣地寬。

來我們這兒吧！

一

2008 年，魁北克市舉辦年度書展，《Ma Vie en Rouge（我的紅色生活）》上架了，紅色封面設計得很搶眼，這是我英文書的法語譯本。譯者 Gilles Jobidon 是本地一位雙語作家，對他而言，參加這類活動已習以為常，而我則是第一次。我倆坐在一堆書前，他笑眯眯地說：「為了簽書你應該有支像樣的筆。」順便亮了一下他手中的高級鋼筆。我手中握著一支像兒童用的圓珠筆。太遜色了！我有點難為情。這麼重要的細節竟然沒想到！

入場不久，加拿大廣播公司為我們安排了一場法語採訪。頭一次面對聽眾現場採訪，我十分緊張，加上法語說得不夠流利，更加不安。聽眾提的問題，我只能簡單回答，很不透徹，勉強渡過了這一關，心裡很懊惱。

回到座位，我和 Gilles 談論提高法語口語水準的途徑。小女兒璐初到時一句法語也不會，後來送她到一個魁北克家庭住了半年，法語很快就過關了。是不是該輪到孩子她媽了？也去「強化」一下！

談著談著，人群中突然冒出個聲音：「Venez chez nous!（來我們這兒吧！）」我一愣。順著聲音找了找，原來是一位男士，花白髮，這樣灰白夾雜的髮色被當地人稱為 Salt & Pepper（鹽＋胡椒），還留著鬍鬚，給他的真實年齡塗上了保護色。他的眼神透著一種讓人不

容懷疑的真誠。我本想立刻答應他，但還是剎住了。不行，我根本不認識這個人。「我考慮考慮，以後再聯繫吧。」說罷，我和他交換了聯繫方式。他捧著簽好字的新書往另一書攤走去，我叫住了他：「先生，若是住在你那兒，我是要付錢的。」我要說明我是要付學費和住宿費的。他搖了搖頭，漫步走去。

二

他叫 Alain（阿蘭），家住 Beaumont（勃蒙）──聖羅倫斯河沿岸一個 2,000 人左右的小村莊。

我和阿蘭交換了幾次電郵，沒做任何承諾，我想先去探探路。第二週我和好友 F 女士乘大巴從蒙城到 B 村，約好在車站見面。下車後，我倆東張西望，只見一個身穿牛仔褲和一件皺巴巴 T 恤衫的人朝我們走來。這是他嗎？和書展上見到的有點兒不一樣呀，像是剛在家幹過粉刷活兒！「是阿蘭先生嗎？」我走向前。他點點頭，伸出手表示歡迎。我們坐上他的車，不到 10 分鐘就到家了。他有兩個成年的兒女，我們沒見到女主人。F 女士是魁省人，和阿蘭都是「魁獨」派，他倆談得很投入，我在一旁觀察，不多言語。他的孩子們看到一位白髮亞洲人，有意要在他們家小住一陣，臉上透著不十分歡迎的表情。私下，他們嘟囔了幾句被我聽懂的法語──「老爸頭腦發熱」。阿蘭卻很高興地接待了我們，為我們準備了一頓薄餅夾龍鬚菜的午餐。

飯後我們在小村莊走了一圈，阿蘭把我介紹給街上的每個人。沒一會兒，這就成了全村皆知的前所未有的故事：一位白髮蒼蒼的中國女士，到此進修法語。之後，阿蘭帶我看了看我的房間，在地下室。雖然不如自家整潔，但總體感覺良好。入鄉隨俗，如果住不

慣，大不了待上一週就走！

兩週後，我準備了一些休閒服和日常用品，把家收拾乾淨，冰箱騰空，準備出發。

朋友 N 女士提議開車送我去，當日天高氣爽，3 小時路程不知不覺就過去了。路上我給阿蘭打了幾次電話都接不通，終於第五次撥通了。我問他進村後怎麼走，他說見紅閃燈**直走**，我誤聽為見紅閃燈**向右轉**。法語中「droit」（直）和「droite」（右）的發音很接近。結果我們開到了村子另一頭的露營地，幸虧問訊處一位女士給我們指了路。這個村裡沒有人不認識阿蘭！

到家了，與上次相比，顯然房前房後、屋裡屋外都打掃過。前院修剪得整整齊齊，房前的花朵已含苞欲放。我的房間佈置得很整齊，牆上有一幅耶穌鑲嵌畫、一首魁北克著名詩人歌手寫的詩、一幅畫有印度婦女的印染畫。那面不大的鏡子，夠看清面部皺紋。椅子上蓋著一塊藍白罩布，上面印有英法雙語「歡迎」二字。檯燈是個木雕：一位帶披肩的老婦坐在落地大鐘旁，這是阿蘭父親的作品。看得出，阿蘭是位熱愛藝術的人。看到樓下有洗手間和淋浴，我鬆了口氣！還好，不必上樓和主人合用。看得出，阿蘭剛把洗手間徹底洗刷過，滿屋子散發著清潔劑的味兒。

在房間周圍走了一圈，外屋好幾處有法國王室百合 fleur de lys 的圖樣。靠鋼琴那面牆上有三個「Oui」字——那是 1995 年對魁北克獨立問題的全民公決，「是 Oui」或「否 Non」，將決定這個省和國家的命運。結果，投「否」票者以 50.58% 的擦邊多數戰勝了49.42% 的少數「是」者。我也揪著個心參加了那次決定性的遊行。毫無疑問，這家主人是「魁獨分子」。魁北克人要保持自己獨特的身分及文化，他們怕被另一個文化吞併，埋沒他們在這片國土上的歷史功勞。

　　阿蘭一直做教育工作，現在半退休，做些義務性工作，經常出席會議。他擔心我單獨在家會悶，把我介紹給他已故父親的女友 M 女士。M 和我同齡，熱情好客，喜歡旅遊。她帶我遊逛了十幾個小鎮和村莊，瞭解當地的風俗人情，結識了她的眾多女友。魁北克女人說話速度快，我有點跟不上，但對聽力訓練大有好處。魁省人很顧家，談話內容自然與家庭有關。

三

　　天主教在魁省有幾百年的統治勢力，那個年代，一些重大政治改革必須取得天主教認可；墮胎和避孕均屬「犯罪」行為。老一代多半是多子女的大家庭，10 口以上的不在少數；阿蘭就有八個兄弟姐妹。不過，隨著教會勢力的減弱，現代家庭的生育力很低，許多年人口增長都是負數；有一段時間，領養孩子盛行。1989 年以來，加拿大從中國領養的孩子達 8,000 名，其中魁省占的比例最大。

　　一天早餐後，阿蘭和我照常坐在客廳，邊喝咖啡邊聊天。客廳一側有一個拉門，裡面是他的辦公小天地。阿蘭拉開書桌抽屜，取出一本老相冊，吹了吹封面的浮塵，放到我面前：「我的過去都在這裡面。」我一頁頁仔細翻看，一些家族照片已褪色，有些被揭掉了，殘留的相角稀稀落落地躺在空頁上，像是想從記憶中抹掉。我的手突然停下了，眼睛落在 1973 年阿蘭被任命神甫的照片上：那裡有他趴在地上行大禮的場面。

　　「我曾經是個神甫，」他慢條斯理地說，「當時二十幾歲，有理想，有抱負，有追求。不過，現實讓我失望了。」阿蘭當了五年神甫，後因主教違背諾言，阿蘭心中不快，打破了正統觀念，脫下長袍走上了還俗之途。他的叛逆行為受到家庭和眾人的指責，但阿

蘭挺住了。還俗後，他與一位離過婚有兩個孩子的婦女結了婚，生了一兒一女。不幸的是，好景不長，這樁婚姻以離婚告終，在阿蘭心靈上留下很大的創傷。教會辜負了他，世人拋棄了他。人生往往是邁錯第一步，步步跟不上。不過，作為一個有信仰的人，阿蘭懂得如何調整心態，淡定前往。阿蘭雖然脫下了神甫長袍，但沒有遠離宗教信仰，只是換個身分，昔日的佈道者，成了今日之聽道者。

四

　　書展上我還認識了一位 D 女士，一位退休法語教師。說來也巧，D 女士以前是修女，已還俗三十多年。由於天主教在魁省的統治力量，每個家庭都以能夠培養出一名神甫或修女為榮。很多年輕人就這樣半強迫性地出家了，D 女士就是其中之一。記得我十幾歲時，背著我就讀的教會學校，偷偷去看了一部被教會定為禁片的好萊塢電影，名為《思凡》，講的是一位修女渴望異性的愛，打破重重枷鎖，逃出了修道院。誰會料到，事隔幾十年，我竟然遇到了有情有義的思凡的神甫和修女。他們依舊是有神論者，他們看不慣的是那些掩蓋在僵硬的教條和人為的約束背後的虛偽與不公。如果你問，85% 的魁省人會說自己是天主教徒，但實際去教堂的人只不過20%。我一向認為，虔誠不是嘴頭上的，也不是形式上的，是心裡的。不管你信的是上帝還是佛，只要心裡有就行了。

　　D 女士帶我到了她最喜愛的茶館，那裡的茶葉品種繁多，有我熟悉的，也有許多我叫不上名的，我在茶單上找到了母親在世時最愛喝的祁門紅茶。「那我們今天就喝這個吧！小小慶祝一下！」D女士說。

　　選好茶後，我們站在櫃檯旁看那位年輕人泡茶：他放好茶葉，

把開水倒入一個宜興紫砂壺，以熟練的手法先用洗茶的水暖暖杯子，倒掉後再斟茶。目睹一個西方人把東方茶道的雅致融入西方文化，真讓人讚歎不已。此時，他抬頭看了看我：「請允許我冒昧地說，您很面熟，您是作家嗎？」我點了點頭。「我正在讀您的書，剛從書展買的。我太太和我愛看裡面的照片，是您的笑容讓我認出了您。」他對著那壺剛沏好的茶，說：「我能想像您母親邊打麻將邊喝祁門紅茶的樣子。」他引用了我故事中的一段。我笑了，心裡熱乎乎的。人們常說，一生遇到的人，無論相處長短，都是緣分，哪怕是一面之緣！

店主名叫 Jasmin（茉莉），對茶葉很懂行，經常跑中國，到茶園直接收購當年的新茶，以免買到假貨。他還能應付說幾句中國話。臨行前，店主用一個真空袋裝滿祁門紅茶，在袋口紮個紅頭繩，遞給了我：「一點小意思，算是見面禮吧。」沒想到，第一次在異國他鄉的茶館品嘗祁門茶，會喚起我對母親的懷念，以及對故土千絲萬縷的舊情，同時與愛茶葉的人結下友情。我鞠躬道謝，店主目送我們離去。

五

當年，正值省會魁北克市 400 週年慶典，阿蘭帶我到魁市參加了一次大型的露天祈禱會。地點在 Plaines d' Abraham（亞伯拉罕平原）——1759 年 9 月 12 日，英軍與法軍在此進行了不到一小時的殊死搏鬥，這是英法之間在這塊日後被稱為「加拿大」的土地上的決定性一戰。雙方將領陣亡，各方陣亡人數均等，英方獲勝。這在日後英裔和法裔之間留下了久久不易癒合的傷痕。今天由天主教教

皇通過衛星講話，在亞伯拉罕平原的電視大螢幕上與聽眾見面。

　　儘管天氣很陰沉，我們不願錯過這個機會，幾萬人拿著雨傘、帶著雨衣來到平原。來自全球各地的神甫和主教也聚集在這裡，在他們的佇列中，我看到一些亞洲面孔，但不敢確定他們是否來自中國。因中國和梵蒂岡沒有外交關係，中國的天主教是受中國天主教愛國委員會領導的，中國主教的任免無須經教皇批准，恐怕這在全世界也算獨一無二吧！

　　教皇的講話剛出現在螢幕上，毛毛細雨即刻變成傾盆大雨。左鄰右舍的雨傘和我們的傘相互碰撞，非但擋不住雨，反而弄得雨水四濺，渾身上下無一乾處。我們前面有一位虔誠的婦女跪在水灘中依然低頭祈禱。阿蘭呢，沒有受到大風大雨的干擾，一直在聚精會神聆聽，不時還發表點議論：「他犯了個政治錯誤，他說加拿大400週年慶典，不對，這是魁市400週年慶典。」魁獨者對這方面的言論尤其敏感，於他們而言，魁北克省慶比加拿大聯邦國慶重要多啦！

　　我全身澆濕，冷得直發抖，無法專心致志。我既沒完全聽懂教皇的法語，也沒吃透他的英語，因為他是德裔，說話帶口音。這麼多人，怎麼領聖體呀？阿蘭頗有風趣地說：「也許他們會用直升飛機往下投放，像發傳單似的。」此時，主持會場的主教在暴風雨中向大家宣佈：「這場大雨是天賜的祝福。」確實，人人都毫無例外地享受到了這份祝福，都澆濕了。說罷，大約十幾位神甫開始遞發聖體，每位神甫背後有一個信徒為他撐傘。信徒用盡全力鎮住風雨中搖晃不定的雨傘。神甫淋濕問題不大，但聖體一定不能著水。領過聖體後，人群朝四面八方奔跑，五顏六色的雨傘和雨衣構成的鮮豔畫面，和人們蒙著頭如敗兵撤退似的奔向遮身之處形成了有趣的對比！

　　6 月 24 省慶日，魁省省督邀請阿蘭參加一個授獎儀式，他把我帶上了。在省議會廳，我見到了省督並請他與我合影。領獎的人分為兩組：一組代表未來的年輕人，另一組是有成就的年長者。其中一位領獎人是阿蘭管轄下一所中學的畢業生，阿蘭自然感到自豪！老年組中有幾位是退休後又步入學堂取得學位的老年人，我對他們充滿了敬佩。我在想，如果有一天我有機會再入學堂該多好！

　　勃蒙小住一個月，既提高了法語水準又熟悉了另一種文化，不是通過書本而是與人交往。魁北克人的友善好客給我留下深刻的印象，他們伸出雙手，像家人一樣接待我。還有什麼比這更珍貴的嗎？

　　我進一步懂得只要我們尊重彼此的價值及傳統，我們是可以適應並融入另一文化的。臨別，阿蘭送我一個自製的文憑，認可我融入法語文化的成就。

　　文憑的左上角，他貼了一朵小藍花，在我人生的調色板上增添了一點藍──〈一束紅中一點藍〉故事的底色來源於此。隨後，他帶我到他傳教五年的教堂去看了看，那個曾令他失望但又不能忘卻的一頁。

　　Beaumont 的經歷給了我繼續攻讀法語的力量和決心。10 後我用法語出版了第二本書，簽書時我用的是一支名牌金筆，彌補了十年前的疏忽。

　　現在，我搬進一所法裔老年公寓，作為這裡唯一的中國人，我在法語的汪洋大海中學游泳。

被虐待的「婆婆」

一

　　報上出現一條不顯眼的廣告，引起我的好奇。一位華裔導演在招演員，要老中青三代人。既然是講漢語，要求又不苛刻，不妨去試試，行不行沒關係。玩嘛！

　　面試在蒙城南岸華人服務中心，離家挺遠，女兒燕開車送我過去。走上二樓，見人廳外屋已坐滿人。有個十來歲的男孩兒，在一旁自編自演，十分可愛。她母親說這孩子演什麼像什麼，從小就愛「裝神弄鬼」。我覺得這孩子被選中的可能性很大。果不其然，後來他就扮演劇中我的孫子「亮亮」。我的好友琳也在場，「競爭」同一角色，兩人沒料到會在這兒見面，更沒想到會成對手。

　　輪到我了。走進大廳，裡面空蕩蕩，只有一張小桌和幾把折疊椅。導演是位女士，姓胡，笑容可掬。她招呼我坐在對面，核對一下名字，開始提問：

　　「過去演過戲嗎？」回答「沒有」。

　　「有人虐待過你嗎？譬如說，女兒或兒媳婦？」回答「沒有」。

　　「你認識的人當中，有沒有被虐待的？」回答「沒有」。

　　她的面部表情，似乎在對我說：「什麼經驗都沒有，你來幹什麼？」

　　熟了以後，她對我說，她的第一印象是，此人形象一點不像個

小鎮婦女，而且還帶著副金邊眼鏡，和角色的要求反差很大。

回答了這幾個問題後，導演把劇本遞給我：「你先看看，瞭解下劇情，然後再根據我的要求，飾演一下。」看了劇本，才知道我要飾演的是一個被虐待的婆婆。

導演給的提示是，設想一個被吼叫、被侮辱、被踐踏的場景。我想到當年學生批鬥我，有苦難訴、有理難辨、尊嚴掃地的屈辱。我要求導演給我幾分鐘，靜下心來平衡心態。心裡有點兒數後，開始表演。導演身後的攝影師，把鏡頭對準我，錄下了全過程。導演沒說什麼，低頭思考。我起身告別。

「你確實沒演過戲嗎？」導演問。我點點頭。離開大廳時，坐在靠門的一位年輕男士，看似導演的助手，用英語對導演說：「這位有潛力。」他大概以為這老太太不懂英語。

第二天，胡導演來電話，要我進行二輪試鏡。候選人只剩兩位，可惜我的好友琳沒攤上。我的對手是一位有舞臺經驗的業餘京劇演員。這回，導演要求我即興表演虐待後的悲傷。「即興」，除了在蒙城爵士音樂節，聽過樂師的即興表演，我哪裡懂得什麼「即興」！

我在大廳裡來回走了幾趟，想到一生最大的遺憾是，母親去世我沒在場。悲傷，那是最大的悲傷。帶著這份情感，我進入了角色，低聲哭泣，話帶顫音，無力地唸叨劇中受辱的詞句。

導演一聲「Cut」，打斷了我的思路。我停下來，眼角掛著淚珠。

我被選上了。導演選了一位毫無表演經驗、上了年紀的女士。她看中我什麼呢？她說我演得自然，情感真實發自內心，不受條條框框的限制。

導演很耐心，懂得如何輔導、指引非專業演員，讓演員感到自

如自信。表演過程中，我重新發現了自己，時時感到不是在演戲，而是在這個角色中「生活」。

打小就羨慕好萊塢片中的靚女帥男，夢想有朝一日可以上鏡頭，過過癮。現在機會來了，扮演的卻是一位吃剩飯、住車庫、受嫌棄、被剝奪老年金、趕出家門的老太太；成天垂頭喪氣，臉上不上妝，頭髮不修整，沒一點兒美的地方。欣慰的是，七十幾歲圓了這個夢，我心裡「美」啊！

當觀眾帶著半信半疑的眼神問：「你真是頭一回演戲嗎？」我自豪地點頭。Yes！

二

《寒冷的夜》是一部教育短片，目的是告訴不懂外語的移民家屬，如果遇到類似問題，應該到哪裡求援。

處好婆媳關係一向不是件容易的事，何況在國外，由於語言障礙帶來的新困難和麻煩；兩三代人合住一棟房子，磕磕碰碰的事情多了，勢必影響感情。為了怕丟面子，有些人寧肯忍著也不願往外說，緊抱著「家醜不可外揚」的理念。

我的一位作家朋友曾說過：「住在兒子家，我既不是主人，也不是客人，也不是僕人，我是三者兼有，找不到自己『身分』的人。」這話說得太實在了，人若失去自我，猶如漂浮水面的一片落葉。最終他找到了最適合的生活方式：分開居住，有遠有近，親疏有度，自管自家。

《寒冷的夜》2012 年 4 月在加拿大國家電影局影院首映，影院爆滿，演員和導演上臺謝幕。對我來說，如同走上奧斯卡頒獎會的紅地毯。好友 W 女士問我，在螢幕上看到自己有何感想？我說：「既

真實又不真實。看到的是我,但又不敢相信是我。」

此片在華人圈廣受好評,配上英文字幕後,參加過數次短片電影節。

藉著這股「東風」,我找到位經紀人,開始了這遲到的「演藝生涯」。

愛情是餃子

一

　　經紀人發來一條信息：「有一個法語舞臺劇在招演員，你有興趣去面試嗎？」

　　舞臺劇？我一點兒經驗也沒有，還是法語的。接不接呢？我拿不定主意。這可是前所未有的挑戰，機會難得，值得一試。我接受了。

　　與導演見面的地點在離我不遠的 La Licorne（獨角獸）劇場。這是一所有四十多年歷史、頗具特色的小劇場。蒙特利爾保留了許多這樣的傳統劇場，鼓勵年輕人創新。此類小劇場，規模不大，舞臺離觀眾很近，臺上臺下便於互動，希望給觀眾留下「劇中有我」的感受。

　　我提前來到劇場，只見大門緊閉。天下著雨，風「呼呼」地吹，雨傘被吹翻了個兒。我淋得半濕，趕緊掏出手機給導演打個電話。

　　「咚咚咚」的腳步聲，明顯是從樓梯小跑下來的。門開了，眼前是一位高個子的年輕人，用當代語言是位「帥哥」，約莫三十幾歲，臉上帶著感染人的微笑。「你就是 Zhimei 吧？我叫 Mathieu。」我們握了握手。「我的發音對嗎？如果沒發準，請原諒。」他帶著歉意說。中文拼音中的「zh」這個音對老外而言太難了，發準的沒

幾個。我的名字和姓兩處都有這個音。有一位西人朋友半開玩笑地說：「你是不是成心難為我們，不讓我們叫對你的名字？」

走上二樓，兩位男女主角 Simon 和 Nathalie 已在那裡等候。無須客套，導演遞給我一份劇本，《愛情是餃子》（L' Amour est un dumpling），一場一小時的獨幕劇。講的是一對舊戀人七年後重逢的故事。他們依然真誠相愛，但彼此已成家，無望死灰復燃。劇裡充滿兩人的情感交融，往事再現，怨恨與依戀交錯，情感和理智衝擊。最後不得不再次分手，留下花謝後的餘香。

那麼，愛情和餃子有什麼關係呢？人人都渴望相愛，而愛情又那麼神奇。愛情會帶來什麼？是喜是悲，是長久還是短暫？無法預見。恰如餃子餡一樣，吃到嘴裡才能嘗出味道。如好萊塢電影《阿甘正傳》（*Forrest Gump*）那句經典臺詞：生活像是一盒巧克力，你不會知道裡面裝的是什麼。等待的總是驚喜，餃子也是如此。

故事發生在一個中餐館，我扮演的角色是餐館老闆娘，時而說英語，時而說法語，中間穿插些漢語。導演讓我先讀一下劇本，然後和另兩位演員對讀，在三種語言中迂迴。有一位演員要說幾句漢語，我得輔導他。我們三人配合得很好，氣場對頭。這個場面，與其說是面試，不如說是遊戲。第二天，經紀人打電話說我被選上了。

我要上臺演戲了！

二

接下的兩個月，緊鑼密鼓地排練。兩位主角多才多藝，說唱彈拉，無所不能，尤為感動的是他們的敬業精神。女主角時常帶著幾個月的嬰兒來排練，男主角冒雨騎著自行車挎著吉他前來。對我

這個非專業演員，導演給了我極大的自由，讓我不要拘束，不要做作，愈自然愈好。他在一旁指點、鼓氣，增加了我的自信。和他們在一起，我有「自家人」的感覺，輕鬆愉快，出場自如，一點兒不怯場。

2017 年 5 月是首場演出。這個只容 60 人的小劇場，14 天的演出，場場爆滿。後排隱藏了幾張應急座位，以備萬一出現「不速之客」。這場戲獨出心裁，觀眾每人發一小碗餃子和一杯啤酒，還配有佐料。臺上演員和臺下觀眾共用餃子。餃子由導演的父親準備──當然不是現包的，是超市買的凍餃。

或許是把戲中的情感融進了餃子，有觀眾說，這是他們吃到的最好吃的餃子。遺憾的是，我這個老闆娘只端餃子，連一個也沒嘗著。

中餐館的場景佈置儘量東方化：頂上掛著紅燈籠，架上擺著盆景，水缸中游著金魚，音響中播放著中國民歌。我穿了件色彩鮮豔的「中國風」上衣，腳上踏著雙雲南繡花鞋。

我們三人坐在大廳外側等待開幕。「你緊張嗎？」Simon問我。我搖搖頭：「一點兒不緊張。」倒是這兩位專業演員，對首場有些忐忑不安。這大概就是我們常說的「初生牛犢不怕虎」。正因為我是非專業，所以我恰無「名聲之累」。我不用在意觀眾如何評論，無所得便無所失，倒落得個輕鬆。

我提醒自己：注意別朝觀眾席看，萬一看到熟人，一走神，就要壞事！

劇情雖然簡單，但兩位主角表演得很動人。在情感和現實的衝突中掙扎，在久別重逢的喜悅和再度分手的悲痛中拉鋸。他們唱了甲殼蟲樂團的著名歌曲〈Just Like Starting Over...〉：「當我看到你，親愛的，像是我們再度墜入愛河⋯⋯。讓我們再嘗試一次，飛往遠

方……」此時，大廳裡一片寂靜，人們的眼睛凝聚在臺上。歌聲觸動了我埋藏在心底的舊情，淚水模糊了我的視線。

掌聲經久不息，我們一次又再一次謝幕。我一時分不清，這場景似夢？似幻？似真？

次日，蒙特利爾的主流媒體《Le Devoir》刊登了一篇影評，充分肯定了這個劇碼的成功和演員的才華。文中提到，我的出現是個新發現，為劇情增添了色彩。無意之中，我踏入了另一個領域，打開了另一扇門。

三

兩年之後，「獨角獸」劇場要求我們再次演出。我們這「三劍客」又出馬了，前後共演了 26 場，每次聽到那最後一首歌，我的心就會飄到那遙遠的地方。

沒料到，2021 年，新冠病毒 Covid-19 爆發的第二年，在多數劇場不開放的情況下，《餃子》劇又要上演了。演出場所由一個容納 60 人的小劇場升級到容納 800 人的大劇場。導演問我對演出有沒有顧慮。起初我有點兒拿不定主意，畢竟我們處在疫情半封閉狀態。我的一些朋友比我還擔心，他們認為我年邁，屬於病情感染高危人群，風險太大。想來想去，我覺得如果我不參加，這戲就演不成了。我還是答應了。

疫情期間，一切活動都脫離了舊軌。位於市中心藝術廣場藝術大廳內的 Jean-Duceppe 劇院，是唯一開放的劇場。原本可以容納 800 人的劇場，現只允許售 250 張票，以便留出足夠的空間，前後左右拉開兩米距離。這也沒影響人們渴求文化生活的願望，依然場場爆滿。

後臺排練，一切正規。每人有單獨的更衣室，配有淋浴和洗手間，消毒液當然不可少。考慮到我的年齡，他們為我配備了一個躺椅，供排練間隙時休息。工作人員一律要戴口罩，排練時也不例外。在光線不足，有上下臺階的地方，都有人前來攙扶我，我感到十分安全。

首次在這所大劇場演出，意義非凡。在藝術大廳上演的劇碼要有一定「含金量」，對專業演員的職業生涯是筆重要投資。對我來說，可能是空前絕後。為了滿足這次演出，導演把劇碼加長了半小時。疫情影響了集體排練的次數，我只好在家背誦臺詞，尤其是新加的那部分。我的鄰居們感到很好奇，怎麼常常見我手持劇本，在大廳裡走來走去，口中念念有詞，不時發出笑聲。說不定有人認為我有毛病，屬老年公寓初露「癡呆」的成員之一。就這樣，我把新臺詞背得滾瓜爛熟，在劇場正式排練時，給了導演一個驚喜。

這次我不能說一點兒不緊張，尤其是首場，畢竟下面坐著幾百號人呢！上臺前閉目養神，排除雜念，在腦海中反覆顯現劇情畫面。說來也怪，當我手捧菜單，嘴裡喊著「Une personne?（一位嗎？）」出場時，我立刻進入了老闆娘的世界，我不再是我了。劇組為我安排了一位後臺劇務，提醒我卡著點兒出場，攙著我穿過黑暗過道走到前臺，能想到的都做到了。

我儘量做到敬業，但走神的時候也有過。小小失誤無大礙，但有一次差點兒出洋相：我本應推車把餃子送過去，擺在桌上後再對話。那天不知哪根弦短路了，我把車推到桌前，漏了一個環節，開始對話，然後轉身打算退場，沒意識到餃子還在推車上。

此時，Simon 看了看我，即興地說：「老闆娘，餃子還沒給我們。」我愣住了，兩秒鐘後緩過勁兒，怎麼能出這個差錯！只好對 Simon 笑笑，順水推舟，若無其事地把兩屜餃子分別擺在他倆面前，

推著車緩緩走向後臺。

我出了身冷汗，如果真的把餃子推走了，會是什麼後果？！我想我會推回去，說聲「對不起」，讓人看起來像是「老闆娘」的不慎，而不是演員走神了。事後，Simon 對我說：「其實沒人看得出，他們會以為劇情就是這樣安排的，這是演戲常有的事，別擔心。」看來，演戲就要有隨機應變的能力。

連續演了 15 場，我以為會感到疲勞，旁人也怕我頂不下來。我也沒料到自己有這麼大的精力。事實又一次證明，做自己喜歡的事，不會感到累，相反是樂趣，更是享受。更沒料到地是到了耄耋之年，竟然還有機會成了當地英法兩個演藝工會的成員。

謝幕是觀眾對演員的鼓勵和認可，掌聲裡既蘊含著不可多得的成就感，也有著不可複製的滿足。最後一場謝幕真的是悲喜交加，在告別觀眾的同時，我也在告別和我建立了親密友情的劇組。還會有下一次會合嗎？

借用劇中一句話：「花謝了，花香猶存。」劇演完了，掌聲隨著謝幕漸漸遠去，可是情誼會長存。

時間之河滾滾向前，將決定前路等待著我們的是什麼。

「美」不設限

一

近 30 年，人們對「美」的認知有了很大不同。

「美」本來就沒有確切的定義，東西方都有同樣的表達方式：「Beauty is in the eye of the beholder.」「情人眼裡出西施。」

在西方，柏拉圖是最早對愛與美進行系統思考的哲學家，在他眼中，「美」是客觀存在，又是觀察者的主觀創造。

在全球化的當今，各國文化相互影響，在碰撞中融合，在交匯中互補，對「美」的認知也呈現出愈來愈多元化的趨勢。

人們追求多樣化，「美」不再局限於一個種族、一個年齡、一種喜好。現實生活中，處處都有美。

有人認為，從宗教的角度，人類沒有資格給「美」下定義，每一個人都是造物主親手塑造的、獨一無二的傑作。怎麼能用俗人的標準去衡量造物主的審美觀呢！

有人認為，外表美固然重要，但真正的「美」是內在的，存在於皮膚之下、思想之間、心靈之中。

也有人認為，只有內在的美和外在的靚結合起來，才可以發光。

記得十年前，我在魁北克大學上函授課──「生活的意義」。圍繞「美」的題目，老師佈置了份作業，寫一篇關於軀體的作文。

作文中，我寫了這樣幾段話：

許多女人絕經後，面臨巨大威脅。她們害怕失去女人的「特性」和「魅力」，擔心情緒多變、脾氣暴躁、影響夫妻關係。她們更恐懼失去容顏，成了名副其實的「黃臉婆」。她們在自創的「悲劇」中掙扎。

她們沒有認識到，生命是分階段的，每個階段有不同標準的「美」。重要的是，要學會放棄過時的標準，適應新的標準，優雅地步入老年。

老了，沒有必要在鏡子前多花費時間，不斷端詳面部及身體的「缺陷」，繼而陷入循環的感歎哀傷。要學會喜歡自己，既喜歡苗條淑女的當年，也不貶低肌肉鬆弛的現今，因為它同屬一個人，只是時間段不同了。

忠於自己是做人之本。要忠於本色，不做作，不假裝，永遠不能失去自我。

有皺紋，那是智慧的象徵；有白髮，那是多才的反映。衰老無法躲避，害怕它只會剝奪享受當下的機會。

二

最近，一位攝影專業的女大學生莎拉，為畢業論文在做一個項目：探索「美」的多樣化。她需要不同年齡、不同種族、不同文化背景的人選。她找到了我的經紀人。

「我這兒有份特殊要求。有位攝影師要拍些照片，不是泳裝，是內衣。你能接受嗎？」經紀人不能輕易答應這種要求，必須先徵求本人意見。

還是頭一回有這樣的要求。穿內衣拍照？什麼樣的內衣？性感

的？我這個「大媽」腰圍能行嗎？該不該接受？

經紀人見我猶豫不決，忙說：「不過你放心，沒有裸體。你可以先看看她的網站。」

我查看了莎拉的網站，瞭解了她的意圖。她要給「美」重新下定義，向人展示：「美」不限於年輕水靈、漂亮臉蛋、模特身材。美無處不在，無人不美。這與膚色、體重、五官、肢體完整與否無關。

這個概念與我的想法極其吻合。

我接受了，這項前所未有的挑戰。

周圍的人，聽到這個信息，反應各個不同。有人認為我太膽大了，這把年紀了還出這個「風頭」；有人勸我好好想想，不要追悔莫及；也有人鼓勵我，解放思想，年輕人能幹的，老年人也不必迴避。

小女兒說：「我雙手贊成。這不是賣弄風騷，這是藝術！」

拍攝前，我問了問要做哪些準備。回答是：不用化妝，不必做頭髮，赤腳就行，愈自然愈好。

莎拉的父母來自阿爾及利亞。深知穆斯林國家婦女的地位和遭遇，莎拉以前做過的項目，都圍繞婦女受歧視、虐待、不公等方面的課題。這次她選了 7 位不同膚色、年齡、背景的女性做內衣「模特」，我是年紀最大的。

走入莎拉的攝影工作室，從地到頂，背景是全白。攝影助手是位內衣製造商，為我選了一套黑色內衣褲——上身是個暴露較多的胸罩，搭配一條窄小的內褲。幸好我帶了件披在外面的乳白色絲質長袍，出入時可以擋擋。

換好內衣，披上長袍，觀感如何，心中著實忐忑。

看著我步出更衣室，莎拉興奮地說：「你這個長袍太棒了！我

們拍照時用得上。」這回我不用羞羞答答、遮遮掩掩了。長袍不僅幫了我好大的忙，而且給照片增添了層次、亮點。

「咔嚓，咔嚓」，莎拉連續地拍，不斷讓我改變姿勢。我覺得這個經歷很好玩，時坐時站，不時昂首大笑。莎拉的鏡頭巧妙地捕捉了這一切。

很快，半小時過去了，莎拉興奮地說：「你是我最滿意的模特！」八十好幾了，當回「模特」，還是穿性感內衣，自己都覺得不可思議。

莎拉會把這些照片放在 Instagram 上，並會寄些給我。臨別，她問我可不可以擁抱一下。擁抱本來是正常的告別禮節，但疫情期間，大夥兒比較謹慎，要徵得對方同意才行。我毫不在意，主動上前給了她一個「熊抱」。當然也沒忘了她的助理。

「如果有雜誌看中你的照片，我會徵求你的同意。」她追加一句。

我的好友們都迫不及待地想看這些照片，或許想從中「取經」，有機會也去「試吧，試吧」！

我時常對人說，如果有一天我出門不梳妝打扮、上街不買漂亮穿戴，我的末日就快到了。

所以，莫急，莫慌，且慢慢走，去享受這「美」的人生！

假裝一回「阿爾茲海默」

一

「你熟悉『阿爾茲海默』患者的表現嗎？」試鏡時導演問。

這個問題還真沒難住我。

「我周圍就有幾位，清醒時像正常人一樣打招呼，糊塗時雙眼呆滯，走路搖搖晃晃，方向不明。」

我住在老年公寓，多數人生活自理、行動方便，少數人有輕度阿爾茲海默症，時而清醒，時而糊塗。

試鏡通過，我被選中，參與拍攝一部法語電視連續劇。

劇中我扮演陳太太，一位年過 80 的老人，患有輕度阿爾茲海默症。

最近蒙城出現少有的高溫，連續幾天暴熱。拍攝第一天，要求早七點報到，我五點半就得起床，好在有車接我到現場。接我的小夥子大衛頭天晚上從魁北克市趕過來，因人生地不熟，繞了點兒路，遲到了一刻鐘。習慣於遵守時間的我，感到很不好意思。

拍攝地點在一棟臨時租用的小平房，叫 shoebox（鞋盒）。我們這一帶有不少「鞋盒」，我一直想找機會進去看看。

Shoebox 裡面的房間很小，但該有的都有。常言道：「麻雀雖小，五臟俱全。」

這類平頂平房始於 19 世紀末期，它們占地面積小、造價低，適

合低收入的工人。當時蒙城經濟開發正處於上升趨勢，大批工人移居城市，白手起家，買一小塊地自建房，見縫插針。他們是這一帶最早的開發者。

隨著房地產開發，「鞋盒」消失很快，一棟棟「鞋盒」被樓房替代，市政府不得不制定法案保護這些代表特定歷史時期的的住房。一位文物保護官員說：「Shoebox（鞋盒）如同 bagel（圓圈麵包），在飲食中不居重要地位，但對蒙特利爾而言，是必不可少的。」

市中心繁華之地，偶爾會發現一個門面改建後的「鞋盒」，像小人國的住屋，毫不動搖地立在一棟幾十層高的大樓邊。房主不願搬、不願拆、不願賣，政府一點辦法沒有——這就是我們所說的「釘子戶」！換在別的國家，恐怕早就被「拔」了。

到了現場，先是化妝、換衣服，然後和另兩位年輕演員見面、交談。

第一幕是打麻將，麻將桌在涼臺上。幸虧房前有棵大樹，遮住了酷熱的陽光。搓麻將我還算內行，這回贏家是我，要表現得沾沾自喜，但不能過於興奮，畢竟我是「半癡呆」。

奇怪的是，手一摸麻將，就會想到我媽，想到我出生前和麻將桌擦邊而過的「緣分」。

下一幕是重點，要演出點兒「瘋婆子」的樣子。此時正值中午，32 攝氏度的高溫。我穿著睡衣，外面套個毛絨絨的浴袍，腳上趿拉著一雙繡花拖鞋，站在馬路中間，頭無遮蓋，面對一輛龐大垃圾車。我對著司機大喊大叫。事先和導演說好，我將用漢語喊叫，反正只拍戲不錄音。情緒化時，用漢語更能入戲。後來聽說，這類患者在發病喊叫時，會習慣性地用自己的母語。

我大喊一陣，導演說：「再發大點兒『脾氣』。」「發脾氣」

還真不是我的長項。我提高嗓門，恨不得說幾句「髒話」更情緒化，但還是打住了，萬一給錄下就糟了。我滿頭大汗，濕漉漉的睡衣緊貼身上。化妝師不時上來，往我額頭噴水。「汗水禁不住曬！我得不停地製造點兒假的。」她笑說，順手遞給我一杯冰水潤嗓子。

攝影師不時調整鏡頭，我站在原地不動。這份兒熱！有把扇子該多好！此時，一位小助理跑上前，撐起把大紅太陽傘，給我遮太陽。「我們得保護你，不能讓你中暑。」這不趕上總統待遇了嗎？！我滿得意。

狂喊之後，導演豎起拇指，表示過關了。此時，戲中的孫子女友出來扶我進屋，我反抗、推搡、執拗，嘴裡罵罵咧咧。過一會兒，我瞬間平靜下來，不再掙扎，服服帖帖跟她進屋。導演說「cut」，通過了。我趕緊回屋換衣服。

癡呆患者往往情緒變幻莫測。另一幕，我處在正常狀態，表情柔和、略帶愛心，給小女生往臉上揉精華油去疼，按摩脖子和肩膀。此時，隔代人的關係融洽了許多。

有些無動作的鏡頭：我僵硬地坐在客廳，兩眼盯著電視，無視周圍一切。

我扮演這個角色，算是假裝了一回「癡呆」。希望這個「假裝」永遠不會成真。

我喜歡和年輕人一起演戲，或者說「玩」，借力與他們的活力與銳氣，我感到年輕。

兩天的拍攝順利完成。臨走時，服裝師要送我一條褲子。她說拍戲時弄髒了我的褲子，留下了油漬，一定要賠，不能不收，這是規矩。劇組每個人都很敬業，我十分敬佩。

二

　　我所在的老年公寓，不時會見到一些生活可以自理的輕微癡呆患者，在大廳或走廊裡東張西望，像是丟失了什麼；說起話來，前言不搭後語。過一段時間，眼看著他們一天不如一天，愈來愈恍惚，最後消失了——去處不言而喻。

　　一天，我和一位陌生女士同桌就餐。她穿著整潔，像是位職業婦女，佩戴著高雅的首飾。開始談話還算正常，雙方做個自我介紹，得知她是位退休中學教師，教法語，說話口齒清楚。我原想和她交個朋友，練練我的口語。

　　飯吃到一半時，我覺得有點兒不對勁兒。我已回答過的話，她還來來回回地問，自己說過的話也不斷重複，還不停在手袋裡找鑰匙、看手錶。或許這是下意識地重複她當老師時的習慣。隔壁桌上的用餐者，暗示我，這位女士思維不太正常。

　　她雖然失去部分記憶，但說話彬彬有禮，不失為人師表的姿態，打噴嚏時用餐巾捂住嘴，說聲「對不起」。

　　眼前一幕，讓我心裡很不是滋味。這種找不到根源，無從預防，也無法根治的疾病，威脅著每一位老年人，是個無法躲避的悲慘現實。營養、運動固然重要，但更重要的是不能讓腦子停下來，當「思想懶漢」或新時代的「恐龍」，跟不上趟。學習是最有效的良藥，雖然不能保證「免疫」，但至少可以拖延時間。

　　許多長壽學者靠的就是不停地給腦子設定新的挑戰——學習、探索、更新。

這次我說了 NO

一

　　一次閒談中，我問一位多年好友，到底喜歡我什麼？她說：「我最欣賞的一點是：你對新鮮事物不迴避，總說Yes！」

　　是的，新奇的東西，無論是吃的、用的，還是聽的、看的，對於有好奇心的人往往充滿神祕感。我，就是這樣一個什麼都喜歡「試吧，試吧」的人。

　　不久前接到經紀人來電，說某劇組在拍一部短片，指名要我扮演劇中的老太太。通常，演員想拿到角色，須通過試鏡，才可以入選。越過試鏡被「指名」倒是有過幾次，每次都挺自豪，有種被「認可」的感覺。我欣然接受了。

　　經紀人把劇本發過來，我仔細看了看。劇中老人病危，臥床不起，咳嗽時，上氣不接下氣。女兒在旁伺候，用勺子餵食。老人嚥東西有困難，排尿也有障礙，插了排尿管。護理幫助清理尿袋。

　　結尾時，女兒望著呼吸微弱的母親，慢慢將病人雙手安放在胸前，吻了下老人前額，抹淚走出房門。結局不言而喻。

　　看了這個劇本，心情很沉重。接還是不接？對於西方人，生與死都是自然規律，沒什麼禍福之說。再說，不就是演戲嘛！可是我，作為東方人，有點兒忌諱。演戲就要投入，要演得像那麼回事。那不等於是在「預演」自己的死亡嗎？不行，太喪氣了。

義子鴻兒在一旁極力反對，平時他連「死」字都不讓我說。

女兒也反對，她認為負面氣場招引的是負面能量。我想這就是為什麼和正能量的人在一起會快活，反之，會沮喪。

我給經紀人打了個電話。「對不起，這回我得說 NO 了！」我把理由講給她聽，她哈哈大笑。「我能理解，你不願『彩排』自己的死亡。以後有類似角色，我不再推薦你了。」我囑咐她不要把 NO 的原因告訴對方，以免造成誤會。

二

東西方人有許多相同的愛好，不過在有些方面，理念不同。西方人把逛墓地、看墓碑視為一「景」。除了掃墓獻花，他們喜歡那裡空曠的天地、無人打擾的寂靜、與亡人密語的機會，他們樂意讀碑文、感歎過早夭折的人、追憶歷史的軌跡。

我隨朋友去過幾次墓地，都是被動的。進到墓地，總是心裡不踏實，覺得墓地陰氣重，因有正常死亡，也有冤死的，似乎陰魂不散。小時候常聽到過墳地鬧鬼的事。說不上是迷信，還是《聊齋》中的鬼故事聽多了，用東北話說，心裡就是有點「膈應」。

有一件事，加深了我的「膈應」感覺。初到蒙城那年，一位朋友熱情地邀我去參觀蒙城最大的墓地。當時正值春季，草坡上佈滿了早春盛開的石楠花，很美。走在裡面，除了對五花八門的碑文有些好奇外，心裡不是太舒服，覺得亡人長眠的地方，不該是活人參觀遊逛的場所。

這位朋友不久要搬到紐約和妻子、孩子團聚。不幸，搬家工從三樓窗戶往下吊家具時，他搭了把手，不留神一失手，連人帶家具一起掉下樓。等待多年的全家團圓，以死亡告終。不知為什麼，我

隱約覺得與那次墓地之遊有關，好像死神從那裡向他招了手。

三

　　有人說，到了「耄耋之年」，有些事情不宜參加，要迴避。高齡之人最好少出席葬禮，說是陰氣會「折壽」。折不折壽倒未必，我一向就不喜歡喪葬之處，總覺得「瘆」得慌。但是我欣賞西方人對葬禮的態度。

　　西方葬禮是慶祝逝者的生命，生命不止於今生今世，死亡意味著歸於天堂，能夠與已故的親人一起，共用永生喜樂。西人葬禮上，通常播放的是死者生前喜愛的音樂，悼詞中也常常講些他生前有趣的故事，牆上掛的是帶有美好記憶的照片。無論家屬還是來賓，情緒與日常無異。

　　這不等於人們心裡沒有悲痛，只是表達方式不同。向遺體告別時，人們默默祈禱，背過身輕輕擦掉淚水，從內心向亡人傳送最真誠的哀念，以微笑和愛心護送逝者一路。

　　以我的感受，東方人的葬禮，主題是對逝者的悲悼，渲染生者永遠失去親人，而至陰陽永隔。因而無論家屬或是來賓，要表現悲傷、肅穆，最好要悲泣，任何喜悅的言談、舉止、活動，都不合禮俗。

　　幾年前，在一堂寫作課上，老師佈置的作業是為自己寫一篇800字的「訃告」，談談人到生命終點的看法。起初我有點猶豫，不知從何下筆。但又不能無故不交作業。

　　在中國，為未亡者寫訃告或安排葬禮，屬不吉利。在老人面前，要避免說「死」字，要多說「壽」。我現在為自己寫訃告，像是打破了祖宗的規矩。

我以女兒的口吻為「活」著的我寫了份訃告，最後一段是這樣寫的：

「母親為人低調，不喜鋪張，她要求葬禮從簡，為葬禮選曲〈Amazing Grace（奇異恩典）〉。母親最後的願望是把部分骨灰撒入大海，隨著東風，吹回中國——她的出生地，象徵落葉歸根。餘下的骨灰留在加拿大，她的再生國，伴隨心愛的人。」

或許這份作業將來真能派上用途。

最近讀到一篇短文，提到酷愛藝術、年過八旬的挪威女王，為自己設計了一個極其別致的、帶有雕塑的水晶棺，為自己去極樂園做了美好的準備。

談到生死觀，我既保留了一些東方人的傳統觀念，也借鑑了一些西方人的開放心態。生與死實際是在一條線上，人最後的歸宿都一樣，區別在於在世的「活法」有所不同。精神世界豐富的人一般不懼怕死亡，視死如歸，在世時如能完成自己的宿願，死時會無悔無懼、安詳平靜。有的人持樂觀態度，視死亡為一次旅行、一場壯麗的探險。

我們都經歷過失去親人的痛苦，或許不止一次。有些人長期陷在痛苦中不能自拔；有些人較快熬過去，痛苦過後，重整鑼鼓。一位失去親人的好友說：「人雖離去，但我們仍可以把他們帶在身邊，用不同的方式與他們進行交流，他們的存在猶如身邊的生者。」

我的母親就是這樣一直伴隨著我，不時出現在夢中，時常有說有笑，是一盞不滅之燈。

德國哲學家海德格爾在書中曾經談到類似的意思。人生就是倒

計時，你出生的那一刻，也就意味著死亡的倒計時已經開始。因此不要恐懼死亡，恐懼無用，而延長生命的意義，倒是渺小而卑微的你，所能做的事情。

　　無論怎樣的生死觀，鮮活的生命都僅限於今生今世，過好今天，珍惜當下，認真地活好「這一世」，才不辜負來這世上一程。

　　印度哲學家與詩人泰戈爾那句流傳已久的詩句就是最好的注釋吧：生如夏花之絢爛，死如秋葉之靜美。

優雅地告別

一

M 君，我們同一公司，不同部門。

初識是在一次中國專案啟動中，他被任命為總部負責人，而我是專案成員之一，派往中國太原，常駐 5 年。

M 君，工程師，土生土長魁北克人，太太多年前去世，在公司，是位人人皆知的「模範丈夫」，幾十年如一日扶持一位失去活動能力坐輪椅的妻子，既當爹又當媽，把 3 個孩子帶大。

我被這位「有擔當的男人」感動，他被我的異國風度吸引。我們開始了一段遠距離「遙控式」的羅曼史——打電話、寫郵件、寄送賀卡和禮物，但見面時間僅限於每年兩次回蒙城休假。

M 君住西島，那一帶的房子占地面積很大，房前房後大片空地，聳立著高大的古老楓樹，夏季濃蔭遮蓋了整個後院，秋日紅黃參差的秋葉映照天空，花卉綠植覆蓋了修剪整潔的前院。窗前花架裡懶洋洋地躺著一個褪了色的裝飾豬，看樣子年代不短了。他家誰屬豬呀？

蒙城 4 月的天氣變幻莫測，那晚突然下起暴風驟雨，雷鳴電閃。我們在吃我包的餃子。

「今晚你就留在這兒吧，這樣的天氣，晚上開車不安全。女兒到男朋友家去了。」M 君說。

　　我沒有思想準備，一時不知所措。M君似乎猜到我的心思，忙說：「我有一間客房，你睡在那裡。床單、被褥都是新換的。」

　　我答應了。

　　M君心細，很會照顧人。浴室裡放了一套粉色毛巾，估計是他女兒的。「你沒帶睡衣，就穿我的吧。」我接過那套帶條紋的寬鬆睡衣。

　　洗漱完畢，道過晚安，我入客房就寢。房外風在嚎，雨在叫，雷聲隆隆。躺在床上，我久久不能入睡。忽聽對面屋傳來陣陣咳嗽聲，想給他端杯水，又怕太冒昧，莫名的不安困擾著我。起身打開房門望了望，猶豫片刻，又退回來，依舊不能入眠。

　　門外，輕輕的腳步聲傳來，是他，在我門前停留片刻，然後緩緩離去。

　　幾步之隔，猶如海角天涯。

　　翌日清晨，一踏入廚房，M君已把香腸和鹹肉煎好，雞蛋打好放在碗裡，等我醒後下鍋。桌子中間的小花瓶，插著一朵初綻的花，嫩葉上帶著幾滴晨露，花園裡早春初冒的番紅花。

　　我感到不好意思，睡過頭了。「昨晚睡得好嗎？」他問。「還可以。」我答得言不由衷。不眠之夜在兩人眼圈都留下了陰影。「我來煎蛋吧。」捲起睡衣袖子，我走到爐前。

　　M君輕輕走上前，從身後摟住我的腰，像是在彌補昨晚的欠缺。我一時僵住，伸手慢慢把火關掉，回轉身，投進他的懷裡。壓抑一宿的激情像洪水般，一瀉千里。滾滾波濤擊打著岩石，時高時低，浪花四濺。在這久被遺忘的山谷，回音響徹雲霄。

二

　　我是 M 君一生中第二個女人。東西方兩種文化的交融，於雙方
而言既是挑戰，又是情趣，我們不斷調整和適應，尋找戀情中微妙
的平衡點。

　　M 君深愛已故妻子，每逢耶誕節、復活節、感恩節或情人節，
他會到墓地，在太太墓前，放上一把她生前最喜歡的、近似野花的
藍色小花（sweet william），那乾枯後不變形的小藍花。

　　我們相識後的第一個感恩節，他沒料到我提出陪他一起去墓地。

　　墓地不算大，建在一個未開發的公園裡，周圍有大片森林和湖
泊。「她喜歡安靜、接近自然，所以我選了這塊地。」M 君順手把
墓碑前的乾枯落葉掃淨，將手中的藍花倚靠在碑旁。

　　低下頭，他默默地向她傳遞心中的愛，然後伏下身，親吻一下
大地，抬頭仰望天空，說道：「你在天上為我們祈禱，保佑我們。」

　　聽到這，我眼淚情不自禁地淌下來，哽咽地我對著墓碑說：「我
們一同愛他，你在天上，我在地上。」M 君將我緊緊擁在懷中，用
面頰擦乾我的淚水，耳畔飄過一絲淡淡的男士花露水的清香。

　　我調到中國工作的第三年，M 君身患重病，需要手術。手術
後，恢復得不十分理想。我很擔心，從中國趕回來，陪他度過了最
困難的康復階段。這段時間給我們提供了相互瞭解和依靠的機會，
鞏固了已有的感情基礎。

　　2002 年退休後，我們經常出去旅遊，參觀了許多過去想去又沒
能去的地方，除了歐洲和美洲，最遠的一程是中國的「絲綢之路」
和俄羅斯的聖彼得堡。

　　在巴黎，我們漫步於塞納河旁，路過一座小橋，橋欄上掛滿了

各式各樣的鐵鎖，有小巧玲瓏的也有手掌大小的，沉甸甸地墜在鐵欄上。這是多年以來情人們在此留下的思念，掛上鎖，鑰匙丟進河裡，象徵著把愛鎖住，永遠打不開。

我倆當天沒帶鎖，M君有意去買一把，玩一回浪漫。我說：「不必了。假如我有把鑰匙，我不會丟到塞納河，我會留著。」

「那是為什麼？」

「當我們的愛情褪色了，我會打開鎖還你自由。鎖住的愛情是一種形式，一種虛假的信念。」

愛情，這世上最美的情感，在我眼中應像磁石一般，自動地吸引對方，磁鐵失效了，就會自動分離。

三

小女璐找到份好工作，收入不錯，給我買了張去義大利的機票。我加入了一個女友自由行小組，目的地是 Sorrento，一座義大利南部的古老城市。我們順著 Almafi 海岸遊逛了不少大小城鎮，躲過了蒙城的嚴寒，享受了地中海無限的明媚陽光，飽覽了義大利的風土人情。3 週遊歷即將結束，最後一站是羅馬。

此時 M 君這位滑雪愛好者，正在歐洲阿爾卑斯山滑雪，挑戰著海拔幾千米高坡度的驚險。我們在蒙城機場各自登上不同航班時，兜裡都揣有對方的行程表。

抵達羅馬，我隨團下榻的旅館，位於一條遠離市中心的小街上。提著行李，邁入二樓房間，驀然發現，桌上花瓶裡，一大束美麗耀眼的玫瑰正在盛放。

我心想：「這家旅店真不錯，用這麼多花歡迎新住客，能看出義大利人的熱情好客。」放下行李，聞了聞花中最燦爛的紅玫瑰，

甜蜜的味道一下子馥郁了整個房間。

　　到底和北方暖房培育出的花兒不一樣。抬頭，發現花束中有一小卡片，上面寫著：「親愛的，歡迎到羅馬。我就在你對面的旅店，205 房間，電話：467-2588，等你電話，M。」這意外的驚喜來得太突然了，我捧著那張小小卡片，一股暖流湧向心頭。我激動地望著窗外，可惜不是臨街，望不到對面的樓房。

　　M 君對我說，他租了輛車，連夜開過大雪覆蓋的崎嶇山路趕到羅馬。為了買紅玫瑰，在不熟悉的羅馬大街小巷兜了好幾圈，終於選到一束滿意的花，並在我對面的旅店租到了最後一間房。

　　多麼有心的安排，我怎能不感動！我們度過了不尋常的兩天「羅馬假日」，享受一下「黃昏戀」的浪漫。然後，我隨團回了蒙城，他返回瑞士滑雪。

　　M 君與我保持了近二十年的戀人關係，有著另一種承諾，相愛但不相擁。婚姻一直沒有進入我們的「議事日程」，因為雙方都習慣了獨立生活，不願依附任何人。

　　我們相互沒有約束，沒有壓力，沒有義務或責任可承擔。在一起既有各自獨立的自由又享受相互關愛的溫馨，還時時帶著時隱時現的羅曼蒂克火花，可謂異性朋友中的理想結合。

四

　　人的一生，最美好的時光總是短暫，到了一定年齡，突如其來的變化會使人措手不及。

　　兩年前仍精神充沛的 M 君，現在健康狀況直線下降，單獨出行或獨居都成了問題。為了安全，也為了得到醫護人員的照顧，兒女決定把他送進老人院。這對一個以往只會照顧別人，不願接受照顧

的人，委實太難了。

老人院看似安全但他並不快樂，每次見到我，都會說：「我羨慕你，羨慕你的自由。」每次告別時，都要說：「為我祈禱。」眼睛流露出盼望奇蹟發生的目光。

一切來得太快，也太早，他還比我小兩歲。送他去老人院後，我陪著他女兒妮整理家裡的東西，賣的賣，送的送，丟的丟。我愣愣地坐在一堆東西面前，拿不定主意，觸景生情。打開一個大紙箱，裡面全是準備當年送的聖誕禮物，不少已標上名字。我捧著標有自己名字和「聖誕快樂」字樣的盒子，眼淚禁不住地不斷淌下來，幾乎哭出聲。

一生中，人們不斷面臨進與退、取與捨。進不代表勝，退也不代表敗；取不等同得，捨也不等同失。關鍵在心態：退有一定理由，有時因退而勝；捨有一定目的，有時捨則變得。

一生幾經得失循環，我把人間離合看得淡了許多。

在速戰速決的驅動下，M 君的家很快就騰空了，房子插了牌子等候經紀人回信，兩部車已廉價出售。

我陪同 M 君回來看最後一眼，向他幾十年的生活樂園告別。他悲痛地說：「我現在什麼都沒有了，沒地方可回了，只剩下老人院了！」

儘管那裡服務齊全、環境優美、活動多樣化，但於 M 君，是個自由度有限的「金絲鳥籠」。

我握住他的手說：「錢財這些身外物，放棄了也算是積德。」我相信這位虔誠的、喜歡助人為樂的天主教徒會明白的。

在這裡，我看到了自己未來的縮影。

其實，人生的經歷，有些可以放在放大鏡下看，但不能放在顯微鏡下看，細紋看得太清會干擾全貌。「生年不滿百」，明白了人

世的來路與歸途,內心反倒坦蕩許多。

M君走了一年了,我和他女兒妮到墓地獻花,又是一個感恩節。立在墓前,我輕聲問候,像他當年一樣,蹲下把花束倚在碑前,在濕潤的草地上親吻一下,祝願他在天國與家人團聚。我默默地唸了一首小詩,從口袋中掏出一個粉色小豬,放在墓碑前陪伴他。

20年前在他家窗沿下,見到一個裝飾豬,我以為家裡一定有人屬豬。結果出現在他生活中唯一屬豬的,恰恰是我。

「孤獨」歲月

一

人，生來就是群居動物。小時候有父母、兄弟姐妹，成年後有配偶、子女。

單獨生活的人，往往被看成「怪癖」、「老倔頭」、「異類」，被認為生理或精神有缺陷。總之，不正常。

我的人生歷程中，不同的階段，似乎常常處於選擇與孤獨為伴。我不懼怕孤獨，漸漸竟能從獨處中品味出更多況味。

小時候，與其說喜歡熱鬧，不如說喜歡看熱鬧，在一旁觀賞。我更喜歡躲到僻靜角落，不受干擾、無人管教，無拘無束地模仿、幻想，生活在自己「編造」的故事裡。

中小學在教會學校讀書，於英語環境中長大，多年接觸西方文化，養成了中西兩種生活習慣，形成了中西兩套價值觀。

少女時，過早邁入成年人社會，面對似懂非懂的社會現實，只能用單純的眼光應付複雜的局面。

本應和同齡異性在一起，分享青春的歡樂和純真的相愛，但我錯過了。混在成人堆裡，我遭到的是年長一倍人的性騷擾。孤弱年幼的我有苦難言，不敢去「告狀」，更怕被「倒打一耙」。侵犯者往往是上司。

到了談婚論嫁的年齡，趕上一茬接一茬的政治運動，一切以

「政治掛帥」、「階級鬥爭」為綱，挑選對象受到極大限制。和我合拍的人，不是出身有問題就是思想「右傾」或「政治不掛帥」，曾經被迫與一位淪為右派的男友「劃清界限」，以分手告終。

情感這片原本乾淨的「自留地」，被掛上了「資產階級」、「小資產階級」的標籤。在那個思想不屬於自己的年代，感情也無例外。

生活在思想混亂、情感扭曲、是非混淆的大環境中，隨波逐流是唯一出路。我違心地拒絕了真正讓我動心的人，選了一位出身好的男人，嫁了。兩份鋪蓋捲湊到一起，入了洞房，無奈地結束了處女生涯。

愛情需要兩個人情投意合，有共同語言、共同興趣。而這場門不當、戶不對的婚姻，給我的是未曾有過的「孤獨」感。

我安慰自己：結婚成家，不就是過日子嘛！想那麼多幹嘛。

我盡到了妻子的責任，懷孕了。從懷孕之日到離婚之時，兩年多的時間我們是同床異夢、名存實亡的夫妻。

是性冷淡嗎？不是，只是覺得裡面缺了點兒東西。可究竟缺的是什麼，我找不到答案。

我離婚了，成了單親母親，孤身一人帶著孩子，沒要撫養費，離開了。母親幫助照看孩子。

離了婚，帶個孩子，過了六年單身生活。「寡婦門前是非多」一點不假，我招惹了不少閒言碎語，被人指指點點是常事。

身負單親的責任，我全心投入工作。

我上了講臺，當了英語教師。未經師範培訓的我，起初不懂教書。我倍加努力，請教前輩，聽課、備課、查找資料，最終勝任了工作，取得了學生的尊重和認可。

為人師表的時間不長，史無前例的文化大革命首先衝擊了教育

界。學生造反，老師被轟下臺，批的批，鬥的鬥，關押的關押。

　　我首當其中，被打成「牛鬼蛇神」，關進「牛棚」。

　　世界如此冷漠無情，我感到孤獨無助。四周似被一團濃重的霧緊緊圍裹，讓人喘不過氣來。我反覆告訴自己：活下去，一定要活下去！

　　在人生最低谷，臉面被撕盡、尊嚴被踐踏得體無完膚、無人理睬時，一句寬心話、一點關懷、一絲體諒對我都是莫大的安慰。

　　此時，教師中出現了一位敢於為我打抱不平、說公道話的人。我感激萬分，嫁給了他。那是另一種愛。

　　我們有了孩子，本以為生活從此會平平淡淡、穩穩當當過下去。

　　沒想到，這段情感基礎不那麼扎實的婚姻又在現實面前無疾而終。

　　我退出了第二次婚姻，又回到了孤獨狀態。帶著孩子走了，又一次沒要撫養費。

　　我出國了，一切重歸於零，相當於再次投胎。

二

　　初至異域，無依無靠，一切沒有著落，缺乏安全感，我開始了孤獨奮鬥的一段歷程。曾閃過一個念頭：找位情投意合的人重組家庭，但很快放棄了。在不同文化背景、不同經濟條件、不同家庭「包袱」的情況下，擺平各種關係談何容易！

　　根據自身的條件，我編織了一個既能體現獨立自主，又能帶來歡樂的「安全網」，把我對事業的追求、家庭的保護、情感的滿足、能力的發揮兜在了一起。

　　我找到工作，把兩個孩子接出來，給了她們一個平等創造未來

的機會，算是我的一份厚禮，彌補她們生活中的缺欠。往後的路，由她們自己選擇。

我的朋友圈，有華人也有西人，是我生活中不可缺的支柱。我們可以開懷暢談，交流思想，分享樂趣，分擔苦悶。

雖然沒有再婚，我的情感生活不是空白、不是沙漠，我有「情人」。不住同一屋簷，我們尊重彼此的空間和時間，互不干涉與原有家庭有關事宜，有節制地相互「依賴」但不「擁有」。每次見面視為「初次約會」。

這樣，既保持了戀人的火花和新鮮感，也迴避了日常油鹽醬醋的干擾、中西生活方式的摩擦。這種關係比較乾淨，可以長久，有樂趣。

有人惦記、有人在乎就夠了。

該有的，我都有了——親情、友情、愛情。

幾十年過去了。我單獨生活，獨自做選擇和決定，卻不感到孤獨。就像英語中「alone」和「lonely」說的那樣，單獨不等於孤獨，沒人在乎才是真正的孤獨。

獨居需要勇氣，也需要毅力。它不是天生的，是後天鍛鍊出來的生存能力，屬於不是人人都能扛得住的選擇。

作家余華說過這樣一段話：「孤獨和自由，是這個時代真正的奢侈品。懂得享受孤獨，就是一個人最昂貴的自由。」

年齡愈長，我愈喜歡獨處。一個人只有在獨處時，才能成為真實的自己。安頓好自己何嘗不是一種能力，可以讓我們找回內在的力量，全新擁抱生活。

有些人會認為做個孤老太太不容易，會很悶，無法打發時間。

我是老了，但我不「孤」也不「悶」。一個人時，反而能安靜而豐盛。

　　生活用另一種方式充實了我，給「獨處」增添了色彩和生命力。學習和寫作占用了大部分時間，時常感到日子過得太快，時間不夠用。

　　前半生失去的，後半生補上。

　　餘下的路，無論長短，我會笑著走下去。

　　回首歲月，內心惟有知足與感恩。

年長不等於「老」

—

　　常言道，人老心不老乃健康長壽的祕訣。

　　心，怎麼才能不老？

　　一個人，年輕與否從來不是由歲月決定，而取決於其思想狀態、意志與想像力。

　　歲月給皮膚刻上幾道皺紋不會催人老，放棄追求給靈魂蒙上皺紋，才會成為真正的「老化劑」。

　　活了七八十年的「長者」，繼續積極向上的不稀奇，而喪失銳氣生活無動力的年輕「小夥子」也不少見。

　　82 歲那年，我做了個重大決定：搬進老年公寓。許多人下不了這個決心，原因之一是不願承認自己老了，不願讓「自由」受到限制。

　　這是一棟新建公寓，住戶多為生活能自理的老人。過慣了獨門獨院的我，搬進近乎「集體」生活的環境，要有點兒「冒險」精神，自然也需要一段適應過程。

　　我，這裡唯一的華裔，像一個從沒下過水的人，要在數百位法裔老人中學會游泳。

　　起初，我見人只打招呼，不交談。總是獨來獨往，人們以為我不會說外語或是清高不愛搭理人。「被冷落」局面並不舒服，我開

始物色可以說上話的人，主動湊上前。說實在的，公寓樓裡大多數人對中國瞭解甚少，更不用說有中國朋友了。於他們，我是位蒙著神祕色彩的東方人。

二

我打開局面，主動交往的第一位是同樓層的R女士。她穿著樸實，說話直率，熱情大方，重要的是，臉上總帶笑容，還會說英語。交談時，如果法語趕不上趟，我可以摻進幾句英語。我們後來成了好朋友，一起吃飯、採購，相互照應，但互不干涉「內政」，不霸占彼此的時間和空間，做到有近有疏，張弛平衡。

之後，我有選擇地交了幾位女友，不時見個面、喝個咖啡，走動一下。至於男士，為了不招惹「麻煩」和「閒言」，我只和「同性戀」者交往。他們多穿著整潔，略帶女服色彩花紋，彬彬有禮，談吐風趣。儘管我不願被老男人「纏」住，但時不時聽到幾句「恭維話」或看到幾回「媚眼」，也是美滋滋的。

這裡住戶多數是單身男女，喪偶或離異。女單身一般願意保持單，奔波了大半生，養育子女，扶持男人，該是照顧自己、自由自在享受每時每刻的時候了！男士獨居能力遠不及女上，出於寂寞或需要，總是在找「伴兒」。

我原以為，人到一定年齡，對異性的追求和需要會減弱。我大錯特錯。有人開玩笑說：「別看有些老男孩兒，頭腦不清楚了，可性欲還挺清楚！」很明顯，那些找到「伴兒」的男女，精神面貌容光煥發，與人交往時人緣也變好些。其實，人們對異性愛的需求不會隨著年齡而消失，反之，它會滋潤生活，增強生命力。

想想老一代人那些僵硬的、不近人情的規矩，壓抑了多少人

正常情感的流露，造成老年情感「空白」的悲傷。常有人把這話掛在嘴邊：「不就是過日子嘛！還有啥追求？」這樣的說法不言而喻是冷酷的、害人的。在這點上，西方人比我們開通多了，不在乎年齡，不強調儀表，該愛就愛，該追求就追求，大大方方，不必遮遮掩掩。

記得我父母五十幾歲就分床睡。雖然生活在同一屋簷下，但兩人關係冷漠，沒有情感交流，脾氣變得孤僻暴躁。我們常見的，除了鬧彆扭就是吵嘴。當時我不懂，以為是性格不合所致。直到自己到了「近黃昏」才明白，人無論到什麼年齡，都是有需求的──精神的、心理的、肉體的；方式不同，內容相同，不會終止。老年公寓的現狀更加印證了這一點。

三

五年多過去了，我已習慣老年公寓的「集體生活」。人們往往把老齡群體，看作一堆暮氣沉沉、病病歪歪的人。其實不然，這些上了年紀，可以自理的老人有陽光的一面。

每天到餐廳用餐，費用包括在房租內，飯菜可自由選擇。進入餐廳，大家很注意裝束，打扮得像是去「應酬」飯局，以示對大廚和服務生的尊重。樓中規定，在走廊或公共場所，必須穿著得體，睡衣、拖鞋，一律禁止。

樓裡設有練功房、檯球室、電影放映室、圖書館、繪畫室、音樂廳、咖啡廳等，眾多活動中，排舞（line dancing）是我的最愛。跳排舞不需要舞伴，既踩不到別人的腳，也不會被踩，自己掌握節奏，累了歇歇腳、喝口水，自由自在。跳舞時，大家會打扮一下，抹上點兒淡妝。

　　隨著年齡、體型的變化，在穿著上須做些調整，淘汰一些緊身的，改為寬鬆的、純棉質地的舒服衣服。對於曾經「酷愛」過的「年輕」裝，不得不忍痛割愛。我的原則是：色彩可以鮮豔，樣式可以不時尚，但穿著一定要襯托出適合年齡的優雅。過於時髦，過於年輕化，反倒顯得 cheap 了。

　　娛樂組曾邀請一位舞蹈教師，教我們跳探戈（tango），這高難度的舞蹈步。我為此買了雙半高跟舞鞋。可惜課程沒維持太久，因為探戈需要大跨步、大扭腰，參與人數不多，我總算在舞會上過了幾把癮。過後，舞鞋送給愛跳交誼舞的女兒燕了。

　　探戈舞曲特別迷人，聽到它的節奏全身會情不自禁地隨之擺動。父親年輕時喜歡跳探戈，有些年輕朋友時常到家請教他。可惜母親對跳舞一竅不通，或許這也是他們婚姻不「合拍」的一個原因吧！

　　對於那些腿腳不太靈活、不能久立的人，有一種活動叫「椅上」舞（dance on chairs）。人們坐在椅子上，隨著舞曲，甩胳膊、踢腿，甚至可以輕度扭腰。這項坐舞很受歡迎。

　　前幾天，這裡請了位非洲鼓手，帶領大家打手鼓。原以為不會有太多人，結果五十多人出席，不少坐輪椅行動不便的老人也來湊熱鬧。「咚咚咚」的鼓點聲敲起來了，人們隨著音樂搖擺身體，歡笑呼喊，個個心花怒放，激情不亞於年輕人。主任在門外觀看，也禁不住拍手助興。

　　公寓也會組織一些安靜的活動，如瑜伽、太極。太極老師是位西人，作為東方人，來自太極發源地中國的我，跟著「老外」學太極，總覺著不太對勁。他教的是動作，沒有太極的理念。於我，那和做「工間操」有什麼兩樣？從50年代養成做「工間操」的我，一直堅持到現在，對舒展筋骨很有幫助，只是現在沒有高音喇叭喊：

「一二三四，二二三四……！」我還記得有一套「工間操」是當年清華教授馬約翰編製的。

四

老年公寓女性住客居多，她們來自各行各業，有教師、醫生、作家、新聞工作者、演員、翻譯，現在退休了來此享受晚年生活；也有些曾是家庭主婦，撫養過一大家子人，一生都獻給了丈夫、孩子。老一代魁北克人，一家十幾個孩子，不足為奇。由於大家經歷不同，愛好各異，所以談起話來差距很大。有的婆婆媽媽，聊起家常滔滔不絕；有的喜歡八卦，就是中國人常說的「包打聽」，熱衷傳播各種小道消息；愛讀書的，手捧書報，走到哪兒看到哪兒；喜歡走長路鍛鍊的，每天不下萬步；也有些沉默寡言，生活在自己世界裡的「半隱居」者，物以類聚，這些人逐漸形成了自己的小團體，外人還不便插入。我一生的原則是：無幫無派，自立一派！

這裡形成的小社會，有自己的血脈、流速、節奏、氛圍，既不是孤島，也不是世外桃源，算是個特製的「小氣候」。「認老」並不等於「服老」，根據個人條件，這裡有發揮自我的時間和空間。

幾年來，我見證了不少變化，人員搬進搬出，救護車頻頻來往，老面孔消失，新面孔出現，曾經健步行走的人拄上拐杖、坐進輪椅。生命的自然循環不再是虛構，是活生生的現實，我們見到的不是新生，而是終年。這個現實，使我更清楚，人人都會遇到這個輪回，因此要打消懼怕，學會淡定，無憂無慮接受上天的召喚。

疫情期間，雖然不允許外出，室內活動場所關閉，但大樓內部管理很到位，安全措施齊全，飲食起居有人照顧，室外活動照常，基本需要都有保障。試想如果住在原來的獨門獨院，疫情關在

家中，除了電話、電視、電腦，見不到一個人影，我會感到何等孤獨、寂寞、無助。

在這裡，幾年下來，疫情對我沒有產生任何生理或心理影響。居家時間長了，業餘時間我還堅持寫作、練習法語，可謂是收穫顯著。

生活在老人堆裡，「乏味」嗎？一點兒不。

會被年齡壓倒嗎？不會。

年長從來都不等於「老」，我要說：

人生最後一站，我選對了，不後悔。

光在心中

昨日，整個城市遭受了一天一宿狂風暴雨的襲擊。樹葉被打得七零八落，殘枝豎歪在街頭巷尾，久經考驗的電纜也未倖免，幾十萬戶人家斷了電。

今天我要在一家書店舉辦新書發佈會。發佈會用的酒水和食品已備妥，可是書店老闆還沒見過面，書店的氛圍如何不曉，只聽說老闆是位熱心腸的人。

我和義子鴻兒提前一小時把東西運到了，進門一看，心裡涼了半截。書店不大，除了書架只有兩把椅子，沒有擺放酒食的桌子；更糟糕的是，那一帶正趕上停電。環視一下，牆上的彩色人物拼圖倒是別有風味，頗有想像力。

我心想，屋裡光線不足會影響照相，沒有電，刷卡機用不了，這個日子選得不夠好。但老闆似乎沒把這當回事兒：「給你準備個小桌簽書就好了，其餘交給我吧！」

櫃檯上放著一摞新書，櫥窗裡展示了幾本，醒目的「蝶變」二字點綴了樸素儒雅的封面，像是長了翅膀一樣在飛翔。有人誤以為此書是中文書，因為中文字體比法文書名大。原意是在封面上點綴點兒東方藝術氣息，現在倒喧賓奪主了。

幾年攻讀法語有了成效，《Les traces d'un papillon》誕生了，VLB 出版了我的書，並再版了 2008 年出版的《Ma vie en rouge》，兩本書同時發行。激動的心情一時無法平靜。

此書總結了我在加拿大，尤其在魁省，生活三十幾年的經歷，

講述了我如何融入當地生活，探索當地文化，瞭解風俗習慣，在逐漸改變「外來者」身分的同時，保留自身文化的傳統及價值。在追夢的軌道上繼續邁進，試圖把人生的最後階段過得有滋有味。

人陸陸續續到了。書架被推往兩邊，騰出了站腳的地方，酒水食品放在櫃檯上顯得擠了點。但在用酒上，老闆一點不含糊，為大家提供了幾十個高腳玻璃杯，他說這種場合飲酒用塑膠杯，有損對儀式的重視和對賓客的尊重。

想不到小小的書店竟能容下五十餘人，光線雖暗但氣氛溫暖。來賓有三十多年的老交情，有在生活各個階段遇到的同路人，還有搬進老年公寓結識的新朋友。僅魁北克華人作家協會就來了十幾位，能來的都來了。驚喜接連不斷。

女兒張燕、女婿和兩個外孫捧著一大把玫瑰衝上前，緊緊擁抱，兩個外孫對婆婆的成就非常驕傲；在 NDG 居住時，一牆之隔的老鄰居，見他家的貓寫在書裡一首詩中，為他留下了永久的紀念，十分興奮；買我房子的新主人帶著兩個孩子，遞給我一包寄到老地址的信件，有這樣的人「繼承」我的房子，心中很欣慰；我教過幾年中文的海地學生對我說：「雖然我忘了一些中文，但我沒有忘記老師，老師永遠是老師。」並要求我在簽名旁加上「老師」二字；我已故男友的兒子帶著妻子和兩個孩子從西島趕過來，但遺憾的是在忙亂中忘了合影；有心的 Sophie 來了又出去一趟，到剛打聽到的花店買了一束花，其中有一枝她最愛的向陽花；一位在南岸開店的朋友放下生意，帶著兩個女兒過來，原打算買三本書，最後只拿到一本；曉冰，在國內共事多年的老同事的女兒見到我倍感親切，我緊緊擁抱她時，她兩眼淚汪汪，想必是勾起了對已故父親的懷念；老年公寓來了十幾位，有位老先生來晚了，氣喘吁吁地解釋記錯了地址走錯了路，到頭來還沒買上書，十分遺憾；有幾位攝影愛

好者,穿梭在人群中,拍攝了許多照片,為此次活動留下珍貴的紀念。

在美國的小女璐派花店送來我最愛的蘭花,並發了祝詞。

正如我在謝辭中說的:朋友是珍貴的,沒有朋友我們什麼也不是。

編輯 M 女士做了新書介紹,並選讀了一段文章。我坐在靠窗的椅子上簽書。人們捧著書排成隊,我手中握著鴻兒送的金筆,是他三十年前在香港買的,可是一直沒有派上用場,今天送給老乾媽用來簽書。他說等了三十年,終於找到了合適的用途。簽書時,有眼力的鳳力發現這支筆不一般,輕聲對我說:「我看得出這是支名牌筆。」我說「你真厲害」,並把筆的來歷講給她聽。書賣光了,簽完了,手也酸了。

人們陸陸續續離開,只剩下出版社編輯和幾位朋友。十瓶酒全喝完了,最後只留下一瓶粉紅色香檳。「開了吧,沒有香檳怎能稱的上是慶祝呀!」老闆說。巧的是,香檳酒開瓶「砰」的一聲響,全屋的燈亮了。電來了!一片歡呼!為了慶祝,就連我這個平時不喝酒的人也飲了小半杯。此次活動的酒是懂行人選的,受到好評是應該的。

書店老闆十分滿意,他興奮地告訴我:書店每月舉辦幾次新書發行會,這次是最成功的,也是難忘的一次,一本書沒剩,還有預訂的。

會後朋友們給我不少回饋,對發行會的成功給予認可,歡欣的氣氛、溫暖的友人間的互動,長久地留在與會者心中。

法裔好友R女士寫道:Tu étais rayonnante dans cette salle sans électricité.(在停電的大廳裡,你閃閃發光)。

是的,停電是人為的,心中的光是天然的,每個人熱情的光芒

照亮了整個大廳，散發出無限的能量。

　　會後，題寫了「蝶變」二字的作家陸蔚青填寫了一闋詞相贈。

蝶戀花・蝶變
　　——祝賀張芷美老師《蝶變》出版

曉岸蘭汀臨玉芷。
蝴蝶翩躚，點點凌雲翅。
原上風光多旖旎。
莊生一夢如霞霽。

性自輕盈心自慧。
綠影迷離，甘露生花蕊。
身有瑤環長相佩。
蛹生蝶變成新美。

老年公寓疫期生活雜記

新冠病毒氾濫期間，我們被隔離數月，除了讀書、看電視，還有不少空餘時間。怎麼辦？記日記。這段生活很特殊，也許此生不會遇到第二次了，應該記錄下來，否則疫情過後，一切會煙消雲散。

隨著環境的封閉及活動的限制，平時看似無關緊要的生活小事，此時都被放大了。我，作為老年公寓唯一的華裔，也想藉機談談生活在西方老年人之間的感受。

2019年12月19日：去美國亞利桑那州鳳凰城度假，與其說是度假不如說是「避寒」，緩衝一下蒙特利爾漫長的冬季。這次，除了和大家過聖誕和新年，還要和小女夫婦坐郵輪赴加勒比海。

2020年1月5日：從微信和新聞中看到一些有關武漢新冠病毒的信息。我所在的鳳凰城很平靜，只有一例，是一位中國留學生帶回的，症狀輕微，很快控制住了。

2020年2月2日：我們飛到佛羅里達州上船。船上亞裔很少，第一天見到一對亞裔夫婦帶著口罩，但他們很快就摘掉了。我們無憂無慮地享受了 10 天的郵輪生活，靠岸參觀了 5 個島嶼，十分愉快。下船入關時，海關沒有問有什麼要申報的，只問了我和小女（因為我們是華裔）：「你們最後一次到中國是什麼時候？」至於我們在船上買的一些價格不菲的東西，沒人過問。回到鳳凰城才聽說武漢的疫情已很嚴重，同時也看了有關「鑽石公主號」郵輪的慘狀，慶幸我們當初買不上票，沒能登上去遠東的郵輪。

回到鳳凰城又住了 20 天，為小女過 50 歲生日。此時武漢病患猛增。鳳凰城開始受波及，受影響最大的是中國餐館，中國顧客驟減，外國顧客也寥寥無幾。朋友開的那家東北小廚先是減員，後不得不關門停業。我們是她家的常客，不是不想去，而是不敢去。

3月3日：我乘加航直飛蒙特利爾。入關時，海關人員問的比美國海關更具體：「你最近兩週去過武漢嗎？」有人認為這是對華人的歧視，但我不介意，這是非常時期，不必過於敏感。其實華人之間也在相互迴避，沒人串門了。唐人街變得冷冷清清，商店從半營業到不營業，失去的顧客多數是華人。

兩天之後，義子鴻兒給我洗塵，帶我去蒙城賭場的餐廳享受了一頓法式大餐，也是隔離前最後一餐美食。一週後，我在一家圖書館做了個講座，有五十多人出席，是隔離前最後一次聚會。之後，Radio-Canada（加拿大國際廣播公司）就我出版第二本書和我進行了一個半小時的電話採訪，後因 Covid-19 的衝擊，面試推遲。事態變化很快，當晚收到通知，外人一律不許進入我們的公寓，但我們可以外出。疫情開始蔓延。

3月15日：住在七樓的好友 R 女士被隔離 14 天，因為她接觸了剛從海外休假歸來的女兒。她不能出門，不能下樓吃飯，也不能在樓道裡走動。我有好吃的東西，會給她送點過去，不過只遞東西不碰手。

3月19日：陽光明媚，出去曬曬太陽，買點日用品。走進我最愛的咖啡店，熙熙攘攘的顧客分別坐在拉開距離的桌椅上。我選了一張離取貨櫃檯較近的桌子，要一杯咖啡，又來一塊芝士蛋糕，慰勞一下近日的單調生活。

大女兒燕從西島過來，送來兩大包吃的。她想得很周到，裡面還有口罩和消毒紙。之前她問過我想要什麼，我順口說了聲：「紅

燒肉。」其實我的飲食偏素，吃的肉量很少。或許是因為疫情鬧的，想補充點兒蛋白質增強抵抗力。疫情面前，人們的思維方式都變得奇奇怪怪，除了搶購食品和口罩，還瘋搶衛生紙。Costco 一時貨架空空，不得不限量。

3月23日：天上飄著鵝毛雪片，街上車輛很少，路邊偶爾出現幾個打著傘的行人。鴻兒約我出去兜風。我們開到皇家山頂的瞭望臺。有些人比我們先到，想必有同樣享受雪景的雅興。返程路上，我們去了一家越南餐館吃了一碗熱氣騰騰的越南粉，暖了暖身。沒想到這是隔離前最後一次去餐館。當晚就接到通知，一律不許外出。

3月25日：好在我頭兩天去了趟銀行，把該付的帳、該存的款、該轉的帳都辦了。看來以後要學會在網上辦這些事。我這個年過80的人對有些事情還算開放，有時還有點兒超前，但對另外一些事卻又墨守成規，趕不上潮流，時常被小輩笑話。

老年公寓內部一切活動全停，練功房、練舞廳、檯球室、電影放映室、畫室、棋室、圖書館全封了。牙醫和髮廊也不讓營業了，只留下一個藥房。大廳裡的桌椅全都擺起來，打了封條，無處可坐。敞亮的大廳變得淒淒涼涼。餐廳也關了，改為送餐上門。

3月27日：魁省出現的第一例病毒死亡者是在一所老人院。一位82歲的老奶奶接觸了旅遊歸來的親人。隨後6位死亡病例都發生在同一老人院。現在對老人集中居住的地方要求特別嚴格。

我們這裡居住的老年人多數可以生活自理。現在大門不讓出，二門不讓邁，時間久了也憋得發慌，幸虧我們有個寬敞的後花園。領導決定允許大家在後花園散步，但要按樓層按時間分批下去，每天一次，只限半小時。有些愛走長路的人，每天從一樓樓梯按順序走到十樓，他們計算了一下，走 4 次就可以達到 10,000 步。為了出來走路，大家照樣穿得體面，要的就是那股精神頭兒！

4月1日愚人節（April Fool's Day）：午飯後在看每日新聞，突然刺耳的火警響了。怎麼辦？出去還是不出去？火警笛聲愈響愈烈。打開門看看，不少人都在探頭張望，顯出無奈又恐懼的樣子。此時靠誰也不行，自己拿主意吧！我趕緊關上電視，換上一雙方便走路的鞋，穿上保暖的上衣，戴上圍巾、帽子，鎖上門，隨著人群從七樓往下走。此時，樓梯上已有不少人，都是慢慢騰騰的，還有拄著拐杖的。我扶著樓梯把手，又擔心接觸傳染，趕快把手套戴上，心想：回去後趕快把手套扔進洗衣機。

樓前已站滿人，規矩地拉開距離。前門停了兩輛救火車，防火隊員全副武裝。我問了一下周圍人發生了什麼事，誰也說不準。「莫非又是哪位大人做飯時睡著了，飯糊了！」一位老婦嘮叨著說。確實不假，前幾次都是類似疏忽。這回，我突然冒出了個想法：「不會是有人太無聊了，藉著『愚人節』來個惡作劇吧！」又是一場虛驚。事情結束後大家排隊等候上電梯，把門的在點人數，一次不超過四人。

4月3日：娛樂組安排了一些「陽臺活動」，鼓勵老人們在陽臺上跳舞、唱歌、做操、奏樂。不過，只有面向花園的陽臺才能享受到這些，住在朝街的人就吃虧了。

為了提高百姓士氣，政府也做了很多工作。彩虹燈點亮蒙城幾大橋樑，路邊掛著彩旗，號召各家各戶在門窗上貼上彩虹圖案。政府以電話留言方式通知每戶人家，發現病情時如何與有關單位聯繫，並留下了熱線電話號碼。總理在每日一講中不厭其煩地強調要遵守疫情規定，切不可放鬆。為幫助受影響的民眾渡過疫期，加拿大政府為百姓提供的經濟補貼是二戰以來最多的一次。當前的口號是：Let's stay together by staying apart.（相隔是為了相聚。）

4月4日清明節：往年清明時節雨紛紛，今年陽光燦爛，風調

雨順。今天是雙號，輪到我們「放風」，我提前十分鐘出去了，好在沒人把門計時。花園兩頭出口處，有人把守。我走到邊上，朝外張望，一位婦女坐在長凳上，一隻大黃狗躺在主人腳邊。一位警察像是在和她商量什麼，我猜想八成與狗有關。我們公寓樓也有不少人養狗，都是小狗。按規定，每天可以出去三次，只給狗狗大小便的時間，之後立即返回，不可藉機溜狗。難怪我鄰居的狗成天叫個不停，想必是憋得發慌。

4月5日：特魯多總理每天在電視上公佈政府的新政策。在醫療用具和器械緊缺的情況下，他鼓勵加拿大廠家轉產。現已有 5,000 個廠家提出轉產急需的醫療產品。服裝業轉產口罩和防護服，模擬飛機車間轉產呼吸機，釀酒業轉產消毒酒精，免費贈送。有的口罩經過消毒機處理，可以反覆使用20次，緩解了物資浪費和環保問題。有一個廠商用 3D 印表機製造了 1,000 套防護面具。總理說要看到更多的「Made in Canada」。

4月8日：今晚開始是猶太人為期 8 天的逾越節（Passover）。這是猶太人一年中最重要的宗教活動，家庭聚會必不可少。但疫情當前，這些活動都受到限制。晚間新聞，一位猶太教士要求聚會限定在同一屋簷下的家人，不擴大範圍，不走形式，在心中慶祝就可以了。有人問，上天為什麼給世人帶來如此大的災難？他說：我沒有答案，我認為當下不是問為什麼的時候，應該通過這場災難，想想上天要我們做什麼，要教育下一代懂得知足和感恩。

4月9日：魁北克省是加拿大最早提出隔離的省份，省長頒佈了一系列嚴格可行的方案。不幸的是，由於大批外地避寒「候鳥」的回歸，魁省的病例急劇上升，現已占全加拿大第一位。據調查，90% 的死亡人數為 70 歲以上的老年人，其中多數生活在老人院。省政府正在全面調查老人院疫情傳播的原因，追究責任，改善條件，

保護弱勢群體。

4月12日週日：基督徒的復活節。所有教堂都關了，只能在網上做彌撒。教皇在梵蒂岡首次閉門做了這一年中最隆重的彌撒，祝福人們，祈禱全人類團結一致戰勝疫情。他說，這是對全人類的考驗，是光明戰勝黑暗的時刻。

去年聖彼得廣場出席彌撒的人達七萬多，擠得水洩不通。今年則空空如也。有史以來，教皇第一次在復活節沒有面對廣大信徒。

在位 68 年的 97 歲英國女皇首次在復活節告知全體公民要保持冷靜，團結一致。她說，復活節沒有取消，現在比任何時候都需要復活節，願希望的火焰引導我們面對未來。大家都在尋求希望，就連平時反對皇族的人也在聆聽女皇的錄音發言。

4月15日：在《紐約客》（*New Yorker*）雜誌上讀到一篇關於新冠隔離的文章，篇幅不長但很深刻。作者是位曾獲過諾貝爾文學獎的波蘭女作家。她提出一些有思考價值的觀點，比如認為病毒並非打亂了正常，恰恰相反。想想，病毒前的嘈亂世界是不是非正常的？想想我們不斷追求的到底是什麼？

她說，我們認為待在家裡是讀書、看電視，但事實上我們正在為一場難以想像的新變革做準備，所有一切將與過去截然不同。基於二百年來塑造的文明典範，我們自以為是創世主，無所畏懼，世界屬於我們。這一切正在我們眼前煙消雲散，一個新時代即將到來。

4月19日：看了一場全世界都在觀看的精彩節目：《One World: Together at Home（一個世界：共同居家）》。這是由 Lady Gaga 策劃、世界衛生組織與世界公民聯合舉辦的網上演唱會。兩小時的演出很感人。

感染力來自演員們的平淡、樸實、真誠、慷慨。有些演員頗有

名氣，仍很低調，不張揚。他們沒有排練，沒有化妝，沒穿禮服，沒有豪華佈景與耀眼燈光。坐在自家，自彈自演，自編自唱，關注各國疫情，尤其是貧窮國家和弱勢群體。演員們用簡潔有力的語言鼓勵大家攜起手戰勝病毒，祈禱這樣的危機永不再來。

這場演出為抗疫籌集了一億兩千八百萬美元。

4月24日：對面樓開始部分復工。望著在頂層來回走動、身穿橙黃色背心的工人，聽著大吊車提送材料的「叮噹」聲，我感到大地在復甦。說來也怪，昔日感到干擾的聲音，今朝卻帶來有盼頭的感覺。

下午在院內「放風」，走到側面樓前，見二樓皮爾的住處有人影晃動。隔離一個多月一直沒見到他。不一會兒，他出現在陽臺上，歡喜若狂地向我擺手，激動地說：「讓我扮演一回男版茱麗葉吧！」我順口回答：「那麼，就讓我扮演一回女版羅密歐！可惜沒有吉他，否則還可以彈唱一番！」我倆捧腹大笑。恐怕莎翁在九泉之下，見到這種反串會打噴嚏的。巡邏的人忙走過來看個究竟，擔心違反了什麼規定。身後幾位老婦，帶著莫名其妙的眼光望著我。是羨慕還是嫉妒？難說！在負面信息鋪天蓋地的時候，我們需要溝通、歡笑，更需要關愛。

我朝皮爾大喊：「你今天給我的日記增加了一段有趣的故事，謝謝了。」說罷揮手告別。

4月27日：加拿大舉辦了一場為加拿大食物發放所（Food Banks Canada）募捐的網路音樂會。除了一些著名加拿大歌手，如 Celine Dion 等，還有 Chris Hatfield（第一位在宇宙空間行走的加拿大宇航員）。演唱會的宗旨是鼓士氣、求團結、發善心、共出力、抗疫情。人們的發言很誠懇，有人說：加拿大教給我的是要設身處地為別人想，要關愛他人；有人說：此時此刻，音樂可以給人帶來無比

的溫暖；還有人說：我們是一個注重價值觀念和行動的國家。

此次活動為 Food Banks Canada 募捐了六百多萬加元，我也做了一份貢獻。困難時期，每一份捐款，無論多少，都頂用。

4月29日：下午有兩位女警察來瞭解一些情況。上週有位老先生要闖進我家。她們提醒以後一定要通過貓眼看準是誰再開門，並要我把事情經過寫下備案。有生第一次在警察的監視下寫報告，還是用法語寫，有點不自在。我好奇為什麼出動了警察。她們說，只要有人舉報，她們就有義務前來處理。估計這位綽號「粉紅先生」的老先生，對其他女人有過越界非禮，被人舉報了。看來性騷擾是不受年齡限制的。

一位好友幽默地說：「別看有些老人頭腦不十分清楚了，但性欲並沒減退！」這還真不是笑談。

5月3日：和美國的小女璐打了個長電話，以前她趕時間，往往長話短說。宅居數月讓她開始靜下來沉澱和思考，她重新認識了節約的意義。現在有些物資緊缺，有許多人因失去工作而生活有困難，她不再像以往那樣隨手丟掉吃剩的東西。現在只要有剩飯菜，她就不做新的。她說：「我又把小時候在中國養成的節約習慣找回來了。」我聽了十分高興。太富裕的生活把我們養成浪費的消費者。疫情讓我們反省，回到生活原本的面目。

5月5日：新規定——我們可以出大樓溜達了，全院一片歡呼！我到對面公園走了一圈，感覺怪怪的——這麼少的人，隔得那麼遠，彼此既不打招呼也不說話，顯得很冷漠，世界好像變得那麼陌生。我獨自坐在長凳上，望著遠處幾個兒童在玩耍。一隻海鷗在叼啄木桌上剩的一段乾麵包，旁邊那半瓶水被牠踢的來回滾動。草地上一群小鳥在尋找開春的草籽。樹枝開始冒芽。生命在繼續。

5月7日：我站在公園中央，把口罩摘了，大口呼吸新鮮空氣，

聞著草香味，太痛快了。

　　官方強烈建議戴口罩，但不強制。人們開始自製口罩，原本滯銷的縫紉機現在供不應求。我戴的口罩就是好友 R 做的。白口罩讓人聯想到醫院和病人，花口罩是工藝品，是時尚。R 女士為我做了不同款式、不同花色的口罩，搭配不同衣服。要活得有情趣、有時尚感。

　　5月10日：母親節。由於飯館不營業，無法出去吃飯。老年公寓給大家做了一頓美餐，給每戶送了一小盆花。女兒燕和義子鴻兒送來盛開的蘭花，美國的小女璐打來賀電。我是個幸運的母親。

　　過去的學生從天津發來一首詩。

蘭芷頌
——老沃
梅骨蘭心天鑄就，棲於汀岸沐風霜。
盎然孑立香如許，不屑群芳論短長。

　　幾十年過去了，當年一身稚氣的學生現已兩鬢白髮。互聯網把我們聯繫上了，在母親節收到這份厚禮，尤為珍惜。

　　5月16日：鴻兒開車送我到 Parc La fontaine 公園。很久沒來了，發芽的樹露出淡淡的粉色，池塘的水緩緩流動，人們拉開距離坐在草地上談心，拖家帶口的在指定的地方野餐，沒人戴口罩。母親在世時曾說，人是要接地氣的，不能總坐在屋裡，何況我們現在是關在離地千百尺的高樓上。我們順著池塘走了一會兒，在靠近野餐的地方坐下歇息片刻，聽著遠處傳來的陣陣歡笑。有幾位騎車的警察來回巡邏，看看有沒有犯規的，但對緊緊依偎的戀人，他們不予干涉。

當年的同性戀公園，已失去原有的特徵。同性戀者有了自己的聚集地段——gay village（同性戀村）。

5月18日：為鼓勵人們多騎車，市內劃出更多自行車道。此舉引起一些臨街商家不滿，因為占用了客戶的停車處，影響了他們的生意。當官的傷透腦筋，不好擺平。

在附近街上走了走，除了臨街的速食店設有外賣，其他的餐館沒開業。不過咖啡店、冰淇淩店、酒鋪已恢復營業。人們在店外拉開距離排隊，門前有把門的，出一個進一個。酒鋪前的隊最長，據說營業額比去年同期提高很多。

5月20日：燕兒送來一包東北粘豆包，是團購的。幾十年沒吃到這東西了。那還是在哈爾濱，粘豆包是別人送的，自己不會包。家裡沒有冰箱，凍肉、凍餃子、東北的凍梨、凍柿子都掛在窗外。有這樣一個天然冰箱，我們已很知足了。那年下放到木蘭縣農村，粘豆包是逢年過節吃的上等食品，用的是當年的黃米麵和紅小豆。熟了打開蒸鍋，一股香噴噴的黃米團子味。當地人說吃這個一定要配鹹菜，否則會燒心。

我蒸了幾個豆包，味道還不錯，不過怎麼也找不回當年在農村和老百姓一起吃喝的感覺和氣氛。也許現在嘴變刁了。

5月23日：和上海的文姐微信聊天。她比我膽子大，我不敢乘公車，可她每天帶著口罩坐幾站公交車，去醫院看望臥床的先生。姐夫住院已久，四肢無力不能行走，不過胃口還很好，有一天說想吃炸醬麵，文姐就做了一盒帶去了。他們談到後事的處理，姐夫要求火化後把骨灰留著，將來和文姐的骨灰摻和一起撒掉。簡簡單單的處理方案包含了多少深情厚意。他倆一生過得平平淡淡、恩恩愛愛，不求榮華富貴，只盼太太平平，對人有求必應，對己勤儉樸實，對死亡淡定從容。

　　5月25日：晚上收到經紀人電郵，要求我自製一個錄影作為網上試鏡，參與一個有關疫情解封的廣告。他們需要一個會雙語的老年人。我發過去了，能不能選上，待通知。我對網上作業不十分熟悉，也不習慣，需要適應。

　　5月29日：到銀行去了一趟，理財的先生和我談了談定期存款的事，以及對未來經濟發展的看法。他說會慢慢地恢復，但不要期待太多，也可能會有意想不到的變化。談到疫情，他說大家隔離在家，天上的飛機少了，地上的車輛少了，海裡的船隻少了，結果是天空蔚藍了，空氣清潔了，河海污染少了，人類給了地球一段喘息和復甦的時間。

　　他說得對，人類對地球糟蹋得太厲害了，資源和環境的破壞引發災難頻仍，生態平衡的破壞威脅了動植物生存，到一定時候大自然是會反擊的。病毒或許就是喚起人類反思的警鐘。

　　6月4日：政府宣佈對老年人進行疫期補助，凡領老年退休金的人每人一次性補貼 500 元。自 3 月以來，政府對各類群體、各行各業都有不同金額的補貼，到目前這筆龐大的開銷已達到 620 多億元。不過讓人痛心的是，在這共渡難關的時刻，竟然有人謊報、虛設名額、隱瞞身分、鑽空子，多領多拿，褻瀆政府的寬容。政府正在做全面調查，嚴懲那些作弊的投機者。

　　6月8日：Suzie 約我去散步，走到一個隱藏在樓群中的小公園，她稱之為「綠叢中的珍珠」。那裡有噴泉，有兒童娛樂設施，有大片無人踐踏的草坪。我們坐在樹蔭下長凳上，望著眼前推著兒童車、拉著小狗，或手牽手的行人慢慢悠悠地走過。疫情烏雲似乎在這一刻消失了。

　　疫情對每個人都有或多或少的影響。我自認是個比較樂觀的人，不輕易受外界左右。疫情前，我從不考慮自己的年齡，更不用

說認可自己老了。但疫情把我們劃分到高危人群，迫使我們重新定位。面對諸多不確定因素。這場心理戰像是個隱形的魔爪。

　　6月18日：有人問：居家數月對家庭的影響是什麼？是促進了還是疏遠了夫妻感情？有沒有出現疫期「嬰兒潮」？專業人員對幾百號人做了調查與跟蹤，結論是：由於 24 小時在同一個屋簷下工作、看管孩子、做家務，加上不少家庭因收入減少，縮減開銷，磕磕碰碰的事隨之而來。所以說，居家並沒有促進夫妻感情，因缺乏慣有的個人時間和空間，常常會引發新的矛盾。有過家暴的家庭，家暴增加了 3 倍。至於疫期「嬰兒潮」，那只是個謎。民意測驗顯示，有近 50% 的人說疫情衝擊了家庭和睦。

　　心理學家認為，疫情過後會有許多人需要心理治療，這是不可避免的新冠疫情後遺症。

　　6月21日：美國和加拿大都在逐漸開放，但加拿大人比美國人聽話多了。讓戴口罩，多數人接受。可是，在美國竟然有人打著「還我自由」的標語抗議戴口罩，如此濫用自由的口號。開放後，美國的海灘、酒吧等地人群氾濫，造成病例猛增，重蹈關閉。尼亞加拉大瀑布一半歸美國，一半歸加拿大。人們可以乘船在瀑布下方駛過，船的名字叫 Maid of the Mist（「霧中少女號」），很驚險。開放後，美國那邊開過來的船爆滿，人擠人；加拿大這邊開過去的船隻坐滿三分之一，並且拉開了應有的距離。

　　6月23日：蒙城多家老字號商店被迫關門。Tony's，這家有近百年歷史，位於西山富人區的鞋店是其中之一。有些老主顧，三代人都在這家買鞋，不忍心看他們停業。老闆說他們不是倒閉，而是生意太難做，開業得不償失，不如回家安度晚年。

　　我很喜歡 Tony's 的鞋，更喜歡他們到位的服務。對於常客，他們會根據你喜愛的式樣、腳型、消費水準，乃至腳的缺陷，提出建

議，做到百購不厭。我決定最後去一趟，買雙鞋做紀念，其實我真不缺鞋。我試了一堆鞋：涼鞋、運動鞋、時尚鞋，最後挑了兩雙。買鞋是次，告別是主。生活又合上了一頁。

6月26日：約定好和 G 女士去郊遊，但天氣不作美，預報有雷陣雨。原想改期，後又打消了。夏季很短，別錯過大好時光。天氣陰暗不要緊，心情明朗就好。

午間，我們開到一家小麵包房，所有東西都是自製的。我們拎著大包小包回到車裡時，外面開始傾盆大雨，只好打消了去公園野餐的念頭。「咱們來個獨出心裁，在車裡野餐。」G 說。就是在車裡吃，也得有點兒氣氛，停車場太單調了。我們冒著大雨開往公園，把車停在花叢旁，嚼著可口的三明治，喝著香噴噴的拿鐵，聽著雨點敲打車窗有節奏的「劈啪」聲，配上遠處轟隆隆的雷聲，心裡感到安全踏實。世外桃源，無處不是。

6月30日：3 個月過去了，疫情基本控制住了，各行各業開始就緒，經濟慢慢復甦。但以往的「正常」一去不復返了，新的「正常」會是什麼樣？沒人敢確定，只有面對。但願在我有限的餘生裡不會再次出現如此不留情的災難。

生活在加拿大，是幸運的。

我「中招」了

一

　　昨晚，鄰居 R 女士發來短信：「從午夜開始，我們就不需要戴口罩了！」加上一個笑顏逐開的表情。

　　省政府發出指令：5 月 14 日起，全民可以摘掉口罩，人員密集處，可以隨意，乘坐公車要戴口罩，有症狀者照常自我隔離。

　　今天，我們老年公寓一片新氣象，人人喜笑顏開，終於可以「張嘴露齒」地笑了，說話時可以「讀唇」，不用半懂半猜了。對聽力有障礙的人，可謂如釋重負。

　　整整兩年半，大家「乖乖」地熬過去了。大樓內部的活動，眼看要恢復正常。人們把自製的五顏六色的口罩串起來，掛在樓道中，如彩旗飄飄。電梯裡，不再會被人指著鼻子提醒「違規」。

　　眾人不戴口罩，個別戴者反倒成了「另類」。有人開玩笑說：「看來還有人沒戴夠！」幾年形成的自我保護習慣成自然，外出鎖門時，會順手從架子上摘下個口罩戴上，然後才發現那是「老黃曆」了。不過，口袋裡總存放一個備用。

　　幾經變異，「凶猛」的病毒已降為目前較「溫和」的 omicron，疫情防控進入尾聲。我打過三針疫苗，必要時戴口罩，勤洗手，自以為防護算比較到位，可沒想到，還是「中招」了。

　　3 月底，我們這裡舉辦了一場舞會，邀請了歌手演唱。久無娛

樂生活的老年人，興致勃勃，大約一百來號人聚集在一個不算特別大的舞廳，又唱又喝又跳，不少人打破常規摘了口罩。

聚會創了禍，有人中招了。醫務人員對全體參與者進行了檢測，有 40 名中招，我是其一。

兩年多以來，第一次接受檢測，不敢相信從不吃藥的我會是陽性。最初兩天有些體乏，食欲減退，喉嚨發乾，不發燒，不頭疼，不失嗅味覺，症狀很輕。多睡，多喝水，多吃維生素和蛋白質，少吃油膩，隔離 5 天轉陰，解禁。像是得了場感冒。

重要的是不能有思想壓力、恐懼心理。我站在貼有「紅區」標誌的房門前，拍了兩張照，一張帶著口罩，另一張沒戴，笑指「紅區」二字，發給朋友們，以示我「中招」了。

不料，有些朋友以為我在為疫情拍「廣告」，回信祝賀我，弄得我哭笑不得。我確實拍過一些廣告，不過這回他們被「蒙」了。他們的想法也不是空穴來風。你看，我這麼健康，怎麼會得病？

女兒們想得很開，關心但不擔心老媽。她們說：「老媽這回增強了抵抗力，到哪兒都不怕了。」是呀，中招後就先不必打第四針了！

隔離期，外人不允許進入我的公寓，但可以進大樓，送東西到我門前。有幾位好友送食品、藥物過來，我不能接見，只好開門致謝。每餐飯，電話選定，由飯廳送上門。生活照常運轉，寫作沒有受影響。

雖然病毒基本控制住，但樓裡依舊不時有個別「紅區」出現，只要居家隔離幾天就過去了，不影響整體正常運作，鄰里關係和睦，不會把有「紅區」標籤的住戶視為「害群之馬」。

我發微信給國內的朋友和學生，他們比我緊張，以為我會被「囚禁」，封門封樓，無人照應。不相信我這位八十好幾的老人會

過得如此輕鬆。

不管人們願不願承認，疫情到了這個階段，已經和「大流感」沒什麼區別，現實告訴我們，在病毒遍佈全球的情況下，除了打疫苗、繼續研發有效藥物，與病毒「共存」是唯一的可行選擇，百姓要生活，經濟要恢復，「後遺症」要治癒。

二

都說此次疫情屬百年不遇，其實我 12 歲那年也有過類似的經歷。1947 年夏，母親在瀋陽做生意。有位家友劉先生，國民黨軍官負責後勤，要押送一節貨車，送鈔票去瀋陽。

正值暑期，劉先生提議帶我去看媽媽，我隨軍車去了趟東北。我們坐在堆滿成箱鈔票的貨艙裡，由一組持槍士兵守護。車廂掛在列車尾部，晃動得很厲害，我有點暈車，一陣陣反胃，不敢吃東西。車內有器皿，中途小便不得下車。

貨要連夜趕到，以防路上有閃失。天黑了，車猛一下停住，遠處傳來一陣陣槍聲。車廂內的士兵全副武裝，持槍以待。我很好奇，不懂害怕，覺得像是經歷電影中的一幕。腰挎槍枝的劉先生很鎮靜，示意大家不要出聲。過了好一陣，槍聲平息，有人輕輕敲了幾下車門，劉先生等了片刻，回敲幾下，門才被推開，想必他們用的是暗語。後來聽說前面有人劫車，有人說是土匪，有人說是共產黨，那個亂世，誰也說不準。至於怎麼平息的，沒人說起。幸虧沒人發現後面是運鈔車，否則我們就沒命了。

到了瀋陽，劉先生帶我去部隊招待所，吃了頓飯。此時，瀋陽正鬧霍亂，每天死很多人，不時聽到遠處傳來二踢腳鞭炮聲。站崗的士兵說，每死一個人放一聲炮。多發地帶，已經被封鎖。

　　招待所的廁所在室外，原始蹲坑式，沒有沖水裝置。為了防止糞便傳染，坑的周圍撒上了白灰。我當時年紀小，不懂得傳染病的屬害。劉先生提醒便後要好好洗手，用的是深紅色的藥皂。

　　媽媽終於出現了，遠望她從大門走過來，穿著一身旗袍和一雙繡花鞋，頭髮已經不染了。見到她進門，我沒有撲上前，而是呆呆地站在門前叫了聲媽，低下頭抹眼淚。沒有媽媽在身旁，我怕。

　　一生經歷了兩次傳染病的威脅，但願 Covid-19 是最後一次。

　　隔離解除後，鴻兒帶我出去散散心，換換空氣，車我到離蒙城不遠的一個頗有特色的小鎮 Saint-Sauveur，冬季滑雪極受歡迎的地帶。

　　第一站是街邊的麵包房，進門一股新出爐的麵包香，撲面而來，勾出了饞蟲，一下買了 3 條。

　　往下走，見一家華人開的服裝店，本想隨便看看，結果在老闆娘「甜言蜜語」的推銷下，買了幾件喜歡但不需要的衣服，自找藉口說：「中招」也算是個小災，買點新東西，去去晦氣。

　　老闆娘是溫州人，很懂推銷。衣服標著義大利製作，價碼是義大利標準，推測是移居義大利的溫州人做的。可是比起貨真價值的義大利貨，差距肯定不小呢！

原住民保留地

一

　　為了豐富我們的文化生活，老年公寓經常舉辦一些展覽，規模不大，但涉及範圍廣、知識性強。近期舉辦的一場是關於魁省原住民的游牧生活，及其語言和文化的流失。

　　展品中有多首著名女詩人 Joséphine Bacon（貝肯）寫的詩詞。貝肯多年致力於「保護」，更確切地說是「挽救」Innu（因努）原住民的文化和語言，以防後繼無人。她用法語和因努語寫詩詞、製作紀錄片、配製歌詞、翻譯書籍、從事教學，所有這一切都是為了保住她的根——Matshinanu（馬西吶奴）游牧群，北美所剩無幾的大游牧團體。

　　展覽用三種語言（英語是譯文）介紹貝肯的詩詞，用老照片和新詩詞做對比，勾畫出她長期在當地蹲點、體驗生活的歷程。貝肯借用日本俳句的格式，創造了「因努式俳句」框架，為詩詞增添了動感。

　　貝肯的詩言語簡單、動人心弦，現選譯幾首為漢語。

j'observe tes gestes

saisissant

le chasseur que tu es

je hurle
mon cri rejoint les échos
au loin
un loup est jaloux.

觀察你的動作
知曉
你是位獵手
我嚎叫
與遠處的迴響
相呼應
狼在嫉妒

je suis vivante
je ne renonce pas
à mon histoire
mon cœur murmure
ses souvenirs
je marche vers
mes origins
les peaux de tambour
me guident.

我活著
不會放棄
我的歷史

心聲低語
它的記憶
我走向
我的祖先
鼓聲
指引我

Agenouillée
une lueur de chandelle
éclaire
tes doigts agiles
ta tendresse infatigable
fait naître
mes plus jolies robes.

彎膝上
一束燭光
照在
你靈巧的手指
你持久的溫暖
賜生命
予我最美衣裳

　　人們認為，貝肯的詩詞觸摸了大地活躍的心臟。她夢到所見，並見到大地所夢。她用因努人的簡單節奏，歌頌那些不願消失的部落。走進貝肯的詩句，我們覺得自己也是游牧人。

二

看過展覽，想到幾年前曾與朋友到過一個離蒙城較近的原住民保留地：Kahnawake Mohawk（卡納威克莫霍克族保留地）。

我們開到緊挨保留地的 Oka 小鎮。這一帶的房屋風格獨特，稱不上豪華但透著早年殖民者的氣質。每棟房占地面積都不小，或許曾經是農場主的地盤，顯然是白人居住區。

開過這片房屋進入小鎮主街，只見熙熙攘攘的商店和為數不多的不顯眼的招牌，街上幾乎沒有行人。本想在這裡歇個腳，嘗嘗當地的甜點，但沒見到一個像樣的咖啡店，只好甘休。

順著這條街一直往前開，我們抵達了保留地。

其實不用任何標誌，進入保留地馬上就能感覺得到：房屋的大小、結構、品質、外觀與一路看到的明顯不同；因年久失修，有些歪歪倒倒，有些缺瓦少漆；房前房後堆著積累許久的廢品、劈餘的樹幹、成堆的斷枝碎葉、解體的舊車廢機、拋棄的兒童玩具。

我們放慢車速，車外的荒涼加重了車內的沉默。除了簡陋的房屋，這裡沒有張揚的廣告、耀眼的霓虹燈，甚至也沒有正規的路標。單間木屋式的雜貨店點綴在路邊，門前掛著特大號字樣的「香煙」二字。不時，還會見到粗大的箭頭指向不在路旁的香煙「販子」。我用「販子」二字是因為這裡是倒賣走私煙的寶地。保留地享有特權，有自己的法律規定和保安人員，煙酒一律不上稅。蒙城一些膽大的雜貨店老闆會冒著犯法的風險到此偷購，沒抓著就撈一把，抓著算倒楣。我認識一兩位挨過罰的老闆。

我們把車開到保留區盡頭，停在一間售煙屋前，進去閒聊了一會，發現車門沒鎖。剛要出去鎖車門，店主忙說：「我們這裡不需

要鎖車門，沒人偷。」看起來，此地雖顯落後，但治安不差。

　　我用「巴掌大」來形容這間木屋一點不誇張。朝門的牆架上擺滿了香煙，有成條的，有成袋的，也有散裝的。除此之外，屋裡全是零星雜貨，有新有舊，小小櫃檯上方飄掛著幾個帶有紅色羽毛的「收夢環」（Dream Catcher）。印第安人認為這是避邪的，它會把噩夢收進去，把美夢留下來。另一面牆的上方歪歪扭扭地釘著幾個舊車牌，有一塊上面還有中國字：「足立+車號」。不知是從中國人開過的車上拆下的還是什麼人送給他的？他說這牌子在那裡已經掛了幾十年，來源不清楚，只當它是個新鮮玩意兒，或許還能帶來點好運。

　　老闆傑克是位四十幾歲的魁梧大漢，眼角和耳垂鑲有閃閃發光的假鑽，這與東印度人的習慣很相似。從皮膚和五官上看，沒什麼特點。我忍不住問了一句：「恕我直言，你是 Mohawk 人吧？不過不太像。」「其實我們這裡和外地通婚的人很多，我父母就是其中之一，我已經不是『純種』了，」傑克直截了當地說，「這就是證明。」說著從櫃檯邊上參差不齊的紙片中抽出一張，寫上他的姓名。他有兩個姓，頭一個屬原住族裔，後一個屬英裔。

　　傑克的熱情直爽給了我尋找另一個答案的機會。一路上走來，我發現在無數的「香煙」、「雪茄煙」標誌中，有一處寫的是「本地香煙」（Native cigarettes）。這到底是什麼？

　　傑克說這是用本地產的煙草在當地捲的香煙，有盒裝的，也有散裝的。我看了看標價，比城裡正規香煙要便宜很多。此地收入不付稅，煙酒不加稅。

　　「這種煙好抽嗎？」

　　「比一般的要烈性一點。」傑克噴出一股嗆鼻的煙霧。

　　他們會不會往裡加大麻呀！我不吸煙，對香煙買賣一竅不通。

　　沿途看不到捲煙廠，它們往往設在遠離公路、看起來像倉庫的地方，不歡迎外人參觀。據說 Kahnawake 保留地的 8,000 居民中，有 2,000 人是煙廠的雇員，製煙業是這裡的主要經濟命脈。雇主和雇員之間的財富兩極分化很嚴重，在這看似不起眼的保留地，出現了新的階級：香煙百萬富翁。

　　我後來查了查資料，讓我吃驚的是，本地香煙產量之大竟然達到每年加拿大香煙總銷售量 280 億支的三分之一。由於大量走私煙偷運到非原住民地區，每年聯邦及省政府損失的稅收高達 20 億加元之多。

　　與傑克告別之後，我們找到一所中學的教學樓，看似是唯一的中學。這裡有 5 個年級，5 個班的學生總數是 31 人，教師中有本地教師，教本地方言，也有外地教師教英語或法語，校名的第一個字是原住語，意思是：首領。

　　我們愉快地結束了 Oka 半日遊，帶著滿腦子新奇事兒返程。路過一個加油站，把油箱加滿。加油站兼便利店業主是個高個子華裔，大陸來的，會說普通話，看樣子是位能幹的單幹戶。側面的廁所門敞開著，他正在打掃。見有老鄉過來，忙停下和我們聊天，發現我的朋友不會說中國話，好奇地問：「你不會說中國話，你太太怎麼是中國人？」我的朋友苦笑一下，沒搭腔。我們的關係已經不是第一次被人誤解。

　　上車後他說：「為什麼亞洲人都喜歡探聽別人的隱私？」我聳聳肩：「也許是風俗吧。」

東西記行

從聲音認出您

2008 年，蒙特利爾每年一度的「藍色都市國際文學節」（Blue Metropolis International Literary Festival），在市中心一家酒店舉行。主辦單位是建於 1997 年的藍色都市基金會，一家非盈利組織。基金會由一些學者和文學家創辦，其宗旨是聚集不同文化背景的文人，把大家聚集起來，分享讀書和寫作的樂趣、鼓勵文學創作、促進跨文化交流。

我參加過多次藍都活動，內容十分豐富，每年都有特邀作家到主會場做報告，還有圓桌討論會、記者採訪對話。

今年，邀請名單上有個中國專題小組，這個不能錯過，一定要去。會場上遇到些熟人，寒暄一番。許多人對中國組有興趣，因為著名作家哈金會從美國過來。我對此次活動充滿好奇，順著路標找到中國組，標牌上的主講人之一是哈金。我讀過哈金寫的書，很喜歡他的風格，情感真實細膩，文字樸實貼切。很幸運這次有機會見到哈金本人。

會議廳不算大，臺上有一張長桌、幾把為作家和主持人準備的椅子。離桌子不遠處，另設了把椅子，空在哪兒。起初不明白這張空椅的用途，問了問才知道，這是代表 PEN 國際組織為缺席的被流放作者特設的，以示捍衛言論自由。PEN 是詩人、散文和小說家（Poets, Essayists, Novelists）的縮略詞。

上午由幾位作家做簡短介紹，下午是哈金專場。入場前，我在大會提供的飲料桌旁喝水。哈金上前拿了瓶礦泉水，走到我身旁，

低聲說：「夫人，我冒昧地問一下，您當過老師嗎？」我不假思索地說當過，心裡感到有點唐突。他接著問：「請問，在哪個學校？」我說黑龍江大學，心想，這個人怎麼那麼好打聽？他好像還有話要說，望著我疑惑的眼神，猶豫片刻，靦腆地說：「我是您的學生。」我大吃一驚，萬萬沒想到，站在我眼前這位頗有名望的作家，竟然是我教過的學生。相隔快 30 年了，他怎麼認出我的！我不再是滿頭烏黑，而是白髮蒼蒼，身材略顯「發福」。

「你怎麼認出我的？」我抑制不住自己的好奇。「從您的聲音。」他笑說，上下打量了我一下。

我教過好多屆學生，離開學校後基本沒聯繫，有的記得，有的記不得了。哈金提到是我的學生，好像一下子將我拉回到當年的講臺生涯，激動萬分。

哈金是筆名，他姓金，來自哈爾濱，筆名即源於此。原來他是 77 屆學生，即文革後恢復高考的第一屆學生，他們是憑本事考上來的，不像前幾屆工農兵學員，憑關係推薦的。這屆學生最努力，成績最優秀。

在黑龍江大學，我有自己帶班的學生，每天 3 節課，每週 5 天。對於其他班，我只給上語音課，每週 1 節。哈金是我語音課上的學生，難怪他對我的聲音那麼熟悉。我雖然記不清他的長相，但看到自己教過的學生如此出人頭地，我欣慰，我驕傲。

入場後，輪到哈金介紹他寫書的經過，臺上臺下展開了互動。通常我只聽不發言，但今天例外，我要說話。我舉手要求發言，主持人把話筒遞給我。

我看著臺上，對著話筒，一時竟說不出話。「今天……」我嚥了口氣，平復下激動的心情。「我……我有一個意想不到的驚喜，我很激動也很驕傲，因為臺上的作家是我多年前教過的學生……」

沒等我說完，臺下聽眾的目光刷一下子都投到我身上，接著一片掌聲，弄得我好不自在。我把我們倆剛才相認的故事講了講，大家覺得很離奇。隨後，我向哈金提了一個關於歸屬感的問題。因為對於移民，無論有多大成就、多深的融入，歸屬感是個永遠伴隨著的「懸案」，我們既不屬於「這兒」，也不屬於「那兒」，最終自立一類。

哈金回答得好：「家在哪裡，你就屬於哪裡。」散會時，我被記者包圍提了許多問題。第二天報上出現一篇文章，報導了這個插曲。

以前只知道哈金是位用英語寫作的中國作家，在美國出版過多本書，幾次獲獎。這次見了面，對他瞭解多了些，最大的收穫是師生相認。哈金給我的印象是，淳厚樸實、為人低調、說話實在、謙和有禮，和他在一起讓人感到從容自如。

散會後，我邀請哈金同進晚餐，同時遊逛一下蒙城。錯過這次機會，恐怕就沒有第二次了。哈金第二天清早要回美國。我本想帶他去吃法式大餐，可他一個勁兒推辭，說：「不必太破費，簡單點兒就行了。」最後還是吃了中餐。飯後，我們參觀了蒙城幾個重要的景點，邊逛邊聊。

我對哈金初到美國的生活有了些瞭解，他憑著自己的努力和奮鬥，不顧別人的白眼擠壓，邁入美國大學教授的行列，這是個極不簡單的歷程。他最初的想法是，到美國留學後，回國搞學問和教學。可是那場改變了許多人命運的「六四天安門事件」也衝擊了他，把他的「往返票」變成了「單程」。對「六四」他說了一些「非政治正確」言論。之後的二十餘年，哈金屬於「不受歡迎」的人，以致他母親去世前都不讓回國看望。讓我佩服的是，哈金心態正，說話穩重。

　　路過我家時，我請他進去小坐，取了本我寫的書送給他，書裡談到他就讀的大學以及我在文革中的遭遇。

　　哈金回美後，我們保持了一段時間的電郵聯繫，後來斷了。我在網上可以查到他的情況，知道過了幾十年，睽隔故園的他，終於能夠返鄉探望家人了。

三進「紅場」

　　提起「紅場」，人們的第一反應往往是莫斯科盛大的閱兵儀式、鋪天蓋地的鐵錘、鐮刀紅旗，以及門樓上領袖擺手致敬的場面。這座雄偉的廣場，我來過 3 次。

一

　　第一次是 1951 年冬季，隨商務代表團去東柏林，路過莫斯科。

　　同行一共 6 個代表團，分別到東歐各社會主義國家。每個代表團配一位打字員，其中五位是打中文的，只有我是打英文的。我們從北京乘坐蘇聯「米格」飛機抵達蒙古首都烏蘭巴托補足燃料，下榻一宿，再飛往莫斯科。

　　二戰後蘇聯、英國、美國三大首腦在波茨坦召開會議，商議柏林的去向，決定東柏林由蘇聯掌管，西柏林由美、英、法三國掌管。由西方民主國家控制的西柏林，百姓有權自由進入東柏林；由專制國家蘇聯控制的東柏林百姓，出入西柏林受限制。那時柏林牆還沒建造，各要道設有崗哨、探照燈監視，偷渡人員比比皆是。

　　國家派代表團進駐東柏林，目的是在東柏林——當時和西方聯繫的唯一窗口，建立一個「據點」，試圖展開與西方的接觸，進而做貿易。

　　我是英文打字員兼接待前來談判的商家，一時通過西柏林來訪的西歐商家源源不斷。我們收到許多精緻的樣品——瑞士手錶、派

克鋼筆、尼龍絲襪、羊絨衫，應有盡有，可誰也不敢動用，全堆放在樣品室，牢記「三大紀律，八項注意」。

第一次坐飛機，還是長途跨國境的，有點兒害怕，不敢往窗外看。我緊閉雙眼，盡量不去想我是懸在半空。我不敢吃東西，怕暈機。我想家了。昨晚和家人吃的最後一餐飯，大家圍在一起，為我高興，為我驕傲，可話不多，用寡言沉默的方式表達了心中的愛。

門洞的燈泡壞了，沒來得及換。在暗中，沒人見我偷偷抹淚。再見了，爸媽。

二姐華陪我到招待所集合，我把舊衣服換下讓二姐帶回家。從明天起，四季的穿戴，從內衣到大衣，從單鞋到皮靴，全部是新的。

國家發給每人的治裝費相當於我月工資的20倍，對我是個天文數字。領導說，你們代表新中國，在國外要穿著體面，言行適度，注意形象。自家的舊衣裳就留下墊箱底了。

「從現在開始，你得自己照看自己了。」二姐臨走時囑咐。「別幹蠢事，學著當個大人。」她和我關係最近，我會很想她。二姐提著一包衣服走出招待所，我望著她的背影，眼淚不由自主地往下流。

我要離開家了，也要離開中國了，我有點害怕。

除了物質準備，還有思想上和紀律上的準備。外事無小事，注意事項中有大節也有生活小節，譬如：吃飯不能出聲音、吃西餐時不能舔刀子、嘴裡有飯不能說話、在外賓面前不要咬指甲、談判時不要抓耳撓腮、不要隨地吐痰、進屋或上車時請女士優先等等。於我，這些並不陌生，在聖心學校已養成習慣，但對有些人一時扳不過來。

對於去東柏林的人，有些特別注意事項，當時存在東西兩個對

立的柏林，情況特殊、複雜。地鐵和高架鐵屬環城，一不注意坐過站，就到了西柏林。領導警告我們，無論出現什麼情況都不能走入西柏林，上街一定要成雙結隊，不可單獨活動。

在烏蘭巴托下榻的賓館乾淨舒適，只是室內沒有廁所。室外廁所，用中國標準衡量也算夠原始的了，去廁所要踏著沒腳的雪，深一腳淺一腳，走向漆黑的小木屋。一個人不敢去，還得請賓館女保安當保鏢。

零下 30 多度的夜晚，遠處傳來斷斷續續狼嚎的叫聲，讓人膽戰心驚。

當地政府為中國過客擺設了極豐盛的晚宴。對愛吃牛羊肉的人，是大享口福，桌上擺的全是肉。不過苦了我這個不吃牛羊肉的人了！蔬菜在蒙古是稀有物資，餐桌上除了酸黃瓜，再也沒有綠色的東西，就連乳酪也有一股羊膻味。

第二天我們飛往蘇聯首都莫斯科，停留一週參觀市容。這裡，除了俄語，其他語言一律行不通。翻譯不在場時，只有靠「比劃」，出了不少笑話。

莫斯科給我印象最深的是，蘇聯人愛讀書，無論地鐵還是公園、街道上走路的行人、默默等車的乘客，隨處可見的都是捧著書本的讀書人，終於明白了為什麼蘇聯歷史上文豪輩出。

另一個令人讚歎不已的是莫斯科地鐵，地下幾十米深處，藏著世界上最炫麗的交通系統，大理石牆壁、花玻璃、馬賽克圖案、水晶吊燈點綴了各大站，給人的印象不亞於「博物館」或「宮殿」。各站的特色體現在細節中，連扶手雕刻也個個不同，奇妙交織了古典藝術與現代韻味。

每到一個地鐵站，我們都下來觀賞，藉此對俄國藝術有了些初步瞭解。

　　對老一代蘇聯人而言，1935 年建成的莫斯科地鐵，是史達林時代的見證。

　　當然，參觀的重中之重是世界聞名的莫斯科紅場。克林姆林宮前，每隔一小時都有士兵換崗儀式。第一次見到如此整肅莊嚴、訓練有素的換崗，實為震撼。士兵每個動作一絲不苟，踢腿、甩臂、立正的時間都精確計算，及閘樓上的時針正點同步。除了眼珠轉動，士兵們恍若機器人一般，精準得令人歎為觀止。

　　那時候，北京天安門還沒有形成「廣場」，長安街上的門樓還「健在」。當時我年輕、個子高，參加過「五一」國際勞動節和「十一」國慶儀仗隊、體育大軍和文藝大軍的腰鼓隊，從長安街一頭走到另一頭，在工人文化宮（原太廟）門前歇息片刻，等候再入隊。

　　參加這些活動，對有些人是種榮譽，於我就是「好玩」，沒考慮什麼政治「待遇」問題。

　　若干年後，為慶祝建國 10 週年，中央於 1958 年號召改造天安門，修建人民大會堂、革命博物館、歷史博物館等十大建築。為了完成這項國慶獻禮，上級動員了一切可以動員的力量，去天安門做義務勞動，向黨獻忠心。做的活兒當然是非技術性的，如卸車、扛水泥、鋪磚、打洞等，加上一些輔助性的服務工作。不過，在人選上是有條件的，政治有問題的、歷史不清白的、有海外關係的不予參加，沒有資格享受這種政治「待遇」。

　　紅場另一個必到之地是列寧紀念堂，那裡安放了列寧遺體。參觀人數很多，紀念堂前排了很長的隊。領隊的俄語翻譯，發現了一個為外國人特設的通道，無須排隊。我們順順當當地入場了，第一次享受了「外國人」待遇。

　　紀念堂裡面莊嚴肅靜，燈光黯淡，除了禁止吸煙、拍照、戴

帽，也禁止把手插在口袋裡，確保「絕對安全」。

我們隨著哀樂走進放有水晶棺的大廳。列寧安詳地躺在那裡，身材不高，穿著人們熟悉的黑西裝，頭頂禿禿的，山羊鬍子修剪得如畫中人，看上去像是在沉睡。我怎麼也沒想到已故 27 年的人，遺容竟然能保存如此完美，之前從來沒聽說過「遺體整容」技術。

二戰時，莫斯科險些被德軍占領，列寧遺體一度被遣送到西伯利亞秋門市，戰後遷回莫斯科。

其實，列寧本人的意願是安葬在聖彼得堡母親的墓旁。

二

1954 年，我第二次進紅場。

史達林 1953 年 3 月逝世，我還在東柏林。代表團組織了一次嚴肅的哀悼會，討論史達林去世對世界革命的意義和損失。在場的共產黨員們痛哭流涕，表現出濃厚的「階級感情」。有位非黨積極分子哭得如喪考妣，我被這場面感動，不時用手帕擦擦濕潤的眼角。

誰又會料到，這位對革命領袖有深厚「階級感情」、痛哭流涕的同志，在 1957 年反右鬥爭中被打成了極右分子，發配到邊遠地區勞動改造。歷史的車輪無情地向前滾動，個體太渺小了，壓過誰、碾碎誰，都無法預見。

我要離開柏林了。回國途中，在莫斯科停留數日，再次參觀了列寧紀念堂，列寧和史達林的水晶棺並排停放在裡面。史達林軀體高大，穿著一身掛滿榮譽獎章的軍裝，威風凜凜。只可惜史達林沒能成為列寧的「終身伴侶」，8 年後，1961 年在「反史達林」浪潮中，被遷出紀念館，埋在克林姆宮城牆墓地。

1991 年蘇聯解體後，對列寧遺體的去向曾發生過爭論。有人

建議把列寧埋在克林姆林宮城牆墓地。在東正教的支持下，葉爾欽總統主張把列寧運回聖彼得堡，按本人意願，安葬在其母身旁。然而，他的繼承人普京堅決反對，普京認為埋葬列寧等於向幾代人宣佈，蘇維埃統治 70 年的價值觀是虛假的。

三

　　第三次進紅場是 2012 年隨一組講法語的蒙特利爾遊客去中國「絲綢之路」一遊，在莫斯科停留兩天。這次，沒有隨團進入紀念堂，我站在廣場中央，回憶已「拜訪」過的兩位偉人，相信世上有幸看到這兩位革命領袖遺體的人恐怕為數不多。

　　現在，紀念堂裡只剩一位了。懸掛在克林姆林宮上方的旗幟已由全紅變成三色，坐在「皇座」上的人已換了幾茬。克林姆林宮前的換崗儀式也於 1997 年取消，結束了 73 年的光榮使命。

　　數年後，換崗士兵出現在無名英雄墓前。

　　三進紅場，我見證了蘇維埃政權 60 年的變遷，從銅牆鐵壁的專制制度到突然崩潰全面解體，從統一掌管到地區政權之爭，乃至武力強奪。一個營構幾十年的帝國分崩離析。回首之時，歷史與生命的衰亡同構，禁不住令人扼腕歎息。

久住臺灣，我會

一

　　小女璐給買了張飛臺灣的機票，圓了我盼望已久的臺灣夢。首次去臺灣，還帶著年輕時被灌輸的對臺灣的種種未必完整真實的認知，抱著好奇的心態去探索那塊未知的土地，尋求真實的答案。

　　到了臺灣，第一感覺是，既熟悉又生疏：熟悉的是我們都是炎黃子孫，同宗，同語，同文字；生疏的是我尚不瞭解他們。頭兩天倒了時差，和長久未見的女兒一起，參加了一些她的業務活動和一次隨團半日遊。15 年前我和璐去泰國旅遊，那時的她，尚滿臉稚氣；如今的她，已是成熟穩重的事業女性。

　　我們去了烏來，一個原住民（臺灣高砂族部落）的所在地。臺灣有 14 個民族，出於對他們的尊重，臺灣稱他們為「原住民」而不是土著民。隨著旅遊業的發展，有些活動，如原住民表演，已顯商業化。不過行於小鎮坑窪不平的石板路，爬上那寬寬的石階梯，望著那順山流下的細長瀑布，迎著一些樸實的笑臉，還能品嘗到那原汁原味的島嶼風情。嚮導很熱情，用英語和日語在話筒中講解，音量過大，震得我偏頭疼。在加拿大聽慣了純正的英語，在此地聽些「語法欠佳」的英語確感不習慣。嚮導說，烏來當年受傳教士影響較深，所以多數為天主教徒。奇怪的是，我沒看到一所教堂，聽說宗教活動是在家裡進行的。在這六人小團中有位 91 歲高齡的日本男

人，高高的個兒，挺直的腰板，走路不減速，實在讓人佩服，陪伴的人像是他的兒子。我到了那個年齡還能像他那樣精神矍鑠就好了！

第二天女兒建議我到離她賓館不遠的臺北 101 大樓眺望臺北全景。這座地面有 101 層的大樓曾被譽為世界第一，目前降到了第二，或許第三。從賓館走過去只有 10 分鐘，在瞭望臺上只見臺北密密麻麻的高樓大廈，不見草坪。除了遠處的山脈，近處綠地不多。想到生活在加拿大，前有園，後有院，真是得天獨厚。101 大樓裡全部是名品店，價格不菲，顧客稀稀拉拉，我看看就算了。我想，從頂層觀看臺北夜景一定非常美。

回賓館時走錯了出口，在四通八達的通道中迷失了方向，兩小時後才找到「君悅酒店」的大門，自己也覺得好笑，小小的一次單獨活動還讓女兒奚落了一番。

3 天後，女兒返美安排下一階段的亞洲業務。留下我一人，怎麼辦？我想，除了一些必看而又無法單獨去的景點，可以隨團，其餘時間自由行，名副其實的一人自由行。這對尊重中國傳統禮教的臺灣人是不可思議的：一個往 80 歲奔的女人在這塊陌生的土地上，手攬地圖邊走邊打聽，竟然無人伴隨！

二

我來臺灣不只是為旅遊，我要瞭解這裡的歷史和人文。看看普通百姓是怎麼生活的，從中弄明白為什麼臺灣人和大陸人不一樣。

故宮博物館是首選。當年蔣介石把大批國寶帶到臺灣，認為憑藉這些國寶，可以理所當然地代表中國，稱己為「中國」的領袖。這批國寶雖未能拯救他，但卻被完整地保存下了。故宮中精美的藝

術品太多了，我最感興趣的是玉雕和象牙雕兩部分。那巧奪天工的精雕細琢和驚人的想像力當今難見。我不免為大陸文革期間，在「破四舊」的口號下被砸爛的千千萬萬件代代相傳、不可複製的文物而歎息心疼。都是龍的傳人，卻對傳統文化持兩種截然不同的態度：一保一毀。其實大陸毀的豈止是文物！

在博物館門外隨意和一位當地人聊了聊。博物館建在一座山上，山裡藏有大量老祖宗留下的寶貝，可供博物館不斷換展，隨時看到新展品。據說過去這裡有部隊守護，壁壘森嚴，周圍不許隨便攀登或逗留，更不用說建房居住。但現在一眼望去有無數建築物。「現在政府沒錢了，只好賣地給有錢有勢的人。」那位先生說。我請他給我照張留影，他忙問：「把國民黨的旗子照進去可以嗎？有些大陸人忌諱這個。」我說：「不怕的，照吧，我不是從大陸來的。」

下一個必看處是環繞在中山公園中的國父紀念館。一到就感到它的宏偉氣勢和巍峨莊嚴。建築粗獷剛強，又簡潔質樸，高高的穹頂不但使人產生敬仰，更是力與美的結合。此館落成於 1972 年，是中華民國政府為紀念孫中山百年誕辰而修。進入大門，正趕上巨座國父銅塑像前的三軍交接儀式，實屬不可錯過的「一景」。

年輕的士兵身穿白色軍裝，手持拚刺槍枝，動作如同表演和衝殺的巧妙結合，讓我聯想到幾十年前在莫斯科紅場看到的士兵換崗，頭戴裘皮帽，腳穿長筒靴，節奏動作與這裡如出一轍。站崗時，他們除了眼球轉動外，筆直的身體像座雕塑，難怪每小時要換一撥人。踱入展廳，站在國父肖像前，心中不斷盤問：「孫中山提倡的三民主義，大陸沒有遵循，臺灣貫徹得如何？兩岸之差是否就在這裡。」我希望尋求答案。一位中年館員似乎猜到了我的心思，走上前說：「孫中山如果晚去世10年，中國的情況就和現在大不相

同了。」

　　牆上掛有孫中山和宋慶齡的唯一一幅雙人照，這是他們的結婚照。我離開大陸前最後一份工作是在宋慶齡創辦的英語雜誌《中國建設》（*China Reconstructs*）做翻譯，隱隱覺得自己曾與這位不平凡的女性在精神上有過擦邊之交。

三

　　第二天的參觀重點是中正紀念堂。自由廣場之雄偉和莊嚴難以用筆墨形容，站在白色大理石鐫刻著藍字「自由廣場」的門樓下，彷彿重新在自己的文化環境中獲得了自由呼吸的權利，這從未有過的享受。我氣喘吁吁地爬上那代表蔣中正享年 89 歲的 89 級寬大的花崗石階梯，走進大門，望著蔣中正的銅塑像，以及在後牆壁上懸掛的「民主、倫理、科學」的橫匾，我陷入深思。

　　在這個館裡我瞭解了蔣介石在抗日戰爭中的作用，與中共合作的過程以及撤到臺灣的前前後後，特別是撤離大陸時帶走價值連城的古物，挾走大量黃金、銀元，把銀行儲備幾乎洗劫一空。由此澄清了一些模糊認識，對我而言無異於一堂歷史課，深感篡改歷史的可惡。在紀念館書店，買了一本名為《被埋葬的中國共產黨史》的書，或許能幫我解開一些迷惑。書的後記寫到：「這些歷史，國民黨不提，被中國共產黨埋葬，卻形成如今臺灣、大陸與香港的政治現實。」另外，我還選了一個名為《家春秋》（*The Power Game*）的錄影帶。這是鳳凰衛視花一年時間，採訪兩岸三地六十幾位近代史的重要人物和歷史學者，拍攝超過 50 處的歷史場景，並根據相關日記和檔案進行深入採訪及研究的影像成果。這些珍貴檔案的公開及家族後人的訪問，為民國史的研究提供了新的歷史線索，為世人重

新評價提供了依據。

以古鑑今，歷史從來就是一面鏡子。

蔣介石執政中很重要的一部分是跟共產黨的合作及對抗，而西安事變是導致國民黨失敗的導火索之一。少帥張學良則又是關鍵人物。順藤摸瓜，我的下一站自然是少帥禪園──臺北北投張學良幽禁舊居。

少帥禪園建於 1920 年代，原名「新高旅社」，曾被日軍當作神風特工隊出戰前夕的慰安處。1960 年代，少帥和趙四小姐（趙一荻）被幽禁於此地。這裡有全臺灣唯一的張學良紀念亭，莊嚴的雕像和他的墨寶手跡，讓人們在緬懷追憶的同時，也能感受到少帥「不怕死，不愛錢，丈夫絕不受人憐，頂天立地的男兒漢，磊落光明度餘年」（寫於民國 79 年）的灑脫個性。

少帥禪園坐落在一面山坡上，我帶著一種走進歷史的感覺緩步登上了高高的石階，一棟棟日式房屋時隱時現在蒼鬱樹叢中，小池中的水輪徐徐滾動，露天溫泉為旅客提供了泡腳的方便。張學良夫婦昔日起居室不能進入，只能從窗外看看那張陳列的人形看版──張學良和陪他度過五十餘年幽禁歲月的趙四小姐，也是張學良一生最愛的女人。

我緩步走進小六茶鋪（「小六」是少帥的小名），它位於園區室內的最高視界點，不僅可以鳥瞰記載歲月痕跡的黑磚瓦屋簷，就連關渡平原、觀音山及附近滿山的綠意都能輕鬆收入眼簾。我要了一份套茶──烏龍茶加 4 份精緻小點心。邊品茗邊陶醉在幽靜的意境中，人生的變遷是如此不可思議，時光無情催人老，想到少帥說的這段話：「我的事情只到了 36 歲，以後就沒有了。36！真是 36 歲，我擱二十 21 歲起到 36 歲，上帝給我的生命就是這些。」張學良軟禁了蔣介石 13 天，蔣介石軟禁了他 54 年，以一天等於 1,516

天的公式回報了他。蔣介石始終沒有原諒張學良。

　　為了更多地瞭解這段歷史，買書是不可少的。精品店裡只有一本張學良的書《張學良口述歷史》──一部未完成的回憶錄，和一個錄影帶《張學良在臺祕辛》，我都買下了。

　　若問：發動西安事變的張學良，究竟是「民族罪人」還是「千古功臣」？如今還沒有一個肯定的答案，完全在於我們站在哪一個角度去解讀。

四

　　為了調劑興趣，從政治轉向藝術，我打算去看張大千紀念館。這些天一直坐著捷運（臺北的地鐵）和公車到處跑。我在故宮博物館打聽去張大千舊居的方向，博物館說，看張大千必須預約。我哪有那個時間？只好請這位館員打電話問是否能通融一下。我後面四位來自美國的遊客也有同樣要求。對方破例接受了這五位遠道來的客人。

　　張大千的舊居取名「摩耶精舍」，建於民國 65 年。「摩耶」之名，據說是根據佛經典故，謂釋迦摩尼母親摩耶腹中，有三千大千世界而命名。大千逝世 100 天後，家屬遵其遺志捐出精舍，歸國立故宮博物館管理，成立紀念館。

　　我們通常說張大千的畫是指他的山水或花卉畫，其實他也擅長仕女畫。晚年由於視力減退則以潑墨形式作畫，猶如法國畫家莫內（Monet）晚期的朦朧作品。

　　張大千是位熱愛生活、興趣多樣、熱情好客的畫家，也是位知名美食家。有時會為客人親手掌勺，做出一桌好菜供客人欣賞，家庭廚師站在一旁觀看。牆上掛有大千用過的「賓筵食帖」，非常

詳細。

張大千有「黑猿轉世」之說，生前常以戲猿為樂，院中曾養過幾隻猴子。院中灰鶴，現年 75 歲，仍筆直地站立水中，只是羽毛缺少了當年的光澤。院中池塘游著各色錦鯉。繁多的花草及盆景更是多到數不勝數。整個庭院是靜態觀賞和動態樂趣的和諧結合。

張大千和蔣介石及宋美齡的關係很密切，客廳有一幅民國 71 年榮獲中正勳章時，蔣經國總統為其頒授的攝影圖片。另一幅為民國 45 年與畢卡索會面的合影，藝術界人比喻為「東西藝術的高峰會晤」。張大千是宋美齡的繪畫老師，可惜我沒趕上紀念宋美齡逝世 10 週年的美齡畫展。此時，嚮導道出了一句真言：「藝術家要想出名，必須有政治依靠。」

二樓小畫室內的掛鐘停在清晨八點一刻，為紀念大千辭世之時刻。先生熱愛家國，往往以梅入墨，梅為國花，孤傲耐寒亦堅韌不拔。在種滿梅花的後園，豎立著一塊巨石，刻有大千的親書「梅丘」二字，但為了尊重孔子，特意把「丘」字減去一橫。一代國畫大師就長眠於此。徐悲鴻說張大千稟賦過人，才不世出，是「五百年來一大千」！

我們即將告別這位熱情博學的嚮導時，他道出了另一句真言；「現在有3個人的畫不能買：張大千、齊白石、畢卡索，因為高仿太多，且價格抬到驚人的地步，真真假假搞不清。」

五

同行的 4 位遊客有 3 位是在美國定居的臺灣人，另一位是他們的叔叔，家住內蒙古，首次來臺灣和侄兒、姪女一起為哥哥掃墓。這位八十幾歲的老先生腿腳仍很靈活，只是缺了 4 顆門牙，笑起來

露個大豁口，可他並不在意。他的姪女說：「我叔叔對逛街購物不感興趣，來臺灣主要想瞭解這裡的人文和歷史。」這位老人像是有個不平凡的過去，我放慢腳步，湊上去和他聊聊。他原籍湖南，57年打成右派後被發配到內蒙古，一輩子沒能翻身。還有個哥哥在臺灣。可想而知，當年又有誰能逃脫被定罪發配的命運呢？「那您現在還有什麼人在內蒙？」我問。「就我一個人和一個保姆，挺好。」他說，飽經滄桑的面孔露出一副無奈的笑容。兄弟倆，兩個世界，兩種命運。

我們乘同一班捷運返城。老先生的姪女熱心地向我介紹幾個參觀點，其中一個是藝術大師、著名雕刻家朱銘美術館。第二天我長途跋涉趕到金山古鎮，逛了老街後乘小巴直奔美術館。沒料到朱銘的展地宏偉龐大，作品如此震撼，需要至少兩小時才能看完。

朱銘的露天作品全部是大型的，以金屬為原料，線條粗獷俐落，氣勢恢弘。給我的感覺是整個展出廣場如有神靈，作品非凡人所創造。最讓我震驚的是他的「太極」系列。每個動作都有其深奧的含義，譬如那尊被日本人收藏的「單鞭下勢」體現了動與靜的平衡，動在腿上，靜在臂上。又如那尊雙人面對面的推打，很難判斷誰是攻、誰是守，全在視者的主觀意識。對朱銘來說，原是刻太極的「形」，而今是刻太極的「神」，他運用這個「神」無窮地擴充到他的創作風格中，使他的太極從有形演變到無形。

朱銘從一個小學畢業的山城牧童，經過童年的窮困、辛勤的學徒生涯、創業的輾轉困頓，終於成為今日備受世人肯定、揚名海內外的藝術大師，這和他獨特的創作視角、獨到的人生哲學是分不開的。在他的傳記中有這樣一段話：「如果問朱銘，藝術是什麼？他會輕輕地道出一句：『藝術是修行。』這修行，不是宗教道場裡的高妙玄理，而是平常生活中日日的體悟與實踐。他從來就相信，藝

術是修來的,而不是學來的。『修』,帶著一份虔敬之心,也隱含一份貫徹之志。因為日日夜夜的思、想、融匯、貫通,使之內化於心,再行之於外,才是『修』啊!」

偶遇一位北京來的遊客,高聲論道:「這些雕刻太粗了,沒啥看頭。」弄得我啼笑皆非。

2006 年朱銘在蒙特利爾陸續展出十九尊巨型雕塑「太極系列」,這些作品就留在了蒙特利爾,如今在皇家山和蒙城老港依然可以見到。

六

國立臺灣博物館為慶祝成立 100 週年,特舉辦一個旗袍展,名為「旗麗時代:伊人、衣事、新風尚」,我當然不願錯過這個機會。1911 年民國成立,旗人之袍(旗袍)改為「文明新裝」,隨著時代的變遷旗袍也有所發展:從 20 年代的平直剪裁到 30 年代初的短窄袖子、收腰,顏色鮮豔的印花;抗戰時期是簡樸的藍布袍;50-60 年代則趨於裁剪合身,更凸顯女性身材曲線;70 年代以後少「簡樸、實用」,開始引入西方流行款式;90 年代隨著中國風興起,旗袍再度脫胎換骨,走向國際舞臺;2000 年後,旗袍成為時尚創意產業中獨具魅力的焦點。遺憾的是,時尚對妖豔和性感的追求,使旗袍失去了天然的美,旗袍不只顯示了一個時代的生活美學,從細節的變化,可以看到歷史的縮影。

我站在那些代表歷史變遷的服裝模型前,想著自己幾十年裡曾經穿過但又丟失的旗袍,心中起伏。在這裡我看到了自己人生的變遷,小時候穿連衣裙校服,年輕時愛穿旗袍,到後來穿那清一色不分男女的裝束,親身體驗了從穿著自由到限制個性發展的過程。50

歲之後我不再約束自己，再度隨心所欲地穿著打扮，旗袍又找到了
原有的主人。

　　臨走時，在書店買了一本配合展覽出版的一本書《「旗麗時
代」，她們的故事》，講的都是女人的故事：中國女人、臺灣女
人、遷徙的女人、各階層的女人、日常生活中母親、女兒及孫女的
故事。所有的故事都因大時代的動盪而絲絲牽扣，在她們追求生活
品味的歷程中，這些女性的共同之處是透過服裝在歲月裡建立起對
女性自我的認同。

　　書中有一篇文章是關於宋美齡的，題為〈跨世紀第一夫人的旗
袍祕密〉。在參觀士林官邸（蔣介石夫婦的舊居）時，嚮導介紹宋
美齡雖然有數不清的旗袍，但她常穿的總是那麼幾件，很多保留了
三十幾年，蔣夫人對自己的穿著是較為低調的。

七

　　一早天氣陰沉，外面下著毛毛細雨，但不足以阻擋我的探索之
旅。我決定赴陽明山居於半山腰的林語堂舊居。上山後，由於聽不
懂司機的臺腔報站，錯過了站。只好再返過頭乘坐下山的車。

　　1966 年，林語堂偕夫人廖翠鳳自美抵臺，擇臺北郊外陽明山半
山腰一隅築寓所一棟，以中國四合院的結構模式，結合西班牙的設
計取向。林語堂舊居雅而不奢，前後花園綠意盎然、幽靜雅致、視
野開闊。有匾額云「有不為齋」，推開木門，從陽臺望去，遠處的
北投觀音山盡收眼底。

　　林語堂在這裡度過了一生最後的十多年，直至 1976 年去世。我
在大陸時，林語堂是受批判的對象，書是禁書，因他和左派文壇代
表魯迅是文壇對立的兩大人物，移民加拿大後才明白個中就裡。

林語堂書房中最醒目的是一書架滿滿的詞典文稿，整整齊齊地按時間順序排列在一起，是他多年編寫詞典的見證。

林語堂舊居設有閱覽室和簡樸的賣書亭。我流覽了架上的書，買了一本林語堂次女林太乙 2011 年出版的《林語堂傳》，想全面瞭解一下這位中國文壇巨擘。同時《京華煙雲》中譯文也收入囊中，原文是用英語寫的（《Moment in Peking》），我想通過這本書幫助我瞭解養我育我的老北京。林先生筆下的京華生活涵蓋了古老建築、傳統習俗、人際關係，字裡行間呈現出一個與當今全然不同的北京。

八

博物館參觀告一段落，又隨團遊參觀了九份、日月潭和花蓮，粗淺地瞭解了臺灣原住民生活。除了品嘗一下當地小吃，我買的繡衣、繡鞋及繡帽全帶有原住民特色。

印象最深刻的是花蓮大理石峽谷。我們一行 10 人，有來自美國、德國和大陸的，唯獨我一人來自加拿大。峽谷豪邁壯闊，岩石層次豐富，讓人心馳神往。車輛緩緩開上曲曲折折的盤山路，穿過九曲洞，駛過大理石橋，路過燕子口，一路風景幽雅恬靜，路途曲折艱險。滔滔不絕的女嚮導說，這條盤山公路是蔣經國發起、用人工一鑿一鏟挖出來的，非常艱苦，建設工程中曾發生多起事故。當年，為了安撫悠閒無事的士兵和俘虜，防止暴亂，政府想了個辦法，把他們組織起來修路。事實證明這個想法是正確的。

去花蓮乘的飛機，回來乘的火車，到站後由旅遊公司送回旅店。我住的旅店只有我一人，所以就變成專車專送，我和司機一路聊天。他推薦了一個地方——淡水（Tamsui），乘紅色捷運到終點

即可。第二天我勇敢地前往。

九

　　來之前，對淡水一無所知；到之後，拿了份導遊圖，一看，Wow ！太棒了，如獲至寶。這裡的歷史太豐富了。17 世紀西班牙（1628）和荷蘭（1642）先後占領了淡水──這塊臺灣原住民居住的地方。1684 年臺灣成為滿清政府的一部分後，眾多漢人移居此地。1860 年代初期，清政府被迫開放淡水對外通商，外商及傳教士頻頻湧入，淡水成為臺灣最大最繁忙的港口。但由於泥沙淤積，淡水在日本占領期間（1895-1945）失去了其重要港口的作用，逐漸轉為旅遊業中心。

　　要看的地方甚多，一天實在看不完，只好選了我最感興趣的路線：傳教士路（The Missionary Road）。乘車到了淡水禮拜堂（Tamsui Church），不巧非禮拜天不開放，只好去看看後面的滬尾馬偕醫院（Hobe Mackay Hospital）。

　　1872 年，一位名為喬治・馬偕（George Leslie Mackay）的加拿大長老會傳教士來到淡水，在這裡生活了近 30 年，直到 1901 年去世。這所醫院如今陳列了一些遺留的醫院用具供遊客參觀，並改名為馬偕咖啡店，走廊小桌上放有幾份傳教材料。咖啡店有兩位工作人員，年輕的男士曾在多倫多讀過書，自然給我們的談話增添了內容。馬偕除了在淡水從事宗教、醫療和教育事業外，他還是一位臺灣旅行探險家。旅行中所留下的文字和影像，成為研究清末臺灣最豐富、最權威、不可缺少的第一手材料。

　　我喜出望外地發現小咖啡店的架子上放著一本有關馬偕的書《臺灣女婿黑鬚番》，這是 2012 年臺灣教會為了馬偕來臺傳教 140

週年編寫的一本書。當時一般人叫他「馬偕博士」，學生叫他「老夫子」，俗眾則稱他「黑鬚番」（Black Bearded Barbarian）。為了擴大對女性的福音傳播，馬偕還娶了一位張姓臺灣姑娘。

淡水是座山城，高低起伏，多坡地，步行有些困難，不得不乘坐計程車。我順著傳教士路參觀了馬偕博士發起並修建的理學堂大書院（牛津學堂）、淡水女學校、婦學堂、八角樓、姑娘樓等地。在這些西式樓房和大片綠色園地的校舍上，現在設立了幾所私校。我望著一群活潑的兒童在一位外籍教師的指導下，做著輕快的體操，不免想到我幼年在教會學校讀書的歲月，似乎看到了它的延續。我本能地自問：「傳教士在中國的貢獻應該如何評價？是文化侵略還是文化撫育？」我曾多年背著受西方奴化教育的黑鍋，如今看到眼前情景，心中自然起伏不平——歷史往往需要在若干年後重新去認識。

到了淡水，當然不能錯過紅毛城。走入紅毛城彷彿走進淡水興衰起落的時光遂道。先說說紅毛城的由來：1628 年西班牙在淡水興建「聖多明哥城堡」（Fort San Domingo）作為軍事、政治、貿易、傳教的根據地。1642 年荷蘭人擊退西班牙，在拆毀的城堡原址附近重建新城，稱為「安東尼堡」（Fort Antonio）。當時人稱荷蘭人為「紅毛」，「紅毛城」由此得名。1661 年鄭成功克復臺灣，荷蘭人撤離臺灣之前破壞了城堡結構，以致紅毛城荒蕪了很長一段時間。

在淡水現仍完整存在、可供參觀的是當年的英國領事館。1863 年英國租用淡水紅毛城，作為領事辦公及居住場所，租期 99 年，紅毛城正式成為英國租借地。1972 年英國撤館後，紅毛城又輾轉交由澳洲、美國等國代為管理，直到 1980 年才由臺灣正式接管。所以說，紅毛城不僅象徵著淡水歷史文化的變遷，更是臺灣三百多年發展的見證。我站在原英領館這片土地上目睹並重溫了臺灣歷史，多麼難

得的機會！

　　淡水另一個不可多得的景點是漁人碼頭。乘小汽艇抵達後，我站在岸邊欣賞沿岸排列的船隻，漫步走上那座粉紅欄杆的「情人橋」。橋上到處可見一對對的情人，牽手摟腰，臉上散發出不可掩蓋的喜悅，偶爾見到些公共場所不常見的親暱。我心想：「熱戀的人本應這樣，不必躲躲閃閃。」此時，橋頭出現一對新婚夫婦在拍婚紗照。說新娘是位靚姐，新郎是位帥哥，毫不誇張。好玩的是，他們拍照時，中間夾著一條大金毛狗（Golden Retriever）。有位大陸遊客感到費解，順口說：「這是給新婚夫婦拍照還是給狗拍照？」

十

　　3週時間眼看就要過去，還有許多可看之處。臺北美術館正在展出臺灣著名現代攝影師張照堂的四百多幅照片，幾乎全部是黑白片，拍攝對象多為普通百姓；百姓生活散發出的簡單純真，是其表達的主題，既有觀看世界時那種「在場」，對世間一切存在有著濃厚關愛，卻又冷靜疏離，多了份「旁觀」之心。

　　展覽館設有幾處小型錄影播放室，我走進一間，無意發現了一位臺灣民間藝術大師：洪通。他的故事十分有感染力，我立即到樓下書店找有關他的書或畫冊，果然找到一本極有特色的畫冊：《原鄉美學──洪通》。回來後給朋友們看，無一不感歎此為精品。

　　洪通是位傳奇人物，1969 年 50 歲的洪通決定全力投入創作，以超過常人的瘋狂執著，在他那棟近海的低矮磚瓦房裡，創造了數百件作品。臺灣稱洪通為一位「不世出的素人畫家」。

　　洪通並不識字，是位心靈浸於一己天地中的異人，他用孩子般的畫筆，隨意賦形，毫無掩蓋地把心裡的真實道盡。他的畫筆使用

了原始裝飾藝術常用的幾何紋樣，有著高度的秩序感與統合感，卻又浮沉在意識層上下，為我們帶來發掘不盡的信息。實際上，洪通是位不懂得解釋自己，直至死去也不能解釋自己的人。所以他筆下粗樸的圖像，似神祕又蕩漾著稚拙之趣。

臺灣一位生活美學學者說：「如果有人認為藝術家是表現真正的自我，那麼他（洪通）是一個很夠資格的藝術家，比無時不想到繪畫市場的藝術家更藝術，甚至比認真地想到歷史地位、被使命的重擔所壓的藝術家，更具有藝術家天然的本質。」

十一

3週時間，我乘坐臺灣的地鐵、公車、火車和螺旋槳飛機周遊了一大圈，飽嘗了臺灣各色小吃，享盡了臺灣的文化遺產，攜帶著內容豐富的書籍，準備啟程回國。我喜歡臺灣這個美麗的島嶼以及生活在這裡的人民，他們有禮貌，懂道理，熱心助人，平和不浮躁。

有些社會現象很感人，地鐵上為老弱病殘設的專座，公車上有深藍色的「博愛座」，那是給老弱病殘孕準備的，年輕人寧願站著也不占用，即使座位是空著的。博物館對65以上長者免費，我不是臺灣公民但同樣可以享受這個待遇。這點大陸做不到，加拿大也做不到。臺灣的飲食業業非常乾淨，沒有假貨，讓人吃了放心。鋪張浪費現象很少，一次在旅店吃自助早餐，一位年輕母親對女兒說：「吃多少拿多少，不喜歡的就不要拿。」不會出現拿滿滿一大盤，吃一半留一半的事兒。人們對公共場所的清潔衛生意識很強，一個遊客絡繹不絕的島嶼卻在街上見不到一絲垃圾。地鐵中的播音常提醒乘客不要在車廂中吃口香糖和檳榔，公車上一律不許吃東西或喝果汁，大家都自覺遵守。

　　最後 3 天，女兒璐從美國回來，但仍舊忙於公事，只抽空和我吃了頓飯，買了點東西。此行，和她相處雖然短暫，但我很知足，聽了我的故事後，她說：「你都快成半個臺灣人了。」她認為臺灣的氣場和我對頭，這次沒看到的地方下次再補吧。

　　到了古風尚存的臺灣，我真正感到中國人的可愛，中華民族文化的可敬，中國傳統的可貴，中國教育的內涵和深遠意義。中國人本應如此。

　　臺灣淳樸的民風和良好的道德風尚，應該歸功於其傳統教育。當大陸如火如荼文化革命時，臺灣發起了「中華文化復興運動」，蔣介石任會長，大力推廣傳統文化。這樣的文化傳統業造就了一批學術巨匠：杜維明、余英時是公認的第三代新儒家的代表人物。

　　作家韓寒在他的文章〈我們失去的，他們都留下了〉中，有這樣一段話：

　　「是的，我要感謝香港和臺灣，他們庇護了中華的文化，把這個民族美好的習性留了下來，讓很多根子裡的東西免於浩劫。縱然他們也有著這樣那樣的詬病。而我們，縱然我們有了麗茲卡爾頓和半島酒店，有了 Gucci 和 LV，我們的縣長太太也許比他們最大的官員還要富有，我們隨便一個大片的製作成本就夠他們拍二三十部電影，我們的世博會和奧運會他們永遠辦不起，但走在臺灣的街頭，面對著那些計程車司機、速食店老闆、路人們，我卻一點自豪感都沒有。我們所擁有的他們都擁有過，我們所炫耀的他們的納稅人不會答應，我們所失去的他們都留下了，我們所缺少的，才是最能讓人感到自豪的。」

　　匆匆步履，走過這個美麗島嶼，其人、其情、其風景，直至今

日，都綿密於心，使人回味。居於冰雪世界的加拿大，想到那年的
海風椰林，更想由衷地說一句：久住臺灣，我會。

墨西哥之行

一

　　鄰居珍妮組織的六人旅遊組，出發前兩天，一位成員得了急病，不得不退出。可機票、住宿已安排就緒，怎麼辦？臨時抓差，找到了我。墨西哥，以前沒去過，答應了。

　　第一次乘坐墨西哥航班，感覺不錯，服務還算周到。六小時飛行從寒帶送進入亞熱帶，從一望無邊的白雪皚皚到花卉點綴的茵茵綠地，反差之大，讓人眼花繚亂。

　　過了海關，提了行李，正打算往外走，忽然出口處飄來一股嗆人的瓦斯味，眼淚止不住往下淌，喉嚨像是被什麼卡住了，一位女士嗆得暈倒了。保安人員揮手讓大家往另一方向走，隨之傳來一陣猛烈的狗叫聲。到底發生了什麼事？我一時懵住了，在一片胡亂喊叫的西班牙語中，我們找到了另一個出口，見到那塊注有姓名的「歡迎」牌子，這才鬆了口氣。

　　原來是獵狗用嗅覺發現了毒品，保安噴了催淚劑。

　　從墨西哥城到目的地 San Miguel de Allende（SM 城），我們乘坐了一輛小巴，行程 4 小時。我坐在第一排，剛坐下，發現靠窗那個座位被人占了，上面放著件休閒外衣。會說兩句英語的司機說，除了我們六位，他還捎帶一位行走不便的老先生，也是來自蒙特利爾。

　　老先生拖著一條僵硬的腿登上了車，緩慢地向座位移動，拐杖

摺在窗邊。一位上了年紀、行動不便的老人，獨自出來旅遊，這股精神讓人佩服。他叫曼非（Manfred），是位畫家，每年到 SM 城小住一段時間，靜心作畫。今年他打算住到 4 月。此時是 2 月。

曼非健談、好客，掏出一包餅乾分給大家吃，不慎整包餅乾撒在黑乎乎的車廂地上。我彎下腰去撿，曼非連忙制止，說：「我來，我來。」即使彎腰困難，兩手顫抖，他依然堅持。我意識到人的尊嚴如此可貴，在任何情況下，不輕易接受他人的憐憫或同情，何況他是個 gentleman。

夜幕降臨，公路兩邊一片漆黑，遠處小鎮的燈光像點點星光，點綴了黑夜的寂靜。

汽車先把曼非送到他的旅店，曼非回過身望著小巴慢慢在石板路上駛去，不停地揮手。

二

我們六人租了個二層樓房子，各有各的房間。從外表看就是個普通住家房，可在大門和高牆背後，隱藏著一個佈置優雅的庭院，有桌椅、花草還有小噴泉；不免讓我想到古老北京的四合院，外面不露聲色，裡面琴棋書畫、兒孫滿堂。

第一天珍妮和我走到一個賣雜物的市場，路程不算遠，但那起伏不平的鵝卵石路，高高低低的上下坡，行走很費勁，不小心真會扭傷腿腳。路窄，行人道更窄，兩人無法並行，汽車駛過，伸手可摸到車窗。幸虧車速很慢，車禍不多見。我決定以後出門不管路途遠近，一律坐出租；好在車費不分遠近，一律 30 比索。

當晚我睡得很不踏實，夢中模模糊糊見到一個像曼非的人。第二天我單獨出去逛街，迎面開過一輛計程車，我揮手把車叫住。

「去什麼地方？」司機問。一股莫名的力量促使我改變了原計畫，說出了曼非下榻的旅館名字。

旅館位於市中心，是一所住家改建的優雅庭院。我邁進大門，庭院空蕩蕩，走廊坐著一位老先生和一位年輕小姐，看起來像是父女。我走上前。

「請問這裡有沒有一位叫曼非的房客？」

「你是他的朋友嗎？」那位小姐問。

「哦……談不上是朋友，我們才認識，在來的路上認識的。」我說。

「很不幸，他昨天去世了，突發心臟病。」

我簡直不敢相信這晴天霹靂的噩耗。昨晚像是有人給我託了夢，要我來看這位萍水相逢的畫家。只是來遲了一步，沒見上面。我很想看看曼非的畫，或許他屋裡有幾張。可惜，當天他的一位本地朋友把畫全部取走了。我找到旅店主管，問問有沒有照片。主管想了想說：「對了，這裡有一份他的相冊。」趕忙從書櫥裡找出來遞給我。

我一頁一頁翻看那些精美的、色彩鮮豔、帶有墨西哥風韻的油畫照片。每張照片下方都注有畫畫的時間、地點以及對內容的注解。我感到似乎曼非就坐在身邊，面帶笑容耐心地向我敘述哪些畫已售出、哪些還有修改餘地、哪些留給當地博物館、哪些留給妻子和過去的繪畫夥伴……

我坐在板凳上，手捧相冊，思想停留在夢幻境界，久久說不出話。生命如此脆弱，生與死只有一線之隔。一位走到人生盡頭的畫家，就這樣孤單單地、默默地離開了人世間。

我帶著一顆沉重的心走向市聲喧嘩的市中心，在廣場的大樹蔭下找了個座位，望著一群群談笑風生、東張西望、無憂無慮的遊

客，陷入深思。我沒有購貨娛樂的心思了，決定去圖書館看看。這座圖書館最早是一位美國夫人在自家為墨西哥兒童設立的讀書場所，後來讀者與日俱增，應付不暇，數年後搬入現址，幾經修復，才成了現在的模樣。除了書籍借閱，還常常舉辦講座、電影、戲劇、音樂會等活動，是個文人與藝術家活躍的場所。

如同魁北克省的 Charlevoix，SM 城是畫家的樂園，到處是畫廊，畫家可隨意在大街小巷的樓旁、路口、門前支起畫架作畫，任憑人們指點。這是娛樂，是享受，是一種獨特的生活方式。

我在館內咖啡廳找到了個角落座位，坐下來用午餐。我注意到一個現象，讓我感到既舒服又不舒服。舒服的是，周圍的人多數來自美國、加拿大或歐洲，講的是我聽得懂的語言；不舒服的是，這是墨西哥，卻沒有墨西哥的氣氛，給人一種殖民文化的感覺。我不免想到當年上海和天津的租界，何其相似乃爾。

三

在住處，早晨我第一個起床，盡快梳洗完畢，免得坐等洗手間。換好衣服，坐在涼臺邊，望著鮮花，聽著鳥叫，還有那很久沒有聽到的雞叫聲。想到當年下放到農村，每早雞叫像鬧鐘一樣準時，大夥兒摸著黑起床，趕著下地幹活；想到為了多吃幾個蛋，自家養雞，原以為是母雞的雞雛，長大了卻是公的，自然要鳴叫；想到當年教英語時，一個不可少的課文是〈半夜雞叫〉，講的是一個老地主半夜模仿雞叫，把長工趕起來幹活。

事過境遷，記憶猶新，臉上掠過一絲微笑。

小組中，除了珍妮和我是單身，還有兩對夫婦。大衛是畫家，常到涼臺上畫畫。見我獨自在寫東西，便湊上來和我聊天。他對寫

作很感興趣，兩人聊得很開心。

大衛很實在，也很坦率，毫不掩飾地介紹了他那幾進幾出的婚姻以及性走向的轉換。關於愛情，他的觀點是：「年輕時，我們的追求往往是出於肉體的需要，我把這叫做『神聖的陷阱』。年紀大了之後，這種需要上升到了精神，是一種超過肉體的追求。我們像個蠶繭，一點點脫殼，最後變成蝴蝶，在形態上遠遠超脫了原來。」大衛無疑是位情感豐富、敢於面對現實的人。

我介紹了自己年近半百到異國他鄉白手起家的經過。大衛說：「你像是個被放進熔爐燒成了灰的人，可你沒有消失，你從中復燃，是個奇蹟，是天賜。其實從任何災難倖存下來的人都是個『金錠』，是從烈火中誕生的光芒。」

大衛畫的東西既有具體的也有抽象的，他捕捉的是畫中的靈與神。他說：「作畫如同做愛，要全身投入。」寫作又何嘗不是如此！

大衛的真誠和坦率打動了我，我也敞開心扉，向他談起我的黃昏戀。

「你說，大衛，人到了咱們這個年齡，還有可能像年輕時那樣狂戀嗎？」

大衛把畫筆擱下，笑說：「當然可以，區別只是體力不如年輕時身強力壯。如果人老了，還能有那種火花、那種吸引力、那種勢不可擋的追求、那種時時想念天天惦記的熱情，那是非常可貴的，非常美的，多少人想要卻得不到。」

有多少女性，老了當了外婆，還有人追求，還會聽到這樣的話——「你是我的最愛，我的一切」？有人想念、惦記是一種幸福。試想，如果沒人想念該有多麼可悲！

源於大衛的藝術眼光，他認為世上的事總在循環，在重複，每次重複都會以不同的形式、不同的服飾、不同的顏色出現。

四

SM 城有一個古老的棉紡廠,建於 90 年代初。當年是小城唯一的經濟動脈。幾十年後由於機器需要更新,紡織品開始進口,導致廠子倒閉。落魄十年的廠房,終於被改建成今日的畫廊和精品商店,成了城裡最重要的文化中心。我在裡面遊逛了大半天,欣賞各種風格的藝術品。

在一個精品首飾店裡,我看到一個鑲有寶石的銀戒指,款式新穎大方、獨一無二。設計師是第三代珠寶商,創意非凡,紐約第五大道的商店也擺有他的產品。我喜歡這枚造型粗獷的戒指,戴在手上來回看,捨不得放下。售貨員摸透了我的心思,上前拋出一個誘餌:「如果你付現金,可以減 10%。」其實我並不缺首飾,只是喜歡。最後還是買下了。

記得有位朋友曾說:「如果你有條件買你不需要的但是你喜歡的東西,那是很幸運的。我們買東西,圖的是那瞬間的快樂,如同一見鍾情的興奮。」是的,生活本應如此:喜歡、高興、瞬間的快樂、一見鍾情。如果這些點滴的樂趣都失去了,生活該是何等枯燥無味!

正巧,第二天是情人節。往年 M 君會一早捧著 12 朵紅玫瑰出現在門前,可他走了,快一年了。今年,我給自己買個禮品,替代他的玫瑰和祝福,再走一回我們曾有過的浪漫情人節。

五

墨西哥 90% 以上是天主教徒,SM 城的基督徒多些。

　　週日，我和其他三位基督徒走進一座建於 16 世紀的小教堂。地方不大，人不多，多數人白髮蒼蒼。那裡的神像，無論是耶穌、聖母馬利亞或約瑟，都穿著真實的布衣，孩童耶穌前擺滿了玩具，給人的感覺是，宗教人性化、貼近生活。

　　彌撒過後走出教堂，見一位老人坐在樹下休息，我走上前坐在他身邊。面善的老人，笑起來露出缺了門牙的牙床。我們語言不通，無法對話。珍妮用西班牙語問老人高壽，老人說：「90。」

　　我剛買了一盒小點心，想打開請他吃；再一想，幹麼要打開，索性送給他吧。老人高興得不得了，提著點心盒起身往街上走，看樣子家裡有人在等他。他拄著拐杖，扶著把手艱難地下臺階。臺階陡峭不平，我連忙上前攙扶，老人笑著謝絕了。

　　望著老人的背影，我想到自己的父母，幾十年裡，匆匆忙忙的我一直在趕路，錯過了多少攙扶他們的機會，想補也補不回來了！

六

　　第二週，我們租了輛旅遊車，到 Guanajuato（G 城）參觀。15 世紀之前，G 城是墨西哥一個土著部落的發源地。16 世紀開始，西班牙人在這一帶發現了銀礦，一直開採到 18 世紀中葉，為 G 城的發展打下了基礎。

　　G 城坐落在一個峽谷裡，街道很窄，有些街道汽車開不進，陡峭的地帶要靠多級階梯才能上去。這裡名勝古蹟甚多，完整地保留了許多帶有濃厚西班牙風格的古老建築。

　　到了 G 城自然要參觀墨西哥以大型壁畫著稱的 Diego Rivera 博物館。博物館建於 1975 年，是畫家 Rivera 1886 年出生之地，房子內外的佈置，包括部分家具，全部保留了原樣。

多年以來，Rivera 是位有爭議的畫家。由於當年他是共產主義者，一度收容過被史達林判處死刑的俄共逃亡者托洛斯基，因此他在政界的地位不高。人們還不時要翻翻老帳，就連豎立在家鄉的銅雕像也比真人矮一大截。

Rivera 最著名的一幅大型壁畫是 1933 年為紐約洛克菲勒中心畫的《十字路口的人》（*Man at the Crossroads*）。畫尚未完成，有人發現畫中有列寧和其他共產黨人的形象。Rivera 因拒絕塗抹列寧像，被開除，壁畫也被銷毀。

可惜我沒有機會到墨西哥城參觀 Frida Kahlo 博物館，這座博物館以自畫像而聞名。Kahlo，是 Rivera 的妻子。這座揚名海內外的「藍房子」，裡外牆都塗著大海般絢麗的藍色。當年托洛斯基和妻子在「藍房子」避難，長達兩年。

Kahlo 出生於 1907 年，1929 年與年長 20 歲的 Diego 結婚，1954 年去世，年僅 47 歲。4 年之後，Rivera 把「藍房子」捐給國家，並建立基金會保護這座歷史遺產。

七

陪伴我們的司機兼導遊海倫（Helen）是位 70 有餘的女士。從皮膚判斷，她在風吹雨打日曬中度過了很多歲月。海倫來自美國加州，21 年前到 SM 城度蜜月，和小城結下不解之緣，於是乾脆於此扎下了根。現在她每天開車為來自不同國家的顧客服務，這就是她的生活樂趣。

「你沒有想過在墨西哥再成家嗎？」我順口問了一下。

「不太容易。找個合適的墨西哥男人，可能性太小了。」海倫說。

「找個美國或加拿大退休的，不也行嗎？」

「你沒看見，那些白髮蒼蒼的北美男人，手上都牽著個年輕的墨西哥姑娘，既可以伺候他們，又聽話，是理想的老年配偶。」海倫像是把生活看得很透。現在陪伴她的是一條心愛的狗，人的忠實朋友。

「等幹不動的時候，你打算怎麼辦？在哪兒養老啊？」我提了一個老年人關心的問題。

「我不會回美國，我和那裡已經脫節，這裡是我的第二故鄉。一位朋友的丈夫剛去世，給她留下一棟大房子和一個大牧場。她想把它們改建成養老院，將來我們這些朋友都住在一起，請幾個當地人扶持，不就很好嗎！」海倫給自己設計了一個美好的退休養老藍圖。

是呀，人老了，都會想到何去何從的問題。我也和自己的根脫了節，落葉歸不了根。我不去想那看不見、摸不到的未來，只有今天才是現實，要過好每一天、每一刻，保持樂觀心態，相信船到橋頭自會直。

八

臨行前一晚，組內的劇作家譚雅拿出一份幾年前寫的劇本，請大家「讀劇」（play reading），算是最後一份消遣。劇本是根據一家老人院發生的愛情故事改編的。

劇中的人物和故事是基於現實的文學虛構，故事以悲劇而告終。它道出一條普遍真理，那就是：只要有人群的地方，有男女的地方，無論哪個年齡，都會有愛情發生。

我聽後很有感觸，它和我的真實生活有相同之處。

我自問：我的生活是真實還是虛構？

不是虛構，卻又如虛構一般奇妙；是現實，然而又勝過現實的平庸；是心靈的互動，然而又有超凡脫俗的情感交流；既有年輕人的純真和激情，又不乏老年人的成熟和體貼；既有言語觸摸，也有情感煥發，如同放出去的風箏，任其飛任其飄，穿梭在有形和無形之中。

何謂虛構？何謂真實？

無條件的愛

一

　　甘地有一句名言：「一個國家的偉大及其道德進步可以通過它對動物的態度來判斷。」

　　多年前的一個耶誕節，我和好友 N 到蒙城的加拿大動物保護中心「探望」動物。為什麼要用「探望」二字呢？因為今天 N 君帶了「聖誕禮物」去看望她心愛的動物：一群關在籠子裡的小兔子。「今天不該是你值班呀！」看護人對她擺手。「沒錯，我是來給小寶貝送聖誕禮物的。」她抖了抖手中的生菜和胡蘿蔔。

　　N 君是位酷愛動物的職業婦女，養過雪貂為寵物，現在每週末到這裡做半天義工。除貓狗之外，其他都屬稀有寵物，如兔子、鴿子、白鼠、雪貂等，她就在稀有寵物部門工作。

　　剛邁進大門，一股撲鼻的「動物味」鑽入鼻中，禁不住眼睛發澀，嗓子發癢。這裡打掃得很乾淨，沒有糞便味，只是動物的皮毛與呼吸本身有一種與人體不同的異味。除了個別人，多數工作人員不戴口罩，而且只有在必要時才戴手套。對動物沒有愛心的人是不可能在這種環境工作的，對動物毛過敏的人當然也不便來。

　　N 君走進工作室開始忙碌，我站在十幾個兔籠前不知所措。「你想抱抱牠嗎？」她順手遞給我一個駝色小兔，是其中最小的。「她叫 Amber（琥珀），才來不久，還有點兒認生。」

琥珀在我懷中非常溫順，像一個小暖水袋，一動不動地等待撫摸。我摸著那光滑柔軟的皮毛，感覺著那均勻的心跳，心裡十分平靜，相互像是在傳遞一種氣場。我明白了為什麼「動物療法」如此有效。

N君把另一隻咖啡色公兔放了出來。「一次只能放一隻嗎？」我問。「是的，同時放出來牠們會打架，還有交配的可能。這裡的兔子不全是閹割過的。這隻咖啡公兔閹割前很調皮，現在老實多了，再也不咬人了。」奇怪的是，牠從來沒咬過N君，我想兔子也認人吧。

「以前我以為只有貓狗才閹割，到這工作後才知道兔子也需要閹割，否則繁殖太快，這裡應接不暇。」N君笑說。

每隻兔子都有名字，有的是送來時帶來的，多數是這裡給起的，一般都起得恰到好處，譬如：有個棕色公兔叫 Tarzan（泰山），因為牠跳起來像電影中的泰山；有一隻頭上有一小撮毛，像個莫霍克人，起名 Mohawk。一般是一個籠子一隻兔，但有一個例外，因為牠們是同一家送來的，從小一起長大。「如果把牠們分開，牠們會寂寞的，會心理壓抑。」N君說。

有的兔子小巧玲瓏，有的肥頭大耳。據說這與牠們的耳朵長短有關，腿長的人長得高，耳朵長的兔子長得大。

人們領養白色兔子時，一般不要紅眼睛的。我原以為小白兔的眼睛都是紅的，但細一看果然有區別，有紅色的也有褐色的，還有偏黑的。「紅眼白兔不受歡迎是不是和迷信有關？」我順便問了一下。「也許是因為紅色讓人想到血，想到吸血鬼。」N君漫不經心地說。

紅色對東方人是福、是財、是運，對西方人是權力、是熱情、是性感，怎麼到了眼睛上就出岔子了呢！

我發現有一隻兔子的耳朵耷拉著，與眾不同。「這是另一個品種，叫 Lop（垂耳兔）。」N君解釋。

N君一邊工作一邊和兔兔們說話，像哄孩子一樣。「看你，怎麼把食盆踢翻了？」「別躲起來，你該回籠子了。」「為什麼發抖，是新來的吧？」「我知道，你想讓我多摸你幾下，對吧？」「看看，你怎麼不守規矩，在地上拉屎了。」

動物雖然不會說話，但牠們聽得懂，感受得到。N君對此深信不疑，果然萬物有靈。

她分批把兔子放出來活動，給籠子鋪墊新的稻草和碎報紙，給小碗裡填滿食物，把地掃乾淨，這就算完成任務。然後，她走到每個籠子前擺手告別：「聖誕快樂，下週見。」

二

我們洗完手往外走時，我對她說：「你是真愛動物，對牠們那麼有愛心，那麼耐心，那麼細心，像是對孩子一樣。」她說：「因為牠們給我一種純淨的感覺，其實牠們的要求很低，牠們只需要一點愛。」

走到前廳我見牆上寫著甘地的名言，連忙把它抄下。此時，N君正在和一個被攔在小屋的瘦長小狗說話：「等一會兒就會有人領你出去溜達的。」邊摸著牠的頭。門外一位義工正牽著一隻狗小心翼翼地在結冰的道路上行走，狗脖子上戴著一個紅色聖誕脖套。

小時候，大約七八歲，大姐夫帶回家一隻小花狗，白毛棕斑，十分可愛，我給牠起名「吉米」，家人覺得易上口。這隻未經訓練的小狗，到處大小便，不留神就會踩一腳。這事惹怒了母親，命我們把吉米扔掉，怎麼求情也沒用。

我們把吉米帶到護城河邊，大姐夫把牠裝進麵袋，紮上口，投進水裡。眼看著那白布袋順水漂去，一個幼小軀體在裡面蠕動、掙扎、嘶叫。我的心碎了，久久不願離去。這一幕至今難忘！

從此，我家再也沒有寵物，廚房的貓是為了夜間抓耗子。屋頂上時常出現野貓，趕到發情期，可聽到一陣陣刺耳的「鬧貓」聲。鄰居家養的兔子和鴿子，是為了吃肉。物資供應困難時，母親養雞是為了吃蛋，她吃蛋但不吃一手養大的自家雞肉。

三

小女璐打小就喜歡動物，兩歲時，為了餵鄰居兔子菜葉，自己可以不吃飯。可我們從來沒給她買過小動物，連一隻鳥也沒有。

到加拿大之後，最吸引她的商店是寵物店。我給她買的第一個寵物是隻小倉鼠（hamster），取名 Peanut（花生）。倉鼠屬雜食動物，葷素都吃，我們餵的是現成的「倉鼠糧」，顆粒小，營養搭配有方。以前只知道有定量供應的人糧，哪裡懂得動物有特製的糧食和罐頭。別看倉鼠個頭不大，還挺講究，不愛吃「剩飯」，食盆得每日一換，清洗乾淨。

籠中有一個供玩耍的輪子。倉鼠白天懶洋洋，蒙頭睡大覺，晚上精神頭十足，踩著輪子轉個不停，夜裡很吵人。小璐高中最後一年，到外地參加法語強化培訓，寄宿在一個魁北克家庭。她把倉鼠帶走了，最後留給了那家小妹妹。

中學畢業後，璐選擇學習服裝設計，開始與西人談戀愛。在兩種文化交織與衝擊的環境下，身為東方「窈窕淑女」，璐遇到過一些愛情上的不快和挫折。

她失戀了。

　　為了彌補感情上的失落，決定給她買隻小狗。對狗的選擇我們一無所知，只好買本雜誌，像選妃那樣「以貌取人」。最終，我們選了一條白絨絨、黑眼睛、黑鼻尖的薩摩耶特狗（Samoyed）。我們在安大略省一個私人繁殖場訂購了一隻純種薩摩耶特，自付空運費。

　　狗崽兒才過滿月不久，場主把牠送上飛機。機上有專門接待狗崽兒的籠子，登機前半小時餵半片狗用安眠藥，以防在貨艙中亂叫。好在旅途不長。

　　飛機抵達蒙城機場，我和璐去接機。乘客陸陸續續走完，只見一位漂亮的空姐提溜著個籠子，笑眯眯地朝我們走來。我們的小寶寶到家了！打開籠門，寶寶慢慢騰騰地爬出來，小腿兒還站不太穩，著地第一件事是撒泡尿，看來是憋了一路。

　　白絨絨的一團，太可愛了！璐把牠抱起，小可愛不停地舔璐的臉。我們和狗狗「一見鍾情」。抱回家，先得用奶瓶餵奶。

　　給狗起個什麼名呢？不能太俗氣，要順口，還要帶點「色彩」。我初到加拿大給自己起英文名時，也費了不少勁，選了無數個，總覺得不對頭，叫起來不像我。最後還是保留了我的中文名字，儘管洋人發不好「zh」這個音，而我的姓和名偏偏都是「zh」開頭的。

　　想來想去，最後請教了在北京教日語的二姐華，她建議 Haku（日語白的意思）。我喜歡在公園拖長音，放聲遠遠喊過去——「Haaa⋯⋯Kuuu⋯⋯」伴隨著回音，太美了！

四

　　Haku 成為家庭成員之一。我們參閱養狗的書，帶狗上培訓課，

當然最主要的是每天遛一兩次。因為我和女兒要上班上學，白天只好把牠關在籠子裡。牠很不高興，叫個不停。樓下鄰居的女兒在準備大學考試，狗叫聲妨礙她複習，她報警了。

警察找上門，嚇了我們一跳。在國內，犯事了才會有警察出現。這位年輕警察很有禮貌，敬個禮，說明來意。見璐抱著 Haku 坐在樓梯上，上前拍了拍狗腦袋，說：「有人報警，我們不得不來。狗很可愛，想法兒讓牠少叫點。」轉身下樓，回過頭對我說：「你的女兒也很可愛。」我那曾經有過的對穿制服執法人員的恐懼感頓時煙消雲散。璐對這裡穿制服的人，無論是警官還是軍官，特別有好感。她認為他們是最帥的男子漢。

聽說，如果把狗「敲」了，牠就會老實點。雖然 Haku 還不到「敲」的年齡，但是為了不干擾鄰居，再遭報警，我們帶牠去見了趙獸醫，挨了一刀。這一刀，無論對人或對動物，都有後遺症。

「敲」過的 Haku 一下變得安靜多了。沒料到，這隻沒學會提腿尿尿的小公狗，被「敲」後只會站著尿，叫聲也留有「童音」。為此，璐一直不能原諒我們的鄰居。

遛狗這樁任務落在了我肩上，風雨無阻。早起第一件事，披上大衣，牽著狗往臨近公園走。那裡是狗的樂園，遛狗的人不少，每人手裡攥著個撿糞用的塑膠袋。大家把狗放開，任其狂跑，不時可見發情的動物追趕異性，但可憐的 Haku 對此已無興趣。

一次 Haku 在茫茫大雪中幾乎走丟，或者說因白雪和白毛混為一體，我找不見牠。一位好心的「狗友」建議我在 Haku 背上塗點粉紅色，易於在大雪覆蓋的草地上辨認。Haku 本應在阿拉斯加拉雪橇，在大森林中奔跑，把這種狗當寵物關在家裡，實在太委屈牠們了。

五

吃慣了狗糧的狗不能吃人食，即使有剩骨頭也不能餵它。純種動物腸胃尤其嬌嫩。

從上海來探親的三姐，做了一個紅燒肘子，等我們晚上回來吃。她放在櫃檯深處，以為 Haku 搆不著，不會動它。可是，這個香噴噴的肘子，誘惑力太強了，趁三姐出去接孩子的功夫，Haku 把肘子扒拉到地，吃了個精光，連骨頭也沒剩。我們到頭來也沒琢磨出 Haku 是怎麼登高，把整個肘子拖下地，把空盤子留在櫃檯上的！

懲罰狗的辦法是在「訓狗」課上學的，不能用棍子打，也不能用手打，手是用來撫摸交流感情的，不能被誤為暴力工具。唯一的辦法是用報紙捲成筒打牠的頭，聲色俱屬地訓斥，讓牠懂得這是做錯事了，下不為例。Haku 明白自己錯了，窩在一旁，雙眼露出有罪的目光。

不出所料，第二天 Haku 拉稀了，人食好吃不好消化，偷吃的報應。

白天家裡沒人，不得不把 Haku 鎖在家裡。每早我離家時，Haku 先是送我到大門前，露出一副戀戀不捨的樣子，待我掏出鑰匙鎖門時，牠奔跑到二樓臥室，扒在窗口，等我向牠揮手告別，然後目送我走遠。幾年如一日。

後來因為經常出差，Haku 無人照顧，只好忍痛割愛，含淚送人，那年牠 6 歲。

Haku 走了。

每早離家時，我依舊會回頭望著二樓窗口，尋找 Haku 的影子和那雙令人難忘的黑眼睛。

「車庫賣」

一

　　初到加拿大，不懂什麼是「車庫賣」（Garage Sale），以為不就是擺個攤子賣舊貨嘛！

　　第一次在「車庫賣」買東西留下了一段有趣的故事，回味起對自己曾有過的單純感到欣慰。

　　那是在加東 Halifax 市一個高檔社區的「車庫賣」。我看中了一套剛從乾洗店取回的粉色套裝，套在塑膠包裝袋裡，上面標著 $12，這可比店裡便宜多了！

　　賣主是位頗有紳士氣派的中年男士，他得知我從外鄉來此求學，主動把價格降到 $5。可是剛從大陸出來、習慣計畫經濟的我，買東西從來是一個價，不懂得「還價」這一說。我以為他記錯了，心裡提醒自己，千萬要誠實，不能從中取巧。雖然那時 $12 對我是一筆不小的開支，我還是按標價付了，賣主顯得很尷尬，臉上露出一副啼笑皆非的樣子，接過錢不知說什麼好，不接又怕挫傷我的自尊心。

　　道了謝，我提著衣服心滿意足地走了，一邊走，一邊為自己的誠實感到自豪，一路上琢磨該在什麼場合穿這套明亮的衣服。

　　後來，在加拿大生活長了，才懂得「車庫賣」的交易是要大砍特砍的，沒有反過來多給這一說。外人眼裡，我幹的是一樁不折

不扣的「傻事」，於我，那是付「學費」，不失為一件「可愛」之舉。

每逢週六是擺攤日，週六開著車在城裡城外兜圈，可以看到許許多多的「車庫賣」。我喜歡逛這些家庭小攤，喜歡淘換點稀裡古怪的小玩意兒。有眼力的人，可以淘換到很值錢的東西。當然，富人區和平民區的攤賣品種大有不同。

我慢慢學會了還價，但下不了狠心大砍，總覺得賣東西是出於不得已，這是童年留給我的印象，家裡一度靠賣東西為生。

二

「咚」的一聲，什麼東西沉悶地砸倒在地，緊接著是玻璃碎在地上的「嘩啦」聲。我急忙跑到外屋看個究竟，大座鐘倒在地上，鐘面碎了，鐘框裂了，滿地碎玻璃。家裡擺了多年的鐘，為什麼把它摔了，母親兩手叉腰，怒氣滿面。

「我受夠了！」她喊叫，「寧肯把它摔了，反正也賣不了幾個錢！每天都要叫打鼓的來，我們現在還有什麼可賣的了！」

「打鼓的」是老北京走街串巷收買舊貨的人，肩挑兩個大竹筐，手持一個二寸長的小邊鼓，用一根有彈性的鼓槌，邊走邊敲。這個活計最理想的是廉價收購一些古董、古書畫，其次是衣物，再其次是雜物。大件物品如家具等，先買下，然後拉大板車來取貨。

有一段時間，我家實際上是靠賣東西過日子，母親認為很丟人。

家裡的紅木家具、地毯、沙發、細軟等一件一件被拉走了。隨之，母親的脾氣也愈變愈壞。幾天前，剛把鋼琴賣了。兩歲的外甥小東傷心透了，死死抱著搬鋼琴人的腿，哭喊著：「別把我的唱歌馬搬走！」這已是家中唯一值錢的東西了。

　　以往晚飯後，三姐文會坐在琴前彈個小曲，此時她無奈地望著它被人抬走。父親一聲不響地坐在一個角落，低著頭使勁抽煙斗，看了著實讓人心酸。原本沉默寡言的父親，現在話更少了。

　　父親沒有穩定的工作，漸漸陷入隱退狀態，他愈來愈沉默，對周圍的一切無動於衷。我很想知道他在想什麼，可那個年代，小輩只有服從，哪敢和長輩談論「想法」呢。日久，父親的存在似乎與其他人無關。

　　鋼琴搬走那天，母親自我安慰地說：「這房子不能放鋼琴，太潮了，時間長會毀了的，到那時候就不值錢了。」幾天後，站在空蕩蕩的屋子裡，她似乎才覺出少了什麼。頓時，一股無名之火沖上來，只好拿大座鐘出氣。

　　母親很要面子，自己從不到門口叫「打鼓的」，姐姐們也不願出頭，覺得丟人。我年紀小，覺得這差事挺有意思。任務落在我頭上了，老遠聽到打小鼓聲，就往外跑。有幾個打鼓的是我家常客，他們都認識我了，在胡同裡見到我，總會問：「小姑娘，家裡還有什麼好東西要賣嗎？」這時我才覺得賣東西不是什麼體面的事。

　　二姐華收藏了許多唱片，她喜歡聽外國古典音樂。那臺手搖唱機已用了多年，早該換臺新的，可家裡哪有閒錢花在非生活必需品上呢！這些唱片放著也沒用，不如賣了，但二姐捨不得一下子都賣掉，今天拿出一套施特勞斯的華爾滋，過天又拿出一套韓德爾的《彌賽亞》或一套蕭邦的鋼琴曲。父親從日本帶回的唱片沒人要，八年抗戰才結束不久，沒人對日本的東西感興趣。我們把日本唱片用開水泡軟後做成各式各樣的果盤，用來放花生米等乾果，既實用又別致。

　　王府井南口有片空地叫「東大地」，滿是地攤，擺的多是日本人撤退時留下的東西，樣子精緻，價格還便宜。識貨的人，能買下

不少見證歷史的物件。

就是在這塊空地上，發生了 1946 年轟動全國的沈崇事件。

二姐的最愛是她收集多年的三百多張好萊塢電影明星劇照，整整齊齊碼放在五顏六色的點心盒或木製雪茄盒裡。她時常對著照片，興致勃勃地給我們講電影故事，百聽不厭的是《飄》和《悲慘世界》。

二姐的收藏，無論音樂還是電影，對我影響很大。我自幼愛看電影，愛做「白日夢」，天真地把電影中的人物當作追求目標，直到在現實中碰了壁、受了挫，也沒有完全放棄童年的夢！

夢，白日也好，黑夜也罷，都要做，沒有夢就沒有追求；有些夢可以成真，有些不能，即使有未成真的遺憾也要留住夢的美好。沒有夢就沒有希望和憧憬，沒有夢的人生是空洞無味的、僵硬的、冰冷的。

二姐不得不和心愛的影星們告別。買了影星照片的「打鼓的」，嘗到了甜頭，出手快，賣價好。幾天後，回來再淘換點兒，我氣沖沖地把他轟走了。我知道二姐多麼心疼這些照片，不願再提起此事。

那時起，賣東西這個概念在我心靈上留下了負面烙印。買，是富有，是體面；賣，是窮困，是丟人、破落、無奈的代名詞。

三

年過 80，要賣房搬家了，這時才發現要處理的東西太多了。30年前兩手空空跨過大洋來此安家，如今竟然積累了如此多的「物」！說明物質對人的誘惑超出想像，人的購買欲望無止境。

吐故納新，我要騰房，也要在心中和頭腦中騰出空兒，接納新

的變化。

　　幾年前，已將大批古物捐給了博物館。自己留了一些，現在也要與它們告別了，新的住處空間有限。

　　我喜歡贈送給友人，給人留個念想。一個微笑、一聲謝謝、一個握手，遠遠超過東西本身的價值。

　　對於一些零星物品，本想全部捐給慈善機構。不料，正趕上鄰居 D 女士要組織一次集體「車庫賣」，我被邀請。「Why not?」凡事都有第一次，這次不參加，以後恐怕再沒機會了。

　　共 4 戶人家參加，攤位擺在我家車道上。他們的每件物品都有標價，不過那只是個「參考價」，大有商討餘地。我既不懂規則，也不會要價，打算靈活掌握，因人制宜。

　　第一個買主對 CD 感興趣，見他翻來覆去地看，我對他說：「如果你全要了，15 張就給 10 塊吧。」原要價是一塊一張。他樂呵呵地拿走了，我順便給他一件贈品圖個吉利，算是「開門紅」。他笑著對我說：「這是『善緣』（good karma）。」之後，贈品成了規律。

　　沒想到這位先生廉價買了我的 CD 後，自己在遠處搭了個攤子，轉手就加了幾成。「這事兒常見，不足為奇。」D 女士說。「這才叫『自由貿易』，貨出手了，就別在意人家怎麼處理。」我笑答。

　　前來買貨的人有些是「行家」，他們是衝著古董、金銀首飾、名牌貨來的，時常會廉價淘換到真貨。有些賣主攤賣親屬遺物，不識貨，把珍品當舊貨，賤賣了。據說，有人淘到價值連城的真貨。

　　別看這些「行家」穿著邋遢、漫不經心的樣子，他們非常有眼光，來到我攤上，一眼就看中了一個名牌錢夾，沒花幾塊錢買了去。我不在意，只要有人喜歡就好。

　　有些人是「砍價」能手，一塊錢的東西也要砍到 50 分甚至 25 分，想必是想得到一種「贏家」的感覺。如果占點便宜能換取滿足

感，那麼何樂而不為？反正這是一種遊戲，一種交流手段。

　　有的人，壓了幾次價，沒買，走了又反悔。一位打扮得妖裡妖氣的中年婦女，頭上插著五顏六色的假花，唇上和眼底塗著發亮的藍色，氣喘吁吁地跑過來，邊走邊喊：「別收攤，有件東西我要！」D女士說：「她不是來過了嗎？買了不少，看來是把先前買的東西出手了，有利可圖，現在又回來撿便宜了。」或許D說的是真的，我覺得很好玩，看到別人開心也是種享受。不就是為賺幾個小錢嘛！

　　說到壓價，多年前，有位土耳其朋友N君對我說，在土耳其壓價是一種消磨時間的「樂趣」，可以花上個把小時甚至小半天，為一件不起眼的東西，坐下來，翻來覆去討價還價，邊「吹牛」邊「耍貧」。到了飯點，可以邊吃邊喝，一邊「砍」，一邊「侃」，啥也不耽誤！

　　N君曾與一對魁北克夫婦S一家到中國旅遊。旅遊景點有不少賣紀念品的商販，也有畫家賣畫。作為土耳其人，N君到處猛殺猛砍，啥都不吝。

　　可這對法裔夫婦則不同，即使砍價也不狠。他們走到一個畫攤，看中了幾幅中國水墨畫，年輕的畫家很謙虛，要價不高。N君剛要開口砍價，被S夫人制止了：「這是藝術，藝術是無價的，我們只是給點報酬，是對藝術家的認可和尊重，不能壓低。」她按原價付了錢，與畫家握手致謝。

　　這番話深深打動了我。後來到了山西太原，我在山西畫院見到一幅喜愛的靜物油畫，要價比較高。本想還價，可想到S夫人的話，我把到嘴邊的話嚥了回去，按原價付了錢。我買的是藝術，不是畫。後來還與這位畫家成了朋友。

　　從穿著打扮、舉止口音判斷，有些買主是新移民，剛到不久。有位包頭巾穿著長袍的女士，拿起一個手袋左看右看，問了問價又

放下了。我看她是真心喜歡,主動把原本不高的價又減了一半,算是象徵性付幾個錢,她笑眯眯地拿走了。想想自己初來乍到時,不也接受過別人的接濟和照顧嗎?

我們幾家之間用「易貨」的方式交換相互看中的東西。一些朋友帶著飲料前來捧場,聚在一起有說有笑,路人問:「你們在開派對嗎?算我一份吧!」朋友買東西,本應不收錢,可他們堅持原則:Business is business.

到晌午,發現貨不多了,請攤友幫我看會兒攤,打算回家去補貨,惹得大家捧腹大笑。「還沒見過像你這樣認真的呢!」到家我抓了一把假首飾和衣服,還有一些我自認為的「熱門貨」,回去發現已有人站在我攤前,等待「新貨」,有人留下電話,要求我再擺攤時事先通知他們一下。

一天下來收穫不小,我的攤位賣得最好,遠遠超出預計的效果。我開始懂得 Garage Sale 不僅是擺攤賣舊貨,它是一種文化,以民間交流的方式創造物盡其用的環境,通過交流,互補互助,即幫助低收入人群得到一些生活必需品,又達到物質循環再利用的目的。

這次「實習」使我接觸到社會不同階層的人,用原始的商業手段瞭解了買與賣的心理動態,如同上了一堂鮮活的經濟學和社會學的公開課。

老金礦的輝煌

今年，自「口罩限制」放寬，從強行到自願，外出旅遊人員猛增。

我和義子鴻兒全家一起外出旅遊，享受一下夏日的明媚陽光，活動活動筋骨。

我們要朝西北開六小時，到達 Abitibi 區的 Val-d' Or（黃金谷），一座建於 1923 年的金礦小城，人口約 3 萬。這一帶的地下礦藏非常豐富，當前仍在開採的，除了金，還有鋅、銅、錫、鋰。

黃金谷的人口結構很有特點，除了法裔和英裔，移民占的比例約三分之一，多數來自東歐原社會主義國家及中歐一些國家。為數不多的猶太人遷移此地是為了經商，人數極少的中國人是為了開餐館。

我們參觀的 Lamarque（拉馬克）金礦 1935 年開始運行，當時正值「淘金」年代頂峰期，美國把金價定為 35 美元每盎司。到 1942 年，該地區開建了 25 所金礦，可壽命不長，沒有超過 25 年的。

效益最好的是拉馬克金礦，開採了 50 年，產量領先幾倍，為加拿大創造了巨額財富。

1985 年停產，廠房及設備留給後人參觀學習，保留了這座「單一」產業結構的工業城。

黃金城保留了當年礦工家屬住的原木房子（log house），美觀實用，別有風味，作為歷史遺產保留，仍有人居住使用。

鴻兒和他的兒子樺穿上礦工服，戴上安全帽，坐升降機下礦參

觀。下礦後，坐小拖車在礦裡行駛，地形坑坑窪窪，有坡度，時而出現積水，過窄之處要步行一段。對喜歡冒險的男性，這種活動很「刺激」；對女性，就免了吧。

鴻兒的妻子琍和我留在上面，參觀了保留的車間，瞭解到從礦石到金磚製成的全過程。含金量高的拉馬克礦的礦石碾壓量為每日兩千多噸，煉成一塊金磚需要八千噸礦石。標準金磚重量是 12.4 公斤，成品送到加拿大鑄幣廠，切成金條（中國稱之為「小黃魚」）、金餅、金錠（一盎司），或鑄成金幣，在市場上出售。在形勢不穩定的今天，無論政府或個人，儲存黃金是投資的首選。金價由 1934 年的每盎司 35 美元上漲至當前 1,700 美元左右。

拉馬克的安全設施在當時算是完備的，50 年運行中有十名礦工因公殉職。

日復一日年復一年和黃金打交道，很難抵禦誘惑。儘管礦內有嚴格的監控設備和措施，礦工還是想出許多「竅門」。

有的礦工用留長髮的辦法，「攢下」開礦時的飛塵，過後沖洗留下來，儘管量很小，但積少成多。有的礦工從礦裡偷出一小塊含金礦石，淋浴時把肥皂掰成兩半，中間挖個洞，把礦石塞進去再合上。包在使用過的肥皂之中，檢測器也失靈了。

金礦停產兩年後，在修整廠房時，從牆壁和設備上掃下幾十年飛積的含金灰塵，足夠煉出兩三個金條。

拉馬克停產四年後，對於保留或拆除廠房及設備，曾產生爭議。最終，提出將其保留為當地文化遺產的一方獲勝，這裡成為重點旅遊點，供來賓參觀，瞭解金礦的歷史，取名「黃金之城」（La cité de l' or）。

我們在網上預訂了一家民宿，住進後發現水質有問題。用水來自鄰近的湖泊，呈黃色，不能飲用。第二天搬到了城裡正規旅館。

　　這家民宿建在一片寬闊的綠地上，除了業主本人的住房，有 4 處出租，還有幾輛「汽車房」（motorhome）長期停留在那裡，按占地面積付費。有一位白髮老人在那裡已經住了 20 年，恐怕此生不會再移動。

　　這一帶，住「汽車房」是一種生活方式，簡單實用，也很舒適，裡面應有盡有，可租用也可購買，甚至可以「量體剪裁」。低收入者或無業遊民，靠「汽車房」可以解決房貸或房租的困難。對收入高的人，則是一種自由、一種享樂。對大款，就另當別論了。

　　一位好萊塢著名演員訂製了一個價值 250 萬美元的超豪華「汽車房」，當時屬世界上最大。車型之大，需要 22 個車輪承擔，二層樓像敞篷車似的，可合可開，底層車庫可容納一部私車，內部的豪華程度可謂到了極致。

　　如果想過把癮，而且有這份閒錢，可租用此活動豪房，每宿 9,000 美元。

　　於咱小老百姓，開個大眾車就很開心很享福了。貪婪會使人變得無情，無止境的欲望會污染心靈，暴殄天物不會被上天待見！

「性交流」俱樂部

退休了，學法語是頭等大事。學語言就得有說話與交流思想的對象。現在不是時興在網上找嗎，我也試試，不過我要的不是生活伴侶，是語言交流的夥伴。

我找到個網站，申請加入前得做個自我介紹。熟悉網上「遊戲」的 F 女士提醒我在年齡上要打點折扣，不然誰會願意與一位年過 70 的老人交流呢！言之有理，謊報點兒吧。16 歲為了找工作，多報了兩歲，這回為了交流語言，少報了十歲。

信息剛貼上，立即有了回應。一位 60 出頭的男士在學漢語，願與我交換學習。我們約定第二天在附近咖啡館見面，他叫 J，我們一見如故，決定第二週開始上課，他到我家來。

我們相處很融洽，成了好友，我們的語言交流一直延續到今天，已經有 8 年之久。我向他坦白了隱瞞年齡之事，引起他哄堂大笑。我調皮地問他：「如果我當時沒有隱瞞年齡，你會選我嗎？」他幽默地說：「會的，我選對了。」

我們每週見面的日子實際上是個「講故事」日，相互講述生活中發生的有趣之事，邊飲茶，邊做筆記，邊查找新詞，既有收穫也有樂趣。

上週 J 君過來後，吞吞吐吐地說：「我有一個特殊的經歷，拿不定主意是不是要講給你聽。」「別吊我口味，當然要說來聽聽。」感覺一定是個不一般的故事，果不其然。

J 君開講。

「週六我和女友去了一個叫 Club L 的俱樂部。L 代表法語 libertin。這個詞說得雅一點是『有自由思想的』，說得俗一點是『放縱的』。」

有點兒意思，他勾起了我的好奇，「聽起來不一般，是會員制嗎？」

「入場要買票，門票 $40，外加 $25 的月會費，可通用 4 次，年會費便宜些。俱樂部有些限制，非成年人不得入內，出入必須成雙成對，單個兒不行。」

「你是說，單身可以，但必須有伴侶同行，對吧？那天人多嗎？」

「不少，十點以後更多。」

「裡面神祕嗎？」

「看你怎麼解釋了，說神祕也行，說不神祕也个誇張。」

我請他原原本本地講下去。

「裡面有兩層樓，樓下有飲料和小吃，有服務生接待，像一般的酒吧。樓上可就是兩回事了，精彩部分都在那裡，晚十點開放。」

我神經開始繃緊。

「十點我們隨著嚮導上二樓，燈光黯淡，樂聲靡靡。嚮導簡單介紹了『遊戲』規則，然後自由活動。」

「樓上是怎麼佈置的？」我心速加快。

「走廊一面是一排單間，屋內有張榻榻米式的床。各單間有扇門，可關可不關，門旁有個透亮的大玻璃窗。」

描述足以說明房間的用途。

「另一面是一排排相隔的長凳，供觀察者使用。」

「你們倆是參與者還是觀察者？」我單刀直入。

「我們倆坐在對面，透過大玻璃窗觀察裡面的活動。什麼性走向的都有，各種族的都有，沒有任何限制。如果想加入另一對的活動，必須徵得對方同意。在一起有「樂」共用，但不許說話，相互要尊重。」

沒想到蒙城還有如此開放的「性交流」場所。

J君繼續講述。

「走廊頂端有個大廳，叫『會議廳』，裡面有一張橢圓形大桌，上面鋪蓋著加厚棉毯，周邊設有長凳。這裡，人們可以發揮最大的想像力，各顯其能，各行其樂。叫『群舞』也行，我不便多說。」

不說也罷，大廳的「功能」可想而知。

除此之外，還有一間按摩室，沒有按摩師，情侶相互按摩取樂。

故事講述完畢，我問J君感覺如何。他是位很開放的男士，俱樂部一遊給了他另外的新鮮感。這裡見到的不是X級限制片中演員做戲，而是真人真事的「現場直播」，感覺自然不一樣。人們不是「機械性」「作秀式」地做愛，而是帶著情感、體貼與和諧，表現出一種近乎亞當夏娃的天然美。

收穫之一：他的女友比以前開放了，不再羞羞答答迴避一些過去不習慣的「方式」。

沒有目睹，耳聞也算「開了眼界」。

出於好奇，我決定去看看這個俱樂部的門臉啥樣。順著網上查找到的地址，我找到一棟看似老劇場的房子，門外沒掛牌子，門窗全是暗黑玻璃，往裡探一探，可見玻璃上有一個幾筆勾畫的女人頭輪廓，紅色嘴唇被突出勾勒，一條紅飄帶襯托著輪廓左側，仔細觀察，像是大寫的字母「L」，很不起眼，過路人恐怕未必注意到它。

　　奇怪的是，蒙城的女脫衣舞俱樂部比較張揚，門前張貼的廣告也「一目了然」，可男性的活動，同樣是脫衣舞，則比較隱蔽。處於市中心繁華地區的聖凱特琳大街，眾所周知的男脫衣舞沒有招牌，只有個門牌號—— 281 俱樂部。

　　記得我在山西太原那幾年，有人給我推薦了一個叫「錢櫃」的地方，外表金碧輝煌，內部富麗堂皇，侍者全部為身穿筆挺黑裝的年輕「帥哥」，服務周到，彬彬有禮。我原以為這是一所五星級飯莊，不料其服務內容遠遠超過吃吃飯、唱唱卡拉 OK。

　　這裡是接待「富婆」的專用場所，設有按等級標價的卡拉 OK單間，門外有看守把門。顧客有當地的，更多來自外地。樓前停放的豪車車牌不少帶有「京」或「津」字樣。謹慎者，到達後把車牌摘掉，以免暴露身分。據說來往的「富婆」都自帶保鏢。為何遠道到此一遊，大家心照不宣。

歸來話中西
——上海文化體育中心講話稿

（2011年11月10日於上海）

張芷美

　　沒想到這次回國探親會有機會參加這樣一項活動，首先應該感謝周善鑄先生，也就是梅龍鎮僑聯副主席的推薦和安排。我本以為是在社區範圍搞一個小型座談，沒想到受到上海梅龍鎮僑聯主席和梅龍鎮黨群辦統戰部門負責人如此重視，擴大了範圍，我深感受之有愧。

　　我 1985 年離開北京到加拿大，當時在北京外文出版事業局工作，當年 50 歲。出去時兩手空空，在海外無親無故，隻身到異國他鄉開闢新生活。當時我的姐姐們對我很擔心，她們說我有三個不利條件：

　　我已不年輕，去的是個屬於年輕人的社會；

　　我是個單身女人，去的是個重視男性的社會；

　　我沒有錢，去的是個富人的社會。

　　很明顯，這些都是負數，唯一的正數是我的信心，一個不可動搖的信心。我做好了思想準備從零開始，有什麼幹什麼，譬如到餐館端盤子、當鐘點工打掃衛生、照看孩子……，什麼都行。很多第一代移民不就是這樣開始創業的嘛！我為什麼不可以？

　　可是上天沒有這樣安排。第一年我去學新聞，拿了個學位，第二年被一個國際工程諮詢公司聘用了。當時我對加拿大知之甚少，並不知道那家公司是魁北克省最大的工程諮詢公司。當年正是中國水利部部長錢正英與加拿大政府簽訂了一項開展三峽工程可行性報告的協定，加拿大政府給了一筆巨額贈款。有了工作我就搬到蒙特利爾，一直生活到現在，那是我在加國的第一份也是最後一份工作。

　　我的話從哪兒說起呢？26 年發生的事太多了，講中西方文化的差異題目太大，所以我只能講一些自己的體會和認識。許多事情的比較是根據我出國時的情況，有些可能過時了。應該承認我對國內近 20 年突飛猛進的發展以及人們意識形態的變化是遠遠跟不上的。

　　先談談我寫的書吧。這本名叫《Foxspirit》的書是本傳記，1992 年在蒙特利爾出版，1993 年獲魁北克英國文學促進會的年度獎（QSPELL: Quebec Society for the Promotion of English Literature），1997 年在德國出版了德文版（名《百花》），2008 年在蒙特利爾出版了法文版（名《我的紅色生活》）；中文版已譯好，書名未定，有待出版。

　　對於這次講話，我考慮了很久應該怎麼講。想來想去，我決定用一種過去沒有用過的方式，歸納了一些過去被西方媒體採訪時提出的問題以及讀者的回饋意見。通過回答這些問題，大體上可以概括我想說的或應該說的話。

問：你為什麼要寫這本書？

答：我有一個故事要講，我在中國經歷了很多事：時代的變遷、政治的動盪以及個人生活的波折。我想通過一個普通中國女性的經歷及政治、歷史背景讓讀者瞭解中國。書中沒有華麗的詞

藻，沒有過多的修飾語，也沒有結論性的語言。我寫了自己走
過的這條不十分平坦的路，讓事實說話。我希望讀者在字裡行
間找到答案，得出自己的結論。

問：為什麼書名叫做 Foxspirit（狐狸精）？

答：初稿寫好後，想不出適當的名字。對那些帶有「紅色中國」、
「毛的文革」等字眼的名字，我都覺得俗套、缺乏特點。我
有一位住在紐約的加拿大朋友，是位記者。在我出國前，我們
在北京相識，她曾提出要做我的代筆人寫我的故事，但我沒接
受。儘管英語不是我的母語，我要自己寫，寫出我的聲音、我
的風格。

　　正在我為書名犯愁的時候，她從紐約打來電話：「有了，芷
美！你看 Foxspirit 怎麼樣？」「太棒了！」我幾乎不加思索地
回答，書名就這樣定了。

問：那麼 Foxspirit 是什麼意思？

答：「Foxspirit」（狐狸精）這個詞在我的書裡兩處出現。第一次出
現是我小時，父親在吃飯時愛給我們講《聊齋》故事，最吸引
我的是狐精故事和鬼故事。我喜歡聽狐狸精的故事，因為狐狸
精會變成美女。雖然她們會勾引男人，但勾引的都是窮書生，
幫助他們渡過難關，所以從小我就認為狐狸精心地善良。

　　長大後才逐漸明白狐狸精有極強的叛逆精神，敢於反抗禮教，
衝破枷鎖。對於它的兩面性，人們往往看到的是它的負面而忽
略了它的正面形象。

　　第二次出現是在文革期間，我遭到紅色恐怖隊鞭打時，他們叫
我狐狸精，以此來侮辱我。

這兩次的出現實際上代表了正負兩面，也恰好符合我的一生被承認和被誤解的兩個側面。所以我覺得 Foxspirit 這名再恰當不過，這就是褒貶共存的我。

問：你為什麼要移民加拿大？

答：很多人會說是為了尋找自由，因為那是個自由國家。我不想用「自由」二字，因為這個詞太大，包括的內容太多、太籠統。我只想用一句話來概括，那就是：我要找到自我，我要成為我自己。（I want to be myself.）

問：到加拿大後的 Culture Shock 有哪些？

答：有些人把 Culture Shock 翻成「文化差異」，其實更準確地應該是「文化衝擊」或「文化震盪」。Shock 這個詞用得非常好，因為它比 Difference（差異）要有分量。

來到一個新的國度，Culture Shock 總是有的，但我的 Culture Shock 不是高樓大廈，不是琳琅滿目的櫥窗、車水馬龍的娛樂場，而是社會秩序、風土人情、百姓心態、環保意識等。下面我舉幾個例子：

1. 下機場取好行李，出去時沒人憑行李票對號檢查。起初我想：這樣不會有人盜竊嗎？多拿一兩件行李沒人知道。當我問一個當地朋友時，她說：「別人箱子裡都是私人用品，誰會要那些東西？」這和國內情況有很大不同。

2. 一次在我家附近看到一位滿頭白髮的老人穿著齊整，帶著膠皮手套，拎個塑膠袋，手拿一個帶勾的小棍兒，在街上撿碎紙和垃圾，尤其是候車棚裡的垃圾。我很好奇，湊上去和他搭話。他說：「我是工程師，已經退休了，看到一些年輕人

不注意環保，吃了東西或喝了飲料後亂扔，我看不慣，所以每天出來做點力所能及的事，也算對社會的貢獻吧。」他並沒有認為「撿破爛」有失身分或體面。多年通過各方面的觀察，我體會到在加拿大，人們對職業沒有貴賤之分，憑自己勞動謀生的人都會受到尊重，只有好逸惡勞、過寄生生活的人才會受到鄙視。

3. 自動售貨、售票機。85 年國內還沒有自動售貨和售票機，我初到時覺得這玩意兒很稀奇。一次到機場接一位多年沒見的老朋友，我想從售貨機裡買一朵玫瑰花送給她，把錢幣放進去，按了幾下鈕，花沒出來。我想算了吧，反正也沒多少錢。但同去的一位當地朋友說：「不行，咱們到售貨亭說一聲。」售貨亭負責人聽後忙把錢退給了我。我當時很有感觸，首先是人們的認真態度，其次是人們互相信任。我對朋友說：「他又沒看見我往裡投錢，怎麼就這麼退給我了？」朋友答：「人們不會為占這點小便宜撒謊的。」可是，也有這樣的例子，有些移民把愛占小便宜的惡習帶到了國外，還洋洋得意地說：「用 5 分錢本國硬幣代替加幣 25 分（因為是一樣大小）放在洗衣房的自動洗衣機裡可省很多錢。」這是兩種截然不同的心態。

4. 再談談交通。初到加拿大，過馬路時即使是綠燈，我也要等車停下才敢過街，因為在國內已養成習慣，過馬路要讓車。我第一年在 Halifax 上學，一次和朋友出去玩，突然她剎車了，我問她：「這裡又沒有 Stop Sign 你為什麼停？」她說：「我看前面有一個人要過街。」說罷連忙向那人招手過街。她說：「在我們這個城市，行人是皇帝。」一個是讓「人」，一個是讓「車」，這一字之差反映的問題如此深刻。

另外就是當十字路口紅綠燈壞了的時候，交警沒出現之前，人們會很自覺地相互謙讓，不影響車輛的正常流動。我工作的十幾年中經常陪公司的工程技術人員到中國出差，最後的5年被派往山西太原常駐，配合山西修建萬家寨引黃工程，即把黃河的水引到太原。我曾多次看到因紅綠燈出故障，四方的車堵在一起，誰都不讓誰，以致大家都走不了。我的加拿大同事很不解，問我為什麼他們都不肯讓一步。我不好回答。還有就是噪音污染，開車鳴喇叭。在國外幾乎沒人鳴喇叭，除非要撞上你的時候，所以街上看不見「不准鳴笛」的字樣。我們的同事到中國後對司機亂鳴喇叭感到不解，尤其是在堵車的時候，車明明走不動，但人們還不斷按喇叭。還有高音喇叭廣播，結婚、慶壽、開業慶典等放鞭炮甚至焰火，這都是國外見不到也不允許的。

5. 1985 年夏，我到的第一年去 Ottawa 玩。一天我一個人出去溜達，路過議會山，見一些人往議會大廈走，我問門崗裡面有什麼活動，他說：「下議院今天開會，是對外開放的。」我好奇地問他我可以進去嗎，他說當然沒問題。這樣我就走進去坐在樓上旁聽席。我既興奮又受寵若驚，心想：我初來乍到，是個新戶，既沒工作也沒身分，他們就這樣讓我進去了。會議開始，加拿大總理出現了（那時候我還不認識 Mulroney 總理這張臉），討論的議程之一是「利益衝突」（conflict of interest）。我問旁邊的人利益衝突指的是什麼，他說：「有一位國會議員把一個空缺介紹給了自己的侄子。」我第一次嘗到什麼是民主。

問：到加拿大後有沒有感到受歧視？

答：這個問題我被問過多次，英文媒體和法文媒體都問過。歧視存在於各個社會，有人群的地方就有歧視。西方社會對華人的歧視屢見不鮮。在加拿大歷史上最讓人難忘的是當年用廉價華人勞工修建加拿大鐵路，條件十分艱苦，不許帶家眷。後來即使開了戒，但每帶進一個人要付 500 加元的人頭稅。這在當時不是個小數目，要攢很久才能湊齊。為此項歧視待遇，華人後代提出過抗議，直到近兩年才得到解決。加拿大政府向有關華人社團道歉並做了適當賠償，了結了拖延幾個世紀的不公。又一次證明了一個真理：那就是，只有國家富強，在世界上占有不敗之地，人民才可以不受欺凌，受到尊重。

但就我個人來說，這二十幾年，我沒有受歧視的感覺或經歷。

就說工作吧，1986 年我 51 歲，到 SNC-LAVALIN 這家國際諮詢公司面試。當時只有一個空缺，很多人申請，有華人也有本地人，估計都比我年輕，但最後他們選用了我，並沒有因為我的性別、年齡、身分或有無加拿大工作經驗而對我另眼看待。我既沒有後臺也沒有託人說情。我在這家公司一直工作到 2002 年退休，中間有一年多的間隔，那是因為六四事件，加拿大政府取消了對中國的那項援助項目。

我對歧視的看法是，歧視是雙向的，首先我們自己要心態平衡，不能因為是少數族裔，動不動就上升到種族歧視，或者甩出這張王牌從中取巧。

我來到這個國家，兩手空空，對這個國家以前一點貢獻也沒有，但我所享受的和這裡土生土長的居民是同等的權利和待遇，我現在所有的一切都是我過去不敢想也不可能得到的。

仔細想想，我們自己對其他族裔就沒有歧視嗎？當我們稱黑人

為黑鬼（英語是nigger）時，我們有沒有想到那是歧視？反過來，如果有人叫我們Chinaman（中國佬）我們可能會暴跳如雷，說是歧視。其實，黑鬼和中國佬是兩個平等的貶義詞。在美國總統Obama當選時，有的人說：「難道美國就找不出人了，非找個黑人不行！」這又是什麼呢？

問：雖然你有很多不幸的遭遇，但為什麼你的書中沒有仇恨，你對生活仍然很樂觀？

答：我在骨子裡就沒有仇恨這個東西，這可能和我的家庭和教會學校的教育有關。我覺得仇恨是個雙刃劍，既害別人也傷自己，有了仇恨心裡就失去了寧靜，距離幸福愈來愈遠。再說，我沒有把我的遭遇看成個人災難，因為那是全民族的災難。

在書中當我寫到最痛苦的遭遇時，我也沒有用惡毒或刻薄的語言，因為我認為那些不代表力量。力量存在於事實之中，存在於逆境時堅韌的態度中，存在於人的善良本性之中。

問：你到加拿大後，有沒有覺得缺了什麼或失去了什麼？

答：我喜歡中國文化、中國老百姓的樸素人情和逐漸消失的原生態環境。我最想念的是我的親朋好友，最缺的是能和我促膝談心的同齡人。

至於說到失去什麼，我真正失去的是我扛了半輩子的恐懼感。我再也不用害怕有人監視彙報、污蔑中傷、打擊報復。我真正感覺到了自由呼吸的快樂。

記得我在紐約的一位朋友認識一對中國來的畫家，有一次他們到她家作客，談到中國當前的一些問題時，馬上把嗓門壓低，像是在竊竊私語。我的朋友忙說：「你們不用壓低嗓門，這是

紐約。」可見這種恐懼烙印有多深,把人的正常心理都扭曲了。不過,那已經是歷史。改革開放後,人們的思想活躍多了,開放多了,敢想敢說。我看到報紙、書刊、電視廣播都可以公開揭露和批判社會上的不良、不公、不法現象。人們在聊天時可以暢所欲言,這是個極大的進步。

問:你的教育背景和一般中國人不同,它給你的影響是什麼?

答:我從一年級到中學畢業都在北京 Sacred Heart(聖心)這所天主教教會學校上學。那裡不僅為我的英語打下了堅固的基礎,而且還培養了我做一個正直的人、一個有同情心的人、一個誠實的人。作為那所學校的學生,我當時感到很驕傲。可是,1949年解放後,教會教育受到批判,中國人不許再上這個學校,它成了外交人員子女的專用學校。這種形勢下,我也開始批判我的過去,為我所受的教育感到羞恥,不願在人前提及。

到加拿大之後,我很快找到工作,安頓下來。若是沒有聖心學校給我打下的外語基礎和做人準則,這一切不會來得那麼容易。加拿大各地也有聖心女子學校。從東半球走到西半球,這個教育背景在我身上最終形成了一個良性循環,以驕傲開始又以驕傲告終。這一循環也幫我恢復了生活的本來。

這次回國發現國內各大城市都開辦了外語特色學校,聘請外國老師任教,從幼稚園到中小學都有。雖然費用不菲,但家長還是想方設法,即使勒緊褲帶,也把孩子送進這類學校。為什麼呢?說明這種教育還是有它可取之處。

問:你的書獲獎時有何感想?

答:我沒想到,因為這是我的第一本書,而且不是用我的母語寫

的。在臺上領獎時，我用顫抖的聲音感謝幫助過我的所有朋友。沒有語言能表達我內心的激動，因為在加拿大我得到了從未有過的認可。

問：你怎麼安排退休後的生活？有沒有想到落葉歸根的問題？

答：人老了難免會懷舊，畢竟我在中國生活了半個世紀。但是我在加拿大已經扎了根，活動範圍已轉移，再回去已經沒有我的天地了。我既無房也無地，親朋好友也所剩無幾，北京的老宅已在奧運期間被拆除，一些老鄰居也分散各處，回到北京已經沒有家的感覺了。

雖然我的兩個女兒都在國外，我還有兩個外孫子，我對傳統的兒女照看老人的風俗看得很開。有兒女在身邊照看固然很好，但是老人必須有自己的生活圈子，有自己的愛好和興趣，不能完全依靠兒女。我認為兩代人最好不生活在一起，否則會相互干擾。保持一定距離，該近時近，該遠時遠，反倒會和睦。這不是不愛，不是不親，不是不孝，這是相互尊重。在這裡我想引用一下周善鑄先生的話：「和兒女住在一起，既不是主人，也不是客人，也不是僕人，是介於三者之間。」這句話說得很透徹。

實際上我退休後的生活更豐富，活動的圈子更廣。我喜歡寫作，認識了不少有水準的創作者，周善鑄先生就是其中之一。我現在活得有滋有味，我很知足。

這次回來大部分時間是在上海住在姐姐家，享受了家庭的溫馨，勾起了小時受寵的感覺，和她的家人親屬度過了許多美好時刻。同時在上海和我在山西結識的朋友們意外相聚，他們的純真熱情、豁達開朗給我此行增添了不少色彩和回憶。

讀者回饋

我的中外讀者讀過這本書後給過我很多回饋，我僅舉幾個例子。

有一位好友，是我在黑龍江大學教書時的同事，耳聞目睹我所經歷的一切，她看了書以後說：「你的敘述和事實之間的距離是零。」

另一位沒有經歷過國內重大政治運動的年輕讀者用了幾個簡單而有力的字，她說：「真真的，活活的。」

一位西方讀者說，「你沒有把自己寫成一個值得可憐和同情的受害者，你寫了你的對和你的錯，寫出了一個有血有肉的真人。」

有人問我：「你的寫作是通過事件寫人還是通過人寫事件，讀後感到它們無法分割，是個均衡的合一。」

說實在的，論寫作水準或對文字的掌握，我恐怕遠不如在座的先生女士們。我當時寫作的初衷是：要真實。至於事件與人的關係，我是以人為主，用人來說明事件，因為事件本身是個空架子，只有人才可以賦予它靈和肉。

有人對我的寫作風格感到新奇，問我是怎麼形成此種文風的？

其實在寫作上我沒有什麼正式訓練，不是科班出身，只是我喜歡寫。有一段經歷對我的寫作頗有影響，那就是我到加拿大的第一年在大學學新聞，我是那所學校第一個也是唯一的外國留學生。當時我剛從大陸出來，滿腦子條條框框，課堂上不敢大膽提問，採訪時左顧右慮，小心翼翼惟恐說錯活。但是，同班同學卻不同，他們思想活躍、不人云亦云，對新聞報導態度明朗、立場公正，敢在事實面前說真話。這些對我日後的寫作態度有很大幫助。

這次回來和上次相隔七年，見到中國經濟發展之快，各方面

變化之大，很有感觸，為祖國的繁榮富強感到驕傲，如：物資的豐富，人民生活水準的提高，擁有一處房產的人比比皆是，北京奧運、上海世博的盛名，四通八達的公路、橋樑、高鐵。感觸最深的是國內對老年人的照顧。65 歲以上老人坐車不收費。我姐姐說就這一項她每年可以省下四五百元。在加拿大老人沒有這個待遇，他們和學生一樣付三分之二的票價。再有就是免費出入公園、展覽館等文化娛樂場所，為老人省了一大筆開銷。一次我姐姐隨團體去東北旅遊，回來後，主辦單位退給每位老人 900 元，說是老人參觀免收門票。這筆意外之財讓他們笑得合不上嘴。就連我也憑護照享受了一兩次的免費入場。這在加拿大是不會有的。

還有就是對老人的生活補貼，我從我七十幾歲、八十幾歲、九十幾歲的三個姐姐那兒瞭解到，老人過 70、80、90 都有不同等級的補貼，從幾十塊到一二百塊，到了 100 歲，每月還有 300 元的補貼。我聽一個北京司機說，北京郊區的農民老人，過 60 歲每月每人有 200 元補貼。這在西方是不可想像的。給你們講一個笑話：英國有這樣一個風俗，當你過 90 歲生日的時候，你會收到一份來自英女皇的生日祝賀電報。我一位朋友的母親 90 歲生日那天收到一份署名 ER（伊利莎白女皇名字的縮寫）的賀電，她舉著電報問：「誰是 ER ？」

不過，國內也有些事讓我感到眼花繚亂、目瞪口呆，如房價的暴漲、物價上升的幅度，超出正常消費的名牌高檔奢侈品商廈，與收入不成比例的盛大婚宴。我看我是跟不上時代的步伐了，要好好補補課。

今天講的是我在日常生活中觀察到的點點滴滴，是一些個人認識，供大家參考。講的如有不妥之處，望在座各位給予指正，謝謝。

後記
起草「壓軸戲」

世界之小令人驚詫，是偶然還是必然？

電梯前的長凳上又出現了一疊書，好心的讀書人把書留在那兒供大家分享。我彎下身翻閱了一下，撿起一本名為《雙人床》的法語書，作者是位女性，書名別致，封面像笑容可掬。我捧著書慢慢翻閱，喜歡她的寫作風格：文字簡練流暢。歸我了。

我興致勃勃地抱著書往家走，好友 R 君從後面走上，拍拍我的肩膀：「你很會挑，JB 是魁省很有名的作者，出版過許多書。」其實我對這位作者並不熟悉，以前也沒有讀過她的書。

JB 不僅是一位知名作家，而且還是名記者、電臺主持人、演員。

第二天，如往常，我的語言交流夥伴M君來了，我幫他複習漢語，他幫我提高法語口述能力。直至今日，我們的語言交流已有8年之久。我們成了好朋友，每週見面的日子實際是個「講故事」日，相互講述生活中發生的有趣之事，我也會從雜誌或書刊中選些有趣的文章，豐富談話內容。

現在我想以JB的書為藍本，用「精讀」的方式進行交流，就像我當年給學生上精讀課那樣，可以學到更深層的東西。我選中了《雙人床》。

當我把書拿給 M 君看時，沒料到他說：「這位女作家太出名了，我認識她先生，他是我表哥。」太不可思議了！怎麼有這麼巧

的事！世界也太小點兒了吧！

　　M君的表哥是作者的二婚先生，比現年 97 歲的 JB 小許多。我隱約覺得似乎我和 JB 會有些共同之處，可以遠距離心靈互動。

　　熱心的 R 君聽說我有意攻讀 JB 的書，特地從圖書館給我借了另兩本她的著作：一本自傳，一本論老年。

　　R 君的推薦引起我更大的興趣，我要讀 JB 的書，也要瞭解她的生活經歷。

　　自傳中有許多不同年齡段的黑白照片，她長得很漂亮，一雙炯炯有神的眼睛散發出力量、決心、智慧和女人的魅力。我給自己定了個進度表，每天抽出一定時間閱讀她的著作，做筆記寫心得。

　　她的書使人愛不釋手，我被她迷住了，我走進了她的世界，似乎觸摸到我曾經有過或熟悉的東西。樓下大廳比較敞亮，我坐在那裡看書，時不時陷入沉思，耳邊響起一種無聲的召喚，一種不可抗拒的召喚，彷彿由踢踏的碎步聲逐漸變成緊鑼密鼓。

　　晚上一覺醒來，答案浮現在眼前。相信託夢也好，承認心靈呼應也好，我要寫書，要把每天的讀書心得寫成書。借用作者的經歷和觀點進行對比，把兩位來自東西方、文化背景截然不同、同樣步入耄耋之齡的婦女，如何跨過半個地球，在文字中相遇的故事凝聚在一起。

　　不曾有過這種惟妙惟肖的感覺，我要用「她」的母語寫出「我」的心聲，從中西文化的交融中，找出人性的共同點。

人文史地類　PC1101　北美華文作家系列45

紫妹

作　　者/張芷美
責任編輯/董岩、洪聖翔
圖文排版/黃莉珊
封面設計/劉榮黔
封面完稿/吳咏潔

發 行 人/宋政坤
法律顧問/毛國樑　律師
出版發行/秀威資訊科技股份有限公司
　　　　114台北市內湖區瑞光路76巷65號1樓
　　　　電話：+886-2-2796-3638　傳真：+886-2-2796-1377
　　　　http://www.showwe.com.tw
劃撥帳號/19563868　戶名：秀威資訊科技股份有限公司
　　　　讀者服務信箱：service@showwe.com.tw
展售門市/國家書店（松江門市）
　　　　104台北市中山區松江路209號1樓
　　　　電話：+886-2-2518-0207　傳真：+886-2-2518-0778
網路訂購/秀威網路書店：https://store.showwe.tw
　　　　國家網路書店：https://www.govbooks.com.tw

2023年9月　BOD一版
定價：480元
版權所有　翻印必究
本書如有缺頁、破損或裝訂錯誤，請寄回更換

讀者回函卡

國家圖書館出版品預行編目

紫妹 / 張芷美著. -- 一版. -- 臺北市 : 秀威資
　訊科技股份有限公司, 2023.09
　　面 ;　　公分. -- (人文史地類 ; PC1101)(北
美華文作家系列 ; 45)
　　BOD版
　　ISBN 978-626-7346-23-5(平裝)

　1.CST: 張芷美 2.CST: 傳記 3.CST: 加拿大

785.38　　　　　　　　　　　112013896